# 드림중국어 HSKK 고급 실전 모의고사

# 梦想中国语 HSKK 高级 实战模拟考试

## 드림중국어 HSKK 고급 실전 모의고사

## 梦想中国语 HSKK 高级 实战模拟考试

종이책 최신판 발행　　　2023 년 08 월 08 일
전자책 최신판 발행　　　2023 년 08 월 08 일

**편저:**　　　　　류환
**디자인:**　　　　曹帅
**발행인:**　　　　류환
**발행처:**　　　　드림중국어
**등록일자:**　　　2016 년 12 월 25 일
**종이책 ISBN:**　979-11-93243-23-7 (13720)
**전자책 ISBN:**　979-11-93243-24-4 (15720)
**값:**　　　　　　38,800 원

이책은 저작권법에 따라 보호 받는 저작물이므로 무단 복제나 사용은 금지합니다. 이 책의 내용을 이용하거나 인용하려면 반드시 저작권자 드림중국어의 서면 동의를 받아야 합니다. 잘못된 책은 교환해 드립니다.

**<MP3 무료 다운!>**

이 책에 관련된 모든 MP3 는 드림중국어 카페(http://cafe.naver.com/dream2088)를 회원 가입 후에 <교재 MP3 무료 다운> 에서 무료로 다운 받으실 수 있습니다.

MP3 파일 다운로드 주소:　　　　https://cafe.naver.com/dream2088/3811

시험 원문 다운로드 주소:　　　　https://cafe.naver.com/dream2088/3812

 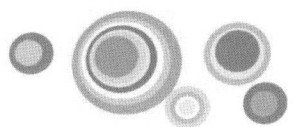

# 목 록

**[1~20] HSKK 고급 말하기 테스트** ..................................................... 1

HSKK 고급 실전 모의 고사 1 ............................................................. 1

HSKK 고급 실전 모의 고사 2 ............................................................. 4

HSKK 고급 실전 모의 고사 3 ............................................................. 7

HSKK 고급 실전 모의 고사 4 ........................................................... 10

HSKK 고급 실전 모의 고사 5 ........................................................... 13

HSKK 고급 실전 모의 고사 6 ........................................................... 16

HSKK 고급 실전 모의 고사 7 ........................................................... 19

HSKK 고급 실전 모의 고사 8 ........................................................... 22

HSKK 고급 실전 모의 고사 9 ........................................................... 25

HSKK 고급 실전 모의 고사 10 ......................................................... 28

HSKK 고급 실전 모의 고사 11 ......................................................... 31

HSKK 고급 실전 모의 고사 12 ......................................................... 34

HSKK 고급 실전 모의 고사 13 ......................................................... 37

HSKK 고급 실전 모의 고사 14 ......................................................... 40

HSKK 고급 실전 모의 고사 15 ......................................................... 43

HSKK 고급 실전 모의 고사 16 ......................................................... 46

HSKK 고급 실전 모의 고사 17 ......................................................... 49

HSKK 고급 실전 모의 고사 18 ......................................................... 52

HSKK 고급 실전 모의 고사 19 ......................................................... 55

HSKK 고급 실전 모의 고사 20 ......................................................... 58

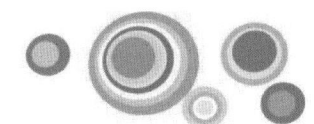

**[1~20] HSKK 고급 말하기 테스트 답안** ...................................................... 61

&lt;HSKK 고급 모의고사 1&gt; 모범 답안 ...................................................... 61

&lt;HSKK 고급 모의고사 2&gt; 모범 답안 ...................................................... 66

&lt;HSKK 고급 모의고사 3&gt; 모범 답안 ...................................................... 71

&lt;HSKK 고급 모의고사 4&gt; 모범 답안 ...................................................... 76

&lt;HSKK 고급 모의고사 5&gt; 모범 답안 ...................................................... 81

&lt;HSKK 고급 모의고사 6&gt; 모범 답안 ...................................................... 86

&lt;HSKK 고급 모의고사 7&gt; 모범 답안 ...................................................... 91

&lt;HSKK 고급 모의고사 8&gt; 모범 답안 ...................................................... 96

&lt;HSKK 고급 모의고사 9&gt; 모범 답안 ...................................................... 101

&lt;HSKK 고급 모의고사 10&gt; 모범 답안 ...................................................... 106

&lt;HSKK 고급 모의고사 11&gt; 모범 답안 ...................................................... 111

&lt;HSKK 고급 모의고사 12&gt; 모범 답안 ...................................................... 116

&lt;HSKK 고급 모의고사 13&gt; 모범 답안 ...................................................... 121

&lt;HSKK 고급 모의고사 14&gt; 모범 답안 ...................................................... 126

&lt;HSKK 고급 모의고사 15&gt; 모범 답안 ...................................................... 131

&lt;HSKK 고급 모의고사 16&gt; 모범 답안 ...................................................... 136

&lt;HSKK 고급 모의고사 17&gt; 모범 답안 ...................................................... 141

&lt;HSKK 고급 모의고사 18&gt; 모범 답안 ...................................................... 144

&lt;HSKK 고급 모의고사 19&gt; 모범 답안 ...................................................... 148

&lt;HSKK 고급 모의고사 20&gt; 모범 답안 ...................................................... 153

드림중국어 시리즈 교재 ................................................................................ 158

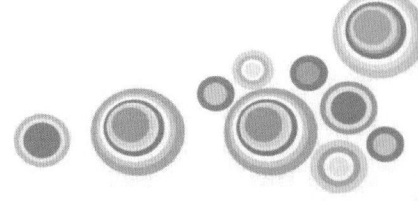

# 新汉语水平考试

# HSK 口试（高级）1

## 注 意

一、HSK 口试（高级）分为三部分：

1. 听后复述（3题，7分钟）

2. 朗读（1题，2分钟）

3. 回答问题（2题，5分钟）

二、全部考试约24分钟（含准备时间10分钟）。

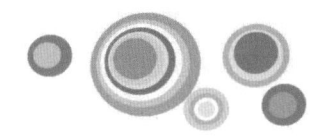

# 第一部分

第1-3题：听后复述

# 第二部分

第4题：朗读

人们一般会有一种投机的心理，我们把它称为"中彩票"的心理，这种渴望一夜暴富的心理，对成功是没有好处的。我们生活在一个充满竞争的社会中，要想在竞争中立于不败之地，必须有真才实学，而不是靠投机取巧。

做演员的"台上一分钟，台下十年功"，做教师的"要给学生一碗水，自己就需要有一桶水"。也就是说，做演员的，如果没有扎实的基本功，那么你就无法给观众带来精彩的表演；做教师的，如果没有长期的积累，那么你就无法赢得学生的尊重。

我们都渴望成功，可是，成功其实是没有什么特别方法的。千里之行，始于足下。要想成功，就需要平时一点一滴的积累；要想成功，就需要不断地努力。

（2分钟）

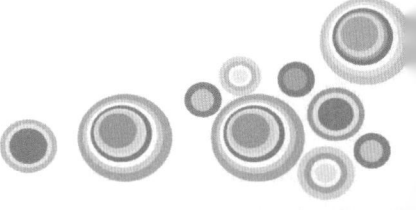

## 第三部分

第 5-6 题：回答问题

5. 你喜欢国内旅游还是国外旅游？为什么？（2.5分钟）

6. 你认为智能手机如何改变了我们的生活？（2.5分钟）

# 新汉语水平考试

# HSK 口试(高级)2

## 注 意

一、HSK 口试(高级)分为三部分:

1. 听后复述(3题,7分钟)

2. 朗读(1题,2分钟)

3. 回答问题(2题,5分钟)

二、全部考试约24分钟(含准备时间10分钟)。

# 第一部分

第 1-3 题：听后复述

# 第二部分

第 4 题：朗读

当你拥有 6 个苹果的时候，千万不要把它们都吃掉，因为把它们全吃掉，你也只能吃到一种味道，那就是苹果的味道。

如果你把 6 个苹果中的 5 个拿出来给别人吃，尽管表面上你失掉了 5 个苹果，但实际上你却得到了其他 5 个人的友情和好感。以后你还能得到更多，当别人有了别的水果的时候，也一定会和你分享，你会从这个人手里得到一个桔子，从那个人手里得到一个梨，最后你就可能获得 6 种不同的水果，6 种不同的味道，6 个人的友谊。

你一定要学会用你拥有的东西去换取对你来说更加重要的东西。所以说，放弃是一种智慧。每一次放弃都会是一次升华。（2 分钟）

# 第三部分

第 5-6 题：回答问题

5. 你手机里面最喜欢的APP是哪一个？为什么？（2.5分钟）

6. 你觉得家长应该给孩子零花钱吗？为什么？（2.5分钟）

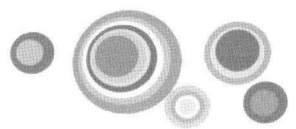

# 新汉语水平考试

# HSK 口试（高级）3

## 注　意

一、HSK 口试（高级）分为三部分：

　　1. 听后复述（3题，7分钟）

　　2. 朗读（1题，2分钟）

　　3. 回答问题（2题，5分钟）

二、全部考试约24分钟（含准备时间10分钟）。

# 第一部分

第1-3题：听后复述

# 第二部分

第4题：朗读

现代人最大的担忧不再是战争和饥饿，而是肥胖和运动不足。这种因为工作、学习繁忙和自身懒惰所造成的运动量的不足，正在变成一个隐形的杀手，威胁着人们的健康。

医学界及运动界所公认的最佳有氧运动为：长跑、游泳，还有骑自行车。其中，骑自行车可以说是最简单易行而又十分有趣的。在过去，自行车被视为一种交通工具，而现在，对苦于无运动休闲机会的现代人来说，骑自行车则提供了一种非常好的健身机会，它的健身效用是其它各种先进的交通工具所不能比的。自行车运动是一种最能改善人们心肺功能的耐力性有氧运动，它不限时间，不限速度，随时随地，只要有辆自行车就可以达到锻炼的目的和效果。

（2分钟）

 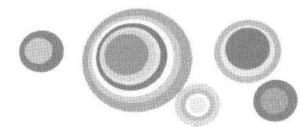

## 第三部分

第5-6题：回答问题

5. 如果你在路上捡到一个钱包，你会怎么做？（2.5分钟）

6. 最近有很多年轻人通过网络交朋友，你怎么看待这个现象？

（2.5分钟）

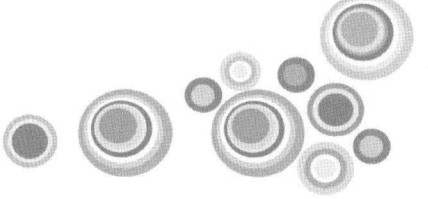

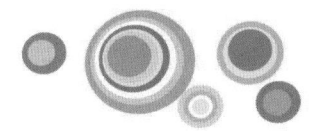

梦想中国语 模拟考试

# 新汉语水平考试

# HSK 口试（高级）4

## 注　意

一、HSK 口试（高级）分为三部分：

　　1. 听后复述（3题，7分钟）

　　2. 朗读（1题，2分钟）

　　3. 回答问题（2题，5分钟）

二、全部考试约24分钟（含准备时间10分钟）。

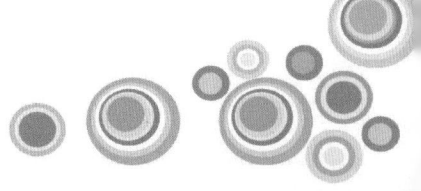

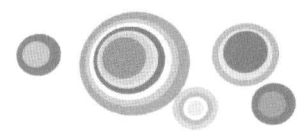

# 第一部分

第1-3题：听后复述

# 第二部分

第4题：朗读

　　齐白石是二十世纪中国画艺术大师，二十世纪十大书法家之一，二十世纪十大画家之一，世界文化名人。他在众多画家中有着很大的影响力。他小时候家里很穷，从15岁起跟老师学习木工，27岁才开始学习画画。齐白石主张艺术"妙在似与不似之间"，他最喜欢画水果、蔬菜、花鸟虫鱼之类的动植物。

　　他非常珍惜时间，从不浪费时间，他一直用一句警句来勉励自己，这句警句就是："不叫一日闲过"。怎样才算是在一天中没有闲过呢？他对自己提出了一个标准，就是每天要挥笔作画，一天至少要画五幅。虽然他已经90多岁了，但他还一直坚持这么做。

　　（2分钟）

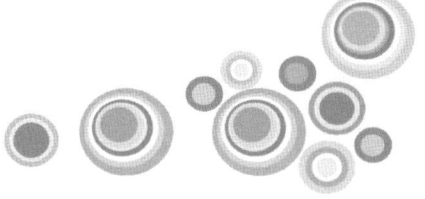

## 第三部分

第 5-6 题：回答问题

5. 现在环境污染很严重，为了保护环境该怎么做？（2.5 分钟）

6. 养宠物有什么好处和坏处？（2.5 分钟）

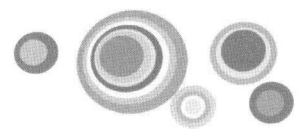

# 新汉语水平考试

# HSK 口试（高级）5

## 注 意

一、HSK 口试（高级）分为三部分：

1. 听后复述（3题，7分钟）

2. 朗读（1题，2分钟）

3. 回答问题（2题，5分钟）

二、全部考试约24分钟（含准备时间10分钟）。

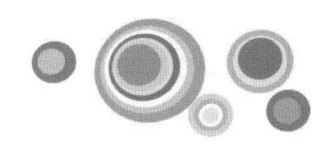

# 第一部分

第1-3题：听后复述

# 第二部分

第4题：朗读

很多中国人都喜欢35689这几个数字。其中数字三代表无穷多，中国有一句古话"一生二，二生三，三生万物"，所以三有着众多的含义。中国人喜欢6和8的理由相同，都是因为6和8的发音很吉利。大家都希望自己事情进展顺利，"六六大顺"很好地迎合了人们的这一心理。中国广东人读8时的发音为"发"，暗暗意味着发财的意思，并且流畅圆满的线条喻示着成功吉祥。

中国人喜欢5和9的原因，大概来源于一个词语"九五之尊"，中国的皇帝就被称为九五之尊。金木水火土，五种元素组成了整个世界，九则是最大的单数，所以有人说九代表天，五代表地，九五之尊就是这天地间最大的人。

（2分钟）

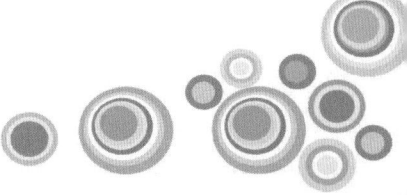

## 第三部分

第 5-6 题：回答问题

5. 如果现在可以决定下辈子，你想出生在哪个国家？做一个什么样的人？为什么？（2.5 分钟）

6. 如果你有很多钱，比如 1 亿人民币，你会做什么？（2.5 分钟）

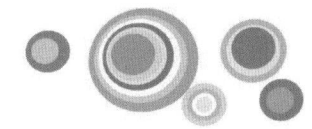

# 新汉语水平考试

# HSK 口试（高级）6

## 注 意

一、HSK 口试（高级）分为三部分：

1. 听后复述（3题，7分钟）

2. 朗读（1题，2分钟）

3. 回答问题（2题，5分钟）

二、全部考试约24分钟（含准备时间10分钟）。

# 第一部分

第1-3题：听后复述

# 第二部分

第4题：朗读

爷爷和孙子赶着毛驴到集市上。路上有人议论道："他们真傻！有驴不骑，却偏要步行。"爷爷一听有道理，就让孙子骑到驴上继续赶路。这时又有人说："这孙子真不孝，怎么能自己骑驴，让老人走着呢？"

爷爷听后，就让孙子下来，自己骑上去。又有人说："老头真狠心，让自己的孩子走着。"爷爷听后，满脸通红，赶紧让孙子也骑上来。却不料又有人说："他们多么残忍啊，两个人压在一只小毛驴身上。"

爷儿俩想来想去决定抬着驴走，结果又惹得众人大笑："哈哈哈，这爷俩真是太愚蠢了。有驴不骑，却要抬着走。"

（2分钟）

## 第三部分

第5-6题：回答问题

5.你以前最想做的事情是什么？现在实现了吗？为什么？（2.5分钟）

6.你认为女人结婚后应该工作吗？还是女人应该做"全职太太"？谈一下你的看法，并说明原因。（2.5分钟）

# 新汉语水平考试

# HSK 口试（高级）7

## 注 意

一、HSK 口试（高级）分为三部分：

1. 听后复述（3题，7分钟）

2. 朗读（1题，2分钟）

3. 回答问题（2题，5分钟）

二、全部考试约24分钟（含准备时间10分钟）。

# 第一部分

第1-3题：听后复述

# 第二部分

第4题：朗读

中国人最喜欢的颜色是红色，我们也经常听人们称红色为"中国红"。在中国，红色代表着幸运和快乐，起源于对太阳神和大地之神的崇拜。红色就是太阳，它给人以生机和活力。红色在中国人心中是很完美的色彩，中国称美好的女子为"红颜"，喜欢的人为"红颜知己"。

在中国，红色还有一个特别的能力，据说红色可以驱逐鬼神。逢年过节，人们挂红灯，放红皮鞭炮，写红底对联，婚嫁穿红衣，盖红盖头，因此红色在中国是吉祥的颜色。人们认为红色能给人们带来安定和幸福，给人以热情、奋进、团结的形象。

（2分钟）

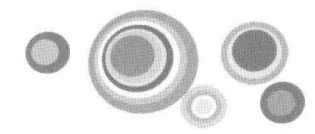

## 第三部分

第 5-6 题：回答问题

5.如果时光可以倒流，你最想回到多大的时候？为什么？（2.5分钟）

6."一个唱红脸，一个唱白脸"是中国家庭中在对待孩子的教育上普遍存在的现象。你觉得在家庭里面，爸爸和妈妈"一个唱红脸，一个唱白脸"，这样对孩子好吗？说一下你的情况或者你的看法。

（2.5分钟）

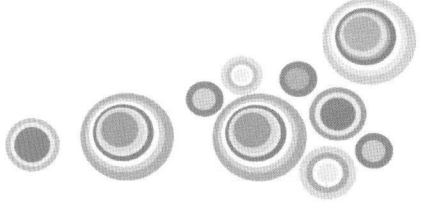

# 新汉语水平考试

# HSK 口试（高级）8

## 注　意

一、HSK 口试（高级）分为三部分：

1. 听后复述（3题，7分钟）

2. 朗读（1题，2分钟）

3. 回答问题（2题，5分钟）

二、全部考试约24分钟（含准备时间10分钟）。

# 第一部分

第1-3题：听后复述

# 第二部分

第4题：朗读

在中国过去，白色和黑色为凶色，黑白两色都与丧事相关联，或者能让人想起阴间的使者——黑白无常。所以一般举办丧事，都带黑纱，或穿白色的衣服。白色或黑色都容易使人联想到凶祸丧葬等不祥之事，所以尤其在婚庆、生育、过年、过节等喜庆日子里更是忌讳穿着纯白，纯黑的衣服，唯恐不吉利。

中国人不喜欢的另一个颜色当数绿色了，因为在中国绿帽子意指被人带绿色的帽子，隐含的意思就是指一个男人的夫人出轨了，那这个男人就被称为被戴了绿帽子。这是一件很不光彩，很丢人，丢脸面的事情，所以大家都不喜欢这个颜色。

（2分钟）

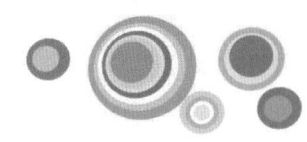

## 第三部分

第 5-6 题：回答问题

5. 你是一个内向的人还是外向的人？（2.5 分钟）

6. 在孩子教育上，你觉得爸爸影响大还是妈妈影响大？请结合实际说一下你的想法。（2.5 分钟）

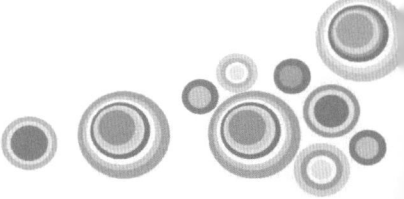

# 新汉语水平考试

# HSK 口试（高级）9

## 注　意

一、HSK 口试（高级）分为三部分：

　　1. 听后复述（3题，7分钟）

　　2. 朗读（1题，2分钟）

　　3. 回答问题（2题，5分钟）

二、全部考试约24分钟（含准备时间10分钟）。

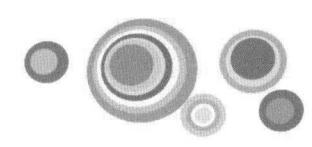

# 第一部分

第1-3题：听后复述

# 第二部分

第4题：朗读

中国内地有个商人很喜欢狼狗。有一次他慕名去香港一家店买狗。商人选了两条他认为最好的狼狗，然后问价格。店主说一条是德国种的，卖50万元；另一条是本地种的，卖10万元。商人惊讶地问道："它们看起来差不多，为什么价格相差这么远？"店主答道："做个实验，就能看到不同。"

店主让两条狗比赛，看谁先咬住终点位置的一个目标物。开始后，两只狗都像箭一样向前冲，但赛道的中间蹲了一条母狼狗，本地狗放慢了速度，德国狗却头也不回，到达了终点。原来，两者之间的差距在于抵抗诱惑的能力。

（2分钟）

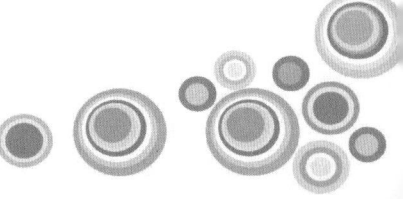

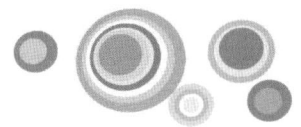

## 第三部分

第 5-6 题：回答问题

5.在你心中最成功的人是谁？（2.5 分钟）

6.如果要维持家庭幸福，你觉得什么是最重要的？请谈一下。

（2.5 分钟）

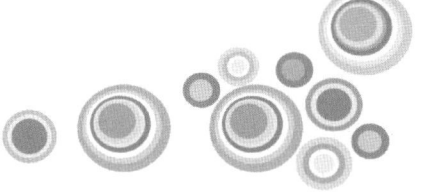

# 新汉语水平考试

# HSK 口试（高级）10

## 注 意

一、HSK 口试（高级）分为三部分：

1. 听后复述（3题，7分钟）

2. 朗读（1题，2分钟）

3. 回答问题（2题，5分钟）

二、全部考试约24分钟（含准备时间10分钟）。

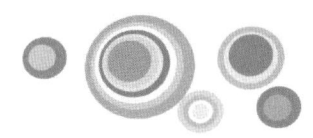

# 第一部分

第 1-3 题：听后复述

# 第二部分

第 4 题：朗读

在父母心中如果有 10 个愿望，往往有 8 个左右是孩子，只要是人有的，父母都希望自己的孩子也能拥有。根据调查结果，中美日韩两国中，父母对孩子期望最高的国家是美国，最低的国家是中国。四个国家的数据都显示母亲的期望要高于父亲的期望。

很多父母对孩子都有相同的期望，希望自己的孩子有出息。但是往往父母会将自己年轻时没能实现的梦想强加于孩子身上，导致孩子失去自己的目标。对孩子期望太高，会给孩子造成一种无形的压力，令他们感到不安。让孩子对学习有兴趣非常重要，在给予压力的同时要适当地正确地引导孩子，让他们知道，没有知识，就不可能得到他们想要的一切。

（2分钟）

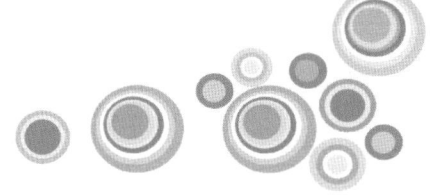

## 第三部分

第 5-6 题：回答问题

5. 请介绍一下你学生时代印象最深刻的朋友。（2.5 分钟）

6. 在发达国家高龄化是一个普遍的现象，我们应该如何应对高龄化？谈一下你的看法。（2.5 分钟）

# 新汉语水平考试

# HSK 口试（高级）11

## 注 意

一、HSK 口试（高级）分为三部分：

1. 听后复述（3题，7分钟）

2. 朗读（1题，2分钟）

3. 回答问题（2题，5分钟）

二、全部考试约24分钟（含准备时间10分钟）。

# 第一部分

第1-3题：听后复述

# 第二部分

第4题：朗读

中国的高考是高中生参加的大学入学资格考试。它是考生进入大学和选择大学资格的标准。美国的SAT考试与ACT考试都被称为"美国高考"，是美国大学入学条件之一，又是大学发放奖学金的主要依据。

同样作为大学入学考试，中国高考与美国高考却有很多不同的地方。比如：美国高考每年可以考很多次，你可以用最好的一次成绩申请学校。而中国高考，全国每年只考一次，高中最后一年便是大家决定命运的时候。在题目难度上，美国高考注重广度，而中国为了筛选出优秀学生，问题会更注重深度。最后，相比于中国考场四周戒备森严的高考氛围，美国的高考氛围更为宽松，还为考生准备糖果用来补充体力。（2分钟）

## 第三部分

第 5-6 题：回答问题

5. 你觉得工作和家庭哪个更重要？（2.5 分钟）

6. 请介绍一下你居住的城市。（2.5 分钟）

# 新汉语水平考试

# HSK 口试（高级）12

## 注　意

一、HSK 口试（高级）分为三部分：

1. 听后复述（3题，7分钟）

2. 朗读（1题，2分钟）

3. 回答问题（2题，5分钟）

二、全部考试约 24 分钟（含准备时间 10 分钟）。

# 第一部分

第1-3题：听后复述

# 第二部分

第4题：朗读

人口老龄化，一个是指老年人口相对增多，在总人口中所占的比例不断上升的过程；另一个是指社会人口结构呈现老年状态，进入老龄化社会。当一个国家或地区60岁以上的老年人口占人口总数的10%，或65岁以上老年人口占人口总数的7%，人们便称这个国家或地区的人口处于老龄化社会。

据报道，中国已成为世界上老年人口总量最多的国家。预计到2050年，中国老龄人口将达到总人口数的三分之一。中国人口老龄化存在几个特点，一个是中国国土面积大，人口分布不平衡，地区间老龄化程度差异也较大。第二个是城乡倒置，农村的老年人口是城市的1.69倍，老龄化水平18.3%，是城市的2.3倍。

（2分钟）

## 第三部分

第5-6题：回答问题

5.你喜欢热闹的地方吗？请说一下。（2.5分钟）

6.你最想住什么样的房子？请描述一下你梦想的房子。（2.5分钟）

梦想中国语 模拟考试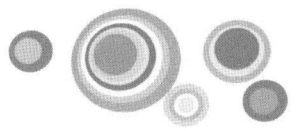

# 新汉语水平考试

# HSK 口试（高级）13

## 注 意

一、HSK 口试（高级）分为三部分：

   1. 听后复述（3题，7分钟）

   2. 朗读（1题，2分钟）

   3. 回答问题（2题，5分钟）

二、全部考试约24分钟（含准备时间10分钟）。

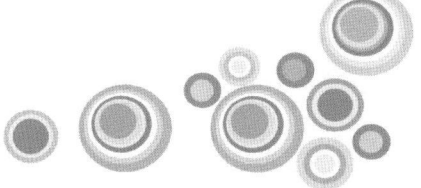

# 第一部分

第1-3题：听后复述

# 第二部分

第4题：朗读

万里长城是中国悠久历史的见证，它与罗马斗兽场，比萨斜塔等列为世界古代七大奇迹之一。万里长城是中国古代劳动人民创造的奇迹，从秦朝开始，修筑长城一直都是一项大工程。据记载，当时国家使用了近百万劳动力来修筑长城，占全国人口的1/20！

古代修筑长城的目的很简单，为了防御匈奴等民族的杀伤。长城上还分布着许多关城，关城是万里长城防线上最为集中的防御点，关城有大有小，数量很多。就以明长城来说，大大小小有近千处之多，有些大的关城附近会有些小关城，这些关城与长城共同组成了万里长城最重要的防御系统。

（2分钟）

第三部分

第5-6题：回答问题

5.你觉得路边多设置垃圾桶好还是少设置垃圾桶好？（2.5分钟）

6.最近年轻人失业率越来越高，你认为原因是什么？如何解决？（2.5分钟）

# 新汉语水平考试

# HSK 口试（高级）14

## 注 意

一、HSK 口试（高级）分为三部分：

1、听后复述（3题，7分钟）

2、朗读（1题，2分钟）

3、回答问题（2题，5分钟）

二、全部考试约24分钟（含准备时间10分钟）。

# 第一部分

第1-3题：听后复述

# 第二部分

第4题：朗读

一提起北京，很多人都会想起一道名菜，那就是北京烤鸭。北京烤鸭起源于中国南北朝时期，是当时的宫廷菜肴。北京烤鸭用优质的肉食鸭为主料，木炭火烤制，外酥里嫩，是大家非常喜爱的一道菜。新中国成立后，北京烤鸭的声誉与日俱增，成为名扬世界的美食。

历代美食家在吃北京烤鸭时，吃出了许多讲究。首先，吃烤鸭必须在合适的季节，季节不好便影响口感。冬，春，秋三季吃烤鸭口味最佳。原因是冬春时节，鸭子比较肥美，而秋季的气候适合制作烤鸭。其次，烤鸭烤制之后，要趁热片下皮肉，而且讲究片片有皮带肉，薄而不碎。这样吃起来才会口感香酥鲜嫩。

（2分钟）

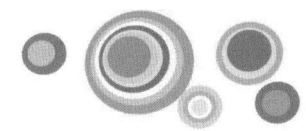

## 第三部分

第 5-6 题：回答问题

5.学历和能力，哪个更重要？为什么？(2.5分钟)

6.你同意"压力是动力"这句话吗？（2.5分钟）

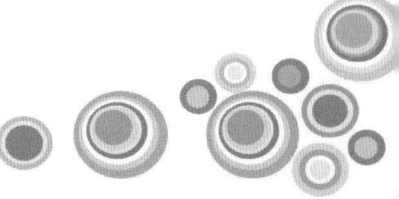

# 新汉语水平考试

# HSK 口试（高级）15

## 注 意

一、HSK 口试（高级）分为三部分：

1. 听后复述（3题，7分钟）

2. 朗读（1题，2分钟）

3. 回答问题（2题，5分钟）

二、全部考试约24分钟（含准备时间10分钟）。

# 第一部分

第 1-3 题：听后复述

# 第二部分

第 4 题：朗读

如果想让商品成功大卖，一个成功的广告可以说是关键。在中国，一张"甜过初恋"的图片不仅在网上热传，照片中卖橘子的老奶奶还被网友戏称为广告的高手。很多人表示，这儿卖的已经不是单纯的橘子了，而是无数人的美好回忆。

老奶奶被岁月打磨出的侧影，对比上单纯文字的广告，给人留下了深刻印象。"甜过初恋"被很多网友称为史上最成功的广告案例。

（2分钟）

## 第三部分

第5-6题：回答问题

5.你怎么缓解压力？（2.5分钟）

6.很多人批评高考无法评价一个人的能力，你赞成高考吗？

（2.5分钟）

梦想中国语 模拟考试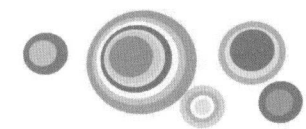

# 新汉语水平考试

# HSK 口试（高级）16

## 注　意

一、HSK 口试（高级）分为三部分：

1. 听后复述（3题，7分钟）

2. 朗读（1题，2分钟）

3. 回答问题（2题，5分钟）

二、全部考试约 24 分钟（含准备时间 10 分钟）。

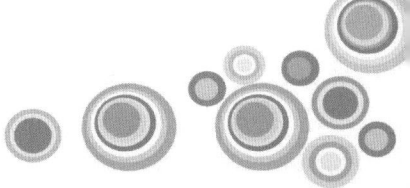

# 第一部分

第1-3题：听后复述

# 第二部分

第4题：朗读

　　古时候，有个叫阿迪的富人，他一生气就跑回家去，然后绕着自己的房子和土地跑三圈儿。后来，他的房子和土地越来越大，而一生气时，他仍然要绕着自己的房子和土地跑三圈。

　　孙子问："爷爷！为什么你生气时就绕着房子和土地跑？"阿迪说："年轻和人吵架时，我就绕着自己的房子和土地跑三圈儿，我边跑边想，自己的房子和土地这么小，哪有时间和精力跟别人生气呢？一想到这里，我的气就消了，也就有更多的时间工作了。"

　　孙子又问："爷爷！你已经成了有钱人，可是为什么还要绕着房子和土地跑三圈儿呢？"阿迪笑着说："一边跑我就一边想啊——我的房子这么大，又何必和别人计较呢？一想到这里，我的气就消了。"（2分钟）

第 5-6 题：回答问题

5. 你知道"活到老，学到老"是什么意思吗？（2.5分钟）

6. 人们常说"机会只留给有准备的人"，你怎么看？（2.5分钟）

# 新汉语水平考试

# HSK 口试（高级）17

## 注 意

一、HSK 口试（高级）分为三部分：

　　1. 听后复述（3题，7分钟）

　　2. 朗读（1题，2分钟）

　　3. 回答问题（2题，5分钟）

二、全部考试约24分钟（含准备时间10分钟）。

## 第一部分

第1-3题：听后复述

## 第二部分

第4题：朗读

从前有个自大的蚊子，它向百兽之王狮子发出了挑战。狮子哈哈大笑起来，蚊子气得眼珠子都绿了。它嗡嗡地飞过去，朝狮子脸上没毛的地方，狠狠咬下去。狮子疼得嗷嗷直叫，挥起爪子朝蚊子拍去。蚊子左闪右躲，一边叮，一边在狮子脸上乱飞乱窜。狮子又痒又疼，向自己的脸抓下去。结果，把脸抓得鲜血直流。

"我打赢狮子咯，我才是百兽之王。"蚊子得意洋洋，大喊大叫地飞舞起来。谁知，竟撞进了蜘蛛网里。"我打败过狮子，没想到却死在这小小的蜘蛛手里。"蚊子叹道。这故事是说：人各有优缺点，要是只看到优点，变得自大，就会失败。

（2分钟）

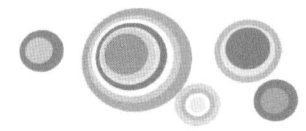

## 第三部分

第 5-6 题：回答问题

5. 请谈一下快餐的利于弊。（2.5 分钟）

6. 有人说："办法总比问题多"，你怎么看待这句话？（2.5 分钟）

# 新汉语水平考试

# HSK 口试（高级）18

## 注 意

一、HSK 口试（高级）分为三部分：

1. 听后复述（3题，7分钟）

2. 朗读（1题，2分钟）

3. 回答问题（2题，5分钟）

二、全部考试约24分钟（含准备时间10分钟）。

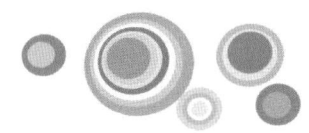

# 第一部分

第1-3题：听后复述

# 第二部分

第4题：朗读

以前，有个住在村子里的人，一天他丢了一把斧头。他以为是隔壁人家的儿子偷的，于是他常常注意那人的行动，他觉得那人走路的样子，说话的声音都和平常人不一样。总之，那人的一举一动，都很像一个偷东西的人。

后来，他自己把那把丢了的斧子找了回来。原来是他自己上山砍柴时，自己把斧子掉在山里了。第二天，他又碰见隔壁人家的儿子，再看那人走路的样子，说话的样子就都不像一个偷东西的人了。

这个故事告诉我们：带着有色眼镜看人，往往产生错误。

（2分钟）

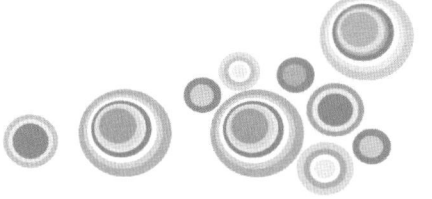

## 第三部分

第5-6题：回答问题

5.你常常看电视剧吗？说一下你对电视剧的看法。（2.5分钟）

6.有机食品为什么这么流行？请谈一下你对有机食品的看法。（2.5分钟）

# 新汉语水平考试

# HSK 口试（高级）19

## 注 意

一、HSK 口试（高级）分为三部分：

1. 听后复述（3题，7分钟）

2. 朗读（1题，2分钟）

3. 回答问题（2题，5分钟）

二、全部考试约24分钟（含准备时间10分钟）。

# 第一部分

第1-3题：听后复述

# 第二部分

第4题：朗读

普朗克获得诺贝尔奖之后，每天奔波于各个场合，演讲他的理论。他讲了很多遍，所以连司机都记住了。

有一天，他的司机对他说："教授呀，你每次都讲一样的内容，我都听熟了，这样吧，下次就让我替你讲吧。"

普朗克说："好啊，那就你来吧。"到了德国，司机代替他上台，对着一群物理学家做了一场长时间的演讲。他讲得跟普朗克一样。

讲完后，一位教授说："先生，我想请教一个问题。"然后他问了一个非常专业的问题。听完问题，司机笑了："你问的这个问题太简单了，这样吧，我让我的司机回答一下。"

（2分钟）

## 第三部分

第5-6题：回答问题

5.你喜欢用本国产品还是外国产品？为什么？（2.5分钟）

6.你如何改掉坏习惯的？请举一个例子。（2.5分钟）

梦想中国语 模拟考试

# 新汉语水平考试

# HSK 口试（高级）20

## 注　意

一、HSK 口试（高级）分为三部分：

　1. 听后复述（3题，7分钟）

　2. 朗读（1题，2分钟）

　3. 回答问题（2题，5分钟）

二、全部考试约24分钟（含准备时间10分钟）。

# 第一部分

第1-3题：听后复述

# 第二部分

第4题：朗读

以前有个使者到中国来，送给皇帝三个一模一样的小金人，皇帝收到礼物，非常高兴。使者同时出了一个题："这3个金人哪个最有价值？"皇帝看来看去，想来想去，都觉得这三个小金人是一样的，找不出哪里不一样。

最后，有一位老大臣说他有办法。大臣拿着一根稻草，插入第1个金人的耳朵里，结果稻草从另一边耳朵出来了；

大臣又把稻草插入第2个金人的耳朵里，结果稻草从嘴巴里直接掉出来了；而第3个金人，稻草进去后掉进了肚子，什么声音也没有。

大臣说：第三个金人最有价值！——这个故事告诉我们，最有价值的人，不一定是最能说的人。（2分钟）

第5-6题：回答问题

5.你喜欢用现金还是信用卡买东西？为什么？（2.5分钟）

6.你如何看待名牌和一般产品？（2.5分钟）

 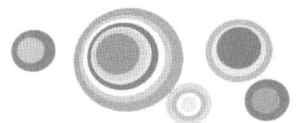

# <HSKK 고급 모의고사 1> 모범 답안

1 有个盲人在夜晚走路的时候，手里总是提着一个灯笼，别人看见了就好奇地问："你自己看不见，为什么还要提着灯笼走路？"盲人回答说："我提灯笼可以为别人照路，为别人提供光明。这样一来，别人也就容易看到我，不会撞到我了。"是的，很多时候，我们在帮助别人的同时，其实也是在帮助自己。

Yǒu gè máng rén zài yè wǎn zǒu lù de shí hòu, shǒu lǐ zǒng shì tí zhe yí gè dēng lóng, bié rén kàn jiàn le jiù hào qí de wèn:"Nǐ zì jǐ kàn bú jiàn, wèi shén me hái yào tí zhe dēng lóng zǒu lù?" Máng rén huí dá shuō:"Wǒ tí dēng lóng kě yǐ wèi bié rén zhào lù, wèi bié rén tí gōng guāng míng. Zhè yàng yì lái, bié rén yě jiù róng yì kàn dào wǒ, bú huì zhuàng dào wǒ le."Shì de, hěn duō shí hòu, wǒ men zài bāng zhù bié rén de tóng shí, qí shí yě shì zài bāng zhù zì jǐ.

맹인 한 명이 있었는데 밤길을 걸을 때 손에 등불을 들고 다녔다. 다른 사람이 그것을 보고 "너는 안 보이는데 왜 등불을 들고 다니느냐?"고 궁금해한다. 맹인은 이렇게 대답했다. "초롱을 들면 다른 사람한테 길을 비춰 줄 수 있다. 그러면 다른 사람도 쉽게 나를 볼 수 있어서 부딪치지 않을 것이다." 그렇다, 많은 경우에 우리는 남을 돕는 동시에 사실은 우리 자신도 돕게 된다.

2 相信专家，有时候不如相信自己。一般人总认为投资成功与否，取决于一个人的预测能力。其实，所有的专家和你一样，都无法预测未来，也都要承担投资风险。要知道，"只赢不输"的投资方法是不存在的，你只是要尽力做到"多赢少输"而已。

Xiāng xìn zhuān jiā, yǒu shí hòu bù rú xiāng xìn zì jǐ. Yì bān rén zǒng rèn wéi tóu zī chéng gōng yǔ fǒu, qǔ jué yú yí gè rén de yù cè néng lì. Qí shí, suǒ yǒu de zhuān jiā hé nǐ yí yàng, dōu wú fǎ yù cè wèi lái, yě dōu yào chéng dān tóu zī fēng xiǎn. Yào zhī dào, zhǐ yíng bù shū" de tóu zī fāng fǎ shì bù cún zài de, nǐ zhǐ shì yào jìn lì zuò dào 'duō yíng shǎo shū' ér yǐ.

어떨 땡에는 전문가를 믿는 것보다 자신을 믿는 것이 더 낫다. 일반인은 늘 투자의 성공 여부는 한 사람의 예측 능력에 달려 있다고 생각한다. 사실은 모든 전문가는 당신처럼 다 미래를 예측할 수 없다. 그들도 모두 투자 리스크를 감당해야 한다. 아시다시피 이기기만 하고 지지 않는 투자 방법은 존재하지 않는다. 당신이 많이 이기고 적게 지도록 노력해야 할 뿐이다.

3 孩子不听话，往往是因为家长和他接触的时间不够多，使孩子在心理上和家长产生了距离感。特别是处于青春期的孩子，性格比较叛逆，喜欢和父母对着干。因此，家长要做的不是强迫孩子听你的命令，而是尝试着走进孩子的内心世界。即使工作再忙，也应尽量抽出一些时间和孩子在一起，陪孩子做一些他喜欢做的事，多跟他聊天儿，拉近与孩子的心理距离。同时，其实也是在帮助自己。

Hái zi bù tīng huà, wǎng wǎng shì yīn wéi jiā zhǎng hé tā jiē chù de shí jiān bù gòu duō, shǐ hái zi zài xīn lǐ shàng hé jiā zhǎng chǎn shēng le jù lí gǎn. Tè bié shì chǔ yú qīng chūn qī de hái zi, xìng gé bǐ jiào pàn nì, xǐ huān hé fù mǔ duì zhe gàn. Yīn cǐ, jiā zhǎng yào zuò de bù shì qiǎng pò hái zi tīng nǐ de mìng lìng, ér shì cháng shì zhe zǒu jìn hái zi de nèi xīn shì jiè. Jí shǐ gōng zuò zài máng, yě yīng jǐn liàng chōu chū yì xiē shí jiān hé hái zi zài yì qǐ, péi hái zi zuò yì xiē tā xǐ huān zuò de shì, duō gēn tā liáo tiān er, lā jìn yǔ hái zi de xīn lǐ jù lí. Tóng shí, qí shí yě shì zài bāng zhù zì jǐ.

아이가 말을 안 듣는 것은 종종 부모님과 소통하는 시간이 부족해서 그렇다. 이것은 아이를 심리적으로 부모님과 거리감을 생기게 했다. 특히 사춘기에 처해 있는 아이들은 성격이 매우 반항적이고 부모님과 대립하는 것을 좋아한다. 그래서 부모님들이 아이들을 강요하지 않고 아이들의 마음 속의 세계로 걸어 들어가 봐야 한다. 비록 일이 바쁘더라도 시간을 내서 아이들과 같이 시간을 보내야 한다. 아이들이 좋아하는 일을 같이 해 주고 많이 이야기를 나눠 아이와의 심리적 거리를 줄여야 한다. 이는 동시에 자신을 도와 주기도 한다.

**4** 人们一般会有一种投机的心理，我们把它称为"中彩票"的心理，这种渴望一夜暴富的心理，对成功是没有好处的。我们生活在一个充满竞争的社会中，要想在竞争中立于不败之地，必须有真才实学，而不是靠投机取巧。做演员的"台上一分钟，台下十年功"，做教师的"要给学生一碗水，自己就需要有一桶水"。也就是说，做演员的，如果没有扎实的基本功，那么你就无法给观众带来精彩的表演；做教师的，如果没有长期的积累，那么你就无法赢得学生的尊重。

我们都渴望成功，可是，成功其实是没有什么特别方法的。千里之行，始于足下。要想成功，就需要平时一点一滴的积累；要想成功，就需要不断地努力。

Rén men yì bān huì yǒu yì zhǒng tóu jī de xīn lǐ, wǒ men bǎ tā chēng wéi "zhòng cǎi piào" de xīn lǐ, zhè zhǒng kě wàng yì yè bào fù de xīn lǐ, duì chéng gōng shì méi yǒu hǎo chù de. Wǒ men shēng huó zài yí gè chōng mǎn jìng zhēng de shè huì zhōng, yào xiǎng zài jìng zhēng zhōng lì yú bú bài zhī dì, bì xū yǒu zhēn cái shí xué, ér bú shì kào tóu jī qǔ qiǎo. Zuò yǎn yuán de "tái shàng yì fēn zhōng, tái xià shí nián gōng", zuò jiào shī de "yào gěi xué shēng yì wǎn shuǐ, zì jǐ jiù xū yào yǒu yì tǒng shuǐ". Yě jiù shì shuō, zuò yǎn yuán de, rú guǒ méi yǒu zhā shi de jī běn gōng, nà me nǐ jiù wú fǎ gěi guān zhòng dài lái jīng cǎi de biǎo yǎn; zuò jiào shī de, rú guǒ méi yǒu cháng qī de jī lěi, nà me nǐ jiù wú fǎ yíng dé xué shēng de zūn zhòng.

Wǒ men dōu kě wàng chéng gōng, kě shì, chéng gōng qí shí shì méi yǒu shén me tè bié fāng fǎ de. Qiān lǐ zhī xíng, shǐ yú zú xià. Yào xiǎng chéng gōng, jiù xū yào píng shí yì diǎn yì dī de jī lěi; yào xiǎng chéng gōng, jiù xū yào bù duàn de nǔ lì.

사람들은 모두 투기의 심리가 있다. 우리는 그것을 '로또를 당첨된' 심리라고 부른다. 이처럼 하루 아침에 벼락부자가 되려는 심리는 성공에 도움이 되지 않는다. 우리는 경쟁이 가득찬 사회에서 생활하며 경쟁에서 패하지 않으려면 기회를 틈타 사리사욕을 취하는 것이 아니라 진정한 재능과 학식이 있어야 한다. 배우는 "무대 위에서 1분, 무대 아래서 10년 공부"이고 교사는 "학생에게 물 한 그릇을 주려면 자기가 한 통의 물이 있어야 한다". 다른 말로 얘기하면 배우로서 기본기가 탄탄하지 못하면 관객에게 멋진 연출을 보여줄 수 없고 교사로서 오랜 시간 기본기가 축적되지 않으면 제자의 존중을 받을 수 없다는 것이다.

우리는 모두 성공을 갈망하지만 성공은 사실 특별한 방법이 없는 것이다. 천리나 되는 먼 여정도 내딛는 첫발에서부터 시작한다. 성공하려면 평소 조금씩 기본기를 쌓아야 하고 성공하려면 부단히 노력해야 한다.

### 5. 你喜欢国内旅游还是国外旅游？为什么？

相比较国内旅游和国外旅游，我更喜欢国内旅游。

首先，因为中国很大，不同的景点会有不同的景色。中国的北方冬天银装素裹，万里冰封。南方亚热带气候很适合度假。东部沿海地区经济较发达，可以享受海洋景观的同时，领略现代化城市的气息。西部有景观独特的高原，一望无际的大草原。中部的各个城市都有着属于自己的特点，承载着满满的人文关怀和历史故事。

其次，在国内旅行，可以省去语言所带来的不便，交通也比较便利，无论是穿梭在城市间的地铁、公交这些公共交通，还有我们熟知常用的网约车，只要动一动手指就能提前预约到车，还有穿梭在城市与城市之间的高铁与飞机，他们停靠的站点都在离城市很近的地方甚至就在城市之中，亦或是通过大众交通就可以换乘，可以带着我们去任何想去的地方，便捷、快速、便宜是他们的特点。

最后，因为中国有56个民族，各自都有自己的文化与特色的美食，在国内旅游不仅可以体验多种多样的民族文化，领略变化无常的大自然景色，更是能感受到不一样的美食文化。大家都知道中华美食的渊源，更多的外国人也正因为这一点，便被吸引来中国感受中国的美食文化博大精深。

以上几点，就是我喜欢在国内旅游的原因。

**5. Nǐ xǐ huān guó nèi lǚ yóu hái shì guó wài lǚ yóu? Wèi shén me?**

Xiāng bǐ jiào guó nèi lǚ yóu hé guó wài lǚ yóu, wǒ gèng xǐ huān guó nèi lǚ yóu.

Shǒu xiān, yīn wéi zhōng guó hěn dà, bù tóng de jǐng diǎn huì yǒu bù tóng de jǐng sè. Zhōng guó de běi fāng dōng tiān yín zhuāng sù guǒ, wàn lǐ bīng fēng. Nán fāng yà rè dài qì hòu hěn shì hé dù jià. Dōng bù yán hǎi dì qū jīng jì jiào fā dá, kě yǐ xiǎng shòu hǎi yáng jǐng guān de tóng shí, lǐng lüè xiàn dài huà chéng shì de qì xí. Xī bù yǒu jǐng guān dú tè de gāo yuán, yí wàng wú jì de dà cǎo yuán. Zhōng bù de gè ge chéng shì dōu yǒu zhe shǔ yú zì jǐ de tè diǎn, chéng zài zhe mǎn mǎn de rén wén guān huái hé lì shǐ gù shì.

Qí cì, zài guó nèi lǚ xíng, kě yǐ shěng qù yǔ yán suǒ dài lái de bù biàn, jiāo tōng yě bǐ jiào biàn lì, wú lùn shì chuān suō zài chéng shì jiān dì dì tiě, gōng jiāo zhè xiē gōng gòng jiāo tōng, hái yǒu wǒ men shú zhī cháng yòng de wǎng yuē chē, zhǐ yào dòng yí dòng shǒu zhǐ jiù néng tí qián yù yuē dào chē, hái yǒu chuān suō zài chéng shì yǔ chéng shì zhī jiān de gāo tiě yǔ fēi jī, tā men tíng kào de zhàn diǎn dōu zài lí chéng shì hěn jìn dì dì fāng shèn zhì jiù zài chéng shì zhī zhōng, yì huò shì tōng guo dà zhòng jiāo tōng jiù kě yǐ huàn chéng, kě yǐ dài zhe wǒ men qù rèn hé xiǎng qù dì dì fāng, biàn jié, kuài sù, pián yí shì tā men de tè diǎn.

Zuì hòu, yīn wéi zhōng guó yǒu 56 gè mín zú, gè zì dōu yǒu zì jǐ de wén huà yǔ tè sè de měi shí, zài guó nèi lǚ yóu bù jǐn kě yǐ tǐ yàn duō zhǒng duō yàng de mín zú wén huà, lǐng lüè biàn huà wú cháng de dà zì rán jǐng sè, gèng shì néng gǎn shòu dào bù yí yàng dì měi shí wén huà. Dà jiā dōu zhī dào zhōng huá měi shí de yuán yuán, gèng duō de wài guó rén yě zhèng yīn wèi zhè yì diǎn, biàn bèi xī yǐn lái zhōng guó gǎn shòu zhōng guó dì měi shí wén huà bó dà jīng shēn.

Yǐ shàng jǐ diǎn, jiù shì wǒ xǐ huān zài guó nèi lǚ yóu de yuán yīn.

**5. 해석: 국내 여행을 좋아하는가? 아니면 해외 여행을 좋아하는가? 무슨 이유인가?**

나는 해외 여행에 비해 국내 여행을 더 좋아한다.

첫째, 중국이 크기 때문에 다양한 경치가 있을 것이다. 중국의 북쪽은 겨울에는 은빛 옷차림이 소박하게 장식하고 만리의 얼음이 뒤덮인다. 남방의 아열대 기후는 휴가에 아주 적합하다. 동부 연해 지역의 경제는 비교적 발달하여 해양 경관을 누릴 수 있는 동시에 현대 도시의 느낌도 상당히 얻을 수 있다. 서부에는 조경이 독특한 고원이 있으며 끝없이 펼쳐진 대초원이 펼쳐져 있다. 중부의 각 도시는 모두 자신만의 특징을 가지고 있으며 인문적인 기반을 바탕으로 한 역사 이야기가 가득 차 있다.

둘째, 국내 여행은 언어의 불편을 덜 수 있고 교통도 편리한 편으로 도시 간 지하철, 버스 등 대중교통을 오갈 수 있다. 심지어 우리가 흔히 쓰는 인터넷으로 예약한 자동차도 이용할 수 있기 때문에 손가락만 움직이면 미리 예약할 수 있다. 도시와 도시 사이를 오가는 고속철도와 비행기도 있다. 그들이 정차하는 지점이 모두 도시에서 가까운 곳이고 아니면 대중교통을 통해 환승할 수 있기 때문에 우리가 가고 싶은 곳이라면 어디든 편리하게 이동할 수 있다.

마지막으로 중국은 56개의 민족이 있고 각각의 문화와 특색이 있는 음식을 가지고 있기 때문에 국내 여행은 다양한 민족문화를 체험할 수 있을 뿐만 아니라 변화무쌍한 자연경관을 경험할 수도 있다. 또 다른 음식문화를 느낄 수도 있다. 중화음식의 연원을 모두 알고 있다. 더 많은 외국인들도 이것에 이끌려 중국에 와서 중국 음식문화를 즐길 수 있게 된다.

위에 말한 것들이 바로 내가 국내 여행을 좋아하는 이유이다.

**6. 你认为智能手机如何改变了我们的生活？**

我认为，其实智能科技早已悄无声息地改变了我们的生活方式，并且普及率最广的应该就是整天被大家捧在手心里的智能手机了。

首先，智能手机让我们的生活更加便捷。比如：外卖软件、支付软件、网上购物软件、聊天软件让我们的生活更加便捷，沟通更加方便。智能手机就如同我们身体的一个器官一样，带给我们生活的便利，使我们生活的越来越智能化。与此同时，使我们越来越依赖它，假使离开了它，我们就好像会变得无所适从，不知道该如何生活。

其次，智能手机占用了大量的时间，让人的关系变得远了。很多人经常刷朋友圈、微博，沉迷于智能手机的各种功能，却忽略了眼前的感情。就算是朋友们约出来吃饭，面对面的时候也会经常出现一桌子的人都在低头看手机的场景，估计大家都不陌生吧，更有甚者，两个朋友即使面对面时，也通过手机来交流。

最后，互联网速度的大幅提高和普遍性，也是导致智能手机改变我们生活的一个关键点，作为载体的互联网，可以说是一个重要的推手。

以上就是我认为智能手机如何改变了我们的生活的观点。

**6.Nǐ rèn wéi zhì néng shǒu jī rú hé gǎi biàn le wǒ men de shēng huó?**

Wǒ rèn wéi, qí shí zhì néng kē jì zǎo yǐ qiāo wú shēng xī de gǎi biàn le wǒ men de shēng huó fāng shì, bìng qiě pǔ jí lǜ zuì guǎng de yīng gāi jiù shì zhěng tiān bèi dà jiā pěng zài shǒu xīn lǐ de zhì néng shǒu jī le.

Shǒu xiān, zhì néng shǒu jī ràng wǒ men de shēng huó gèng jiā biàn jié. Bǐ rú: Wài mài ruǎn jiàn, zhī fù ruǎn jiàn, wǎng shàng gòu wù ruǎn jiàn, liáo tiān ruǎn jiàn ràng wǒ men de shēng huó gèng jiā biàn jié, gōu tōng gèng jiā fāng biàn zhì néng shǒu jī jiù rú tóng wǒ men shēn tǐ de yí gè qì guān yí yàng, dài gěi wǒ men shēng huó de biàn lì, shǐ wǒ men shēng huó de yuè lái yuè zhì néng huà. Yǔ cǐ tóng shí, shǐ wǒ men yuè lái yuè yī lài tā, jiǎ shǐ lí kāi le tā, wǒ men jiù hǎo xiàng huì biàn dé wú suǒ shì cóng, bù zhī dào gāi rú hé shēng huó.

Qí cì, zhì néng shǒu jī zhàn yòng le dà liàng de shí jiān, ràng rén de guān xì biàn dé yuǎn le. Hěn duō rén jīng cháng shuā péng yǒu quān, wēi bó, chén mí yú zhì néng shǒu jī de gè zhǒng gōng néng, què hū lüè le yǎn qián de gǎn qíng. Jiù suàn shì péng yǒu men yuē chū lái chī fàn, miàn duì miàn de shí hòu yě huì jīng cháng chū xiàn yì zhuō zi de rén dōu zài dī tóu kàn shǒu jī de chǎng jǐng, gū jì dà jiā dōu bù mò shēng ba, gèng yǒu shén zhě, liǎng gè péng yǒu jí shǐ miàn duì miàn shí, yě tōng guò shǒu jī lái jiāo liú.

Zuì hòu, hù lián wǎng sù dù de dà fú tí gāo hé pǔ biàn xìng, yě shì dǎo zhì zhì néng shǒu jī gǎi biàn wǒ men shēng huó de yí gè guān jiàn diǎn, zuò wéi zài tǐ de hù lián wǎng, kě yǐ shuō shì yí gè zhòng yào de tuī shǒu.

Yǐ shàng jiù shì wǒ rèn wéi zhì néng shǒu jī rú hé gǎi biàn le wǒ men de shēng huó de guān diǎn.

**6. 해석: 스마트폰은 우리의 생활을 어떻게 바꿨다고 생각하는가?**

나는 사실 스마트한 과학 기술은 이미 소리 없이 우리의 생활 방식을 바꾸었다고 생각한다. 또 보급률이 가장 높은 것은 하루 종일 여러분의 손에 들고 있는 스마트폰일 것이다.

우선 스마트폰이 우리의 삶을 더 편리하게 만들고 있다. 예를 들어 소프트웨어 배달, 결제프 로그램, 인터넷 쇼핑프 로그램, 채팅프로그램 등이 우리의 삶을 더욱 편리하게 하고 소통을 용이하게 한다. 스마트폰은 우리 몸의 한 기관처럼 삶에 편리함을 주고 생활을 점점 더 스마트하게 만든다. 이와 동시에 우리는 점점 더 그것에 의존하게 되었고 만일 그것이 없어지면 우리는 어찌할지 모르게 될 것이고 어떻게 생활하는지도 모를 것이다.

둘째, 스마트폰은 많은 시간을 쓰게 하여 사람들의 관계가 멀어졌다는 것이다. 많은 사람들이 위챗모멘트, 웨이보 등 스마트폰의 각종 기능에 탐닉하는 사람들이 있는데 눈앞의 감정은 뒷전이다. 친구들은 약속에 나와서도 테이블에 앉은 사람들이 고개를 숙인 채 휴대전화를 보는 장면이 자주 보여서 낯설지 않을 것이다. 심지어 두 친구끼리 얼굴을 마주하고 있어도 휴대전화로 교류하는 것이다.

마지막으로 인터넷의 빠른 속도와 보편성도 스마트폰이 우리의 삶을 변화시키는 중요한 포인트이고 인터넷을 떠받치는 데 중요한 견인차라고 할수 있다. 위에 내용들이 스마트폰이 우리 삶을 어떻게 바꿔 놓았나 하는 질문에 대한 대답이다.

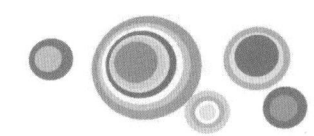

# <HSKK 고급 모의고사 2> 모범 답안

**1** 有一位老人从一座城市步行到了遥远的另一座城市。在克服重重困难到达目的地的时候,记者采访了他。记者问老人在路途中是否曾经被困难吓倒过,他又是如何鼓起勇气走下来的。老人回答说:"走一步路是不需要勇气的,我所做到的就是这样。先走一步,接着再走一步,然后再走一步,最后我就到这里了。"

Yǒu yí wèi lǎo rén cóng yí zuò chéng shì bù xíng dào le yáo yuǎn de lìng yí zuò chéng shì. Zài kè fú chóng chóng kùn nán dào dá mù dì di de shí hòu, jì zhě cǎi fǎng le tā. Jì zhě wèn lǎo rén zài lù tú zhōng shì fǒu céng jīng bèi kùn nán xià dǎo guò, tā yòu shì rú hé gǔ qǐ yǒng qì zǒu xià lái de lǎo rén huí dá shuō:"Zǒu yí bù lù shì bù xū yào yǒng qì de, wǒ suǒ zuò dào de jiù shì zhè yàng. Xiān zǒu yí bù, jiē zhe zài zǒu yí bù, rán hòu zài zǒu yí bù, zuì hòu wǒ jiù dào zhè lǐ le."

한 노인이 한 도시에서 다른 먼 도시로 걸어가면서 도착했다. 여러 어려움을 극복하고 목적지에 도착했을 때 기자가 그를 인터뷰했다. 기자가 노인에게 길에서 어려움때문에 쓰러진 적이 있는지, 또한 어떻게 용기를 내어 계속 걸어왔는지 물었다. 노인은 "한 발자국 걸을 때는 용기가 필요 없었다. 내가 한 것은 바로 이것이다. 일단 첫 걸음을 가고 한 번 더 가고 한 번 더 가면 결국 여기에 왔다."라고 대답했다.

**2** 有一对双胞胎,他们都非常爱吃蛋糕。可是每次妈妈买回蛋糕分给他们吃时,他们总是会吵架,因为他们俩都觉得对方的那块儿蛋糕比自己的大。后来,妈妈想了一个办法:她让一个孩子将蛋糕分成两份,然后让另一个孩子从切好的蛋糕中先挑选一块儿。从此,这对双胞胎再也没有因为吃蛋糕而争吵过。

Yǒu yí duì shuāng bāo tāi, tā men dōu fēi cháng ài chī dàn gāo. Kě shì měi cì mā ma mǎi huí dàn gāo fēn gěi tā men chī shí, tā men zǒng shì huì chǎo jià, yīn wèi tā men liǎ dōu jué de duì fāng de nà kuàir dàn gāo bǐ zì jǐ de dà. Hòu lái, mā ma xiǎng le yí gè bàn fǎ: Tā ràng yí gè hái zi jiāng dàn gāo fēn chéng liǎng fèn, rán hòu ràng lìng yí gè hái zi cóng qiē hǎo de dàn gāo zhōng xiān tiāo xuǎn yí kuàir. Cóng cǐ, zhè duì shuāng bāo tāi zài yě méi yǒu yīn wèi chī dàn gāo ér zhēng chǎo guò.

한 쌍둥이가 있었는데 그들은 모두 케이크를 즐겨 먹었다. 그러나 어머니가 케이크를 사서 그들에게 나눠 줄 때마다 그들은 항상 싸웠다. 그들은 모두 상대방의 케이크가 자기보다 크다고 여겼기 때문이다. 나중에 엄마는 아이디어가 하나 생겼다. 그녀는 한 아이에게 케이크를 두 조각으로 나누라고 했다. 그 후 다른 한 아이에게는 잘려진 케이크 중에서 먼저 한 조각을 고르라고 했다. 그 후로 쌍둥이는 더 이상 케이크 때문에 싸운 적이 없었다.

**3** 只有自己做了父母,品尝到了养育生命的天伦之乐,你才会知道不做一回父母是多么大的损失。只有走进书籍的宝库,品尝到了与书中优秀灵魂交谈的乐趣,你才会知道不读好书是多么大的损失。世界上

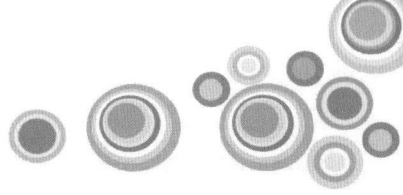

真正的好东西都是如此，你只有亲自去品尝，才会知道它们在人生中具有多么不可替代的价值。

Zhǐ yǒu zì jǐ zuò le fù mǔ, pǐn cháng dào le yǎng yù shēng mìng de tiān lún zhī lè, nǐ cái huì zhī dào bú zuò yì huí fù mǔ shì duō me dà de sǔn shī. Zhǐ yǒu zǒu jìn shū jí de bǎo kù, pǐn cháng dào le yǔ shū zhōng yōu xiù líng hún jiāo tán de lè qù, nǐ cái huì zhī dào bù dú hǎo shū shì duō me dà de sǔn shī. Shì jiè shàng zhēn zhèng de hǎo dōng xi dū shì rú cǐ, nǐ zhǐ yǒu qīn zì qù pǐn cháng, cái huì zhī dào tā men zài rén shēng zhōng jù yǒu duō me bù kě tì dài de jià zhí.

자신이 직접 부모가 되어 생명을 기르는 천륜지락을 맛봐야 부모님이 되지 않는 것은 얼마나 큰 손해인지를 알 것이다. 책의 보물 창고에 들어가 책 속의 훌륭한 영혼과 이야기를 나누는 재미를 맛봐야 좋은 책을 읽지 않는 것은 얼마나 큰 손해인지를 알 것이다. 세상의 진정한 좋은 것은 모두 이렇다. 당신이 직접 맛봐야 그것들은 인생에서 얼마나 대체할 수 없는 큰 가치가 있는지를 알 것이다.

4 当你拥有6个苹果的时候，千万不要把它们都吃掉，因为把它们全吃掉，你也只能吃到一种味道，那就是苹果的味道。如果你把6个苹果中的5个拿出来给别人吃，尽管表面上你失掉了5个苹果，但实际上你却得到了其他5个人的友情和好感。以后你还能得到更多，当别人有了别的水果的时候，也一定会和你分享，你会从这个人手里得到一个桔子，从那个人手里得到一个梨，最后你就可能获得6种不同的水果，6种不同的味道，6个人的友谊。你一定要学会用你拥有的东西去换取对你来说更加重要的东西。所以说，放弃是一种智慧。每一次放弃都会是一次升华。

Dāng nǐ yǒng yǒu 6 gè píng guǒ de shí hòu, qiān wàn bú yào bǎ tā men dōu chī diào, yīn wèi bǎ tā men quán chī diào, nǐ yě zhǐ néng chī dào yì zhǒng wèi dào, nà jiù shì píng guǒ de wèi dào. Rú guǒ nǐ bǎ 6 gè píng guǒ zhōng de 5 gè ná chū lái gěi bié rén chī, jǐn guǎn biǎo miàn shàng nǐ shī diào le 5 gè píng guǒ, dàn shí jì shang nǐ què dé dào le qí tā 5 gè rén de yǒu qíng hé hǎo gǎn. Yǐ hòu nǐ hái néng dé dào gèng duō, dāng bié rén yǒu le bié de shuǐ guǒ de shí hòu, yě yí dìng huì hé nǐ fēn xiǎng, nǐ huì cóng zhè ge rén shǒu lǐ dé dào yí gè jú zi, cóng nà gè rén shǒu lǐ dé dào yí gè lí, zuì hòu nǐ jiù kě néng huò dé 6 zhǒng bù tóng de shuǐ guǒ,6 zhǒng bù tóng de wèi dào,6 gè rén de yǒu yì. Nǐ yí dìng yào xué huì yòng nǐ yǒng yǒu de dōng xi qù huàn qǔ duì nǐ lái shuō gèng jiā zhòng yào de dōng xi. Suǒ yǐ shuō, fàng qì shì yì zhǒng zhì huì. Měi yí cì fàng qì dōu huì shì yí cì shēng huá.

당신이 사과 6개를 가지고 있을 때, 절대로 그걸 다 먹어버리지 마세요. 왜냐하면 전부 다 먹어 버리면, 당신은 오직 하나의 맛, 바로 사과 맛만 느낄 수 있기 때문이다. 만약 그 6개 중 5개를 다른 사람들과 나누어 먹게 한다면, 겉으로 보기엔 사과 5개를 잃은 것 같지만, 실제로는 5명의 우정과 호감을 얻게 된다. 앞으로 당신은 더 많은 것을 얻을 수 있다. 다른 사람들이 다른 과일을 갖게 되었을 때, 분명히 당신과 나누고 싶어 할 것이다. 누군가에게서 귤 하나를, 또 다른 사람에게서 배 하나를 받게 되고, 결국 당신은 6가지 서로 다른 과일, 6가지 서로 다른 맛, 6명의 우정을 얻게 될 것이다. 당신은 자신이 가진 것을 이용해서, 당신에게 더 중요한 것을 얻는 법을 배워야 합니다. 그래서 포기는 하나의 지혜입니다. 매번의 포기는 한 번의 성숙이 될 수 있다.

5.你手机里面最喜欢的APP是哪一个？为什么？

我手机里最喜欢的APP是NAVER。

首先，NAVER是韩国最大的搜索网站。我可以在NAVER上面搜索到我想找的任何东西。如果我想去一个地方，我会用NAVER的地图功能，查一查怎么去。如果我想看新闻，我会看NAVER的搜索排行榜或者新闻。如果我想找一下附近有名的饭馆儿，我也可以在NAVER上面搜索一下，马上就有很多网友的推荐和饭馆的介绍。我的生活离不开这个网站，所以我最喜欢手机里的这个软件。

其次，NAVER还可以创建自己的邮箱，这样一来，我还可以通过NAVER邮箱交作业，或者收发其它邮件。平时和小组的成员交流也用NAVER的邮箱，所以，对我来说非常实用。

最后，NAVER还可以用创建邮箱的ID来创建自己的博客，我是一个喜欢记录生活的人，平时的所见所闻，还有我自己对生活的感悟，我都会想记录下来。互联网时代的好处就是可以让我省去将这些记在纸张上的麻烦，所以，我会用我的NAVER博客来记录我的生活。

所以我手机里面最喜欢的APP是NAVER。

**5.Nǐ shǒu jī lǐ miàn zuì xǐ huān de APP shì nǎ yí gè? Wèi shén me?**

Wǒ shǒu jī lǐ zuì xǐ huān de APP shì NAVER.

Shǒu xiān, NAVER shì hán guó zuì dà de sōu suǒ wǎng zhàn. Wǒ kě yǐ zài NAVER shàng miàn sōu suǒ dào wǒ xiǎng zhǎo de rèn hé dōng xi. Rú guǒ wǒ xiǎng qù yí gè dì fāng, wǒ huì yòng NAVER de dì tú gōng néng, chá yì chá zěn me qù. Rú guǒ wǒ xiǎng kàn xīn wén, wǒ huì kàn NAVER de sōu suǒ pái háng bǎng huò zhě xīn wén. Rú guǒ wǒ xiǎng zhǎo yí xià fù jìn yǒu míng de fàn guǎn er, wǒ yě kě yǐ zài NAVER shàng miàn sōu suǒ yí xià, mǎ shàng jiù yǒu hěn duō wǎng yǒu de tuī jiàn hé fàn guǎn de jiè shào. Wǒ de shēng huó lì bù kāi zhè ge wǎng zhàn, suǒ yǐ wǒ zuì xǐ huān shǒu jī lǐ de zhè ge ruǎn jiàn.

Qí cì, NAVER hái kě yǐ chuàng jiàn zì jǐ de yóu xiāng, zhè yàng yì lái, wǒ hái kě yǐ tōng guò NAVER yóu xiāng jiāo zuò yè, huò zhě shōu fā qí tā yóu jiàn. Píng shí hé xiǎo zǔ de chéng yuán jiāo liú yě yòng NAVER de yóu xiāng, suǒ yǐ, duì wǒ lái shuō fēi cháng shí yòng.

Zuì hòu,NAVER hái kě yǐ yòng chuàng jiàn yóu xiāng de id lái chuàng jiàn zì jǐ de bó kè, wǒ shì yí gè xǐ huān jì lù shēng huó de rén, píng shí de suǒ jiàn suǒ wén, hái yǒu wǒ zì jǐ duì shēng huó de gǎn wù, wǒ dōu huì xiǎng jì lù xià lái. hù lián wǎng shí dài de hǎo chù jiù shì kě yǐ ràng wǒ shěng qù jiāng zhè xiē jì zài zhǐ zhāng shàng de má fan, suǒ yǐ, wǒ huì yòng wǒ de NAVER bó kè lái jì lù wǒ de shēng huó.

Suǒ yǐ wǒ shǒu jī lǐ miàn zuì xǐ huān de APP shì NAVER.

**5.해석: 핸드폰에서 가장 좋아하는 앱이 뭐인가? 무슨 이유인가?**

나의 핸드폰에서 가장 좋아하는 앱은 네이버이다.

우선 네이버는 한국 최대 검색사이트이다. 나는 네이버에서 내가 찾고자 하는 모든 것을 검색할 수 있다. 만약 내가 어떤 곳을 가고 싶다면 나는 네이버의 지도 기능을 이용해서 어떻게 가는지 알아볼 것이다. 만약에 내가 뉴스를 보고 싶다면 나는 네이버의 검색 순위나 뉴스 순위를 볼 것이다. 만약에 내가 근처에 있는 유명한 식당을 찾고 싶다면 네이버

에서 검색해 보면 많은 누리꾼들의 추천과 식당 소개가 있을 것이다. 나의 생활은 이 사이트를 떠나서 이루어질 수 없기 때문에 나는 핸드폰의 이 소프트웨어를 가장 좋아한다.

둘째, 네이버에서 또한 자신의 이메일을 만들 수 있다. 이렇게 되면 나는 네이버의 메일을 통해서 숙제를 낼 수 있고 다른 메일도 보낼 수 있다. 평소 팀원들과 소통하는 데도 네이버 이메일을 사용하기 때문에 저한테는 이것이 굉장히 실용적이다.

마지막으로 네이버에서 이메일 아이디를 만들어 자신의 블로그를 만들 수 있다. 나는 생활기록을 좋아하는 사람이라서 평소의 견문, 그리고 내 삶에 대한 나의 깨달음을 기록하고 싶어 한다. 인터넷 시대의 좋은 점은 종이에 적어두는 이런 번거로움을 덜어주는 것이다. 그래서 나는 네이버 블로그를 통해 내 생활을 기록한다.

그래서 핸드폰에서 가장 좋아하는 앱은 네이버이다.

**6.你觉得家长应该给孩子零花钱吗？为什么？**

我认为家长应该给孩子零花钱，不过需要适量，有计划地给。

一方面，孩子在上学期间，和朋友相处的同时，难免会产生花费。如果每次花钱都需要向父母申请，过程麻烦不说，很容易让孩子不知道自己一共向父母申请了多少钱，所以这样会让孩子对钱的多少没有概念，同样也就不会珍惜用钱。而且如果父母什么都包办，在同学面前也会给孩子无形的压力，也不见得是什么好事。如果给孩子一定的零花钱，让他们自己来掌管，那么在花钱的时候，他们就会有计划的来花，因为手里的钱总数是不变的，他们会明白，钱花出去的越多，手里剩下的钱就越少，这样既可以让他明白钱来之不易，更重要的是，可以培养孩子的理财能力。

另一方面，手里没有零花钱的小朋友，更加无法拒绝小诱惑。如果在孩子眼里，向父母申请钱这件事情是一件不那么容易做的事情，那么，在更加容易得到的一些诱惑面前，比如：陌生人给的糖，这一类的事情面前，孩子会更容易选择妥协。那么，会让孩子置身于危险之中。孩子本身就很难拒绝诱惑，或者可以说，正在学习如何建立自己的防御体系的一类人群，那么如果他们手上有适量的零花钱，父母也交代不许拿陌生人的东西，那么他们就没必要冒着违背父母语言的罪恶感来满足自己的想法。他们手里有钱就会自己去买自己想吃的零食。可以说，在一定程度上，保护了孩子的安全。

所以我认为，家长应该给孩子零花钱，不过需要适量，有计划地给便可。

**6.Nǐ jué de jiā zhǎng yīng gāi gěi hái zi líng huā qián ma? Wèi shén me?**

Wǒ rèn wéi jiā zhǎng yīng gāi gěi hái zi líng huā qián, bù guò xū yào shì liàng, yǒu jì huà de gěi.

Yì fāng miàn, hái zi zài shàng xué qī jiān, hé péng you xiāng chǔ de tóng shí, nán miǎn huì chǎn shēng huā fèi. Rú guǒ měi cì huā qián dōu xū yào xiàng fù mǔ shēn qǐng, guò chéng má fan bù shuō, hěn róng yì ràng hái zi bù zhī dào zì jǐ yí gòng xiàng fù mǔ shēn qǐng le duō shǎo qián, suǒ yǐ zhè yàng huì ràng hái zi duì qián de duō shǎo méi yǒu gài niàn, tóng yàng yě jiù bú huì zhēn xī yòng qián. Ér qiě rú guǒ fù mǔ shén me dōu bāo bàn, zài tóng xué miàn qián yě huì gěi hái zi wú xíng de yā lì, yě bú jiàn dé shì shén me hǎo shì.

Rú guǒ gěi hái zi yí dìng de líng huā qián, ràng tā men zì jǐ lái zhǎng guǎn, nà me zài huā qián de shí hòu, tā men jiù huì yǒu jì huà de lái huā, yīn wèi shǒu lǐ de qián zǒng shù shì bù biàn de, tā men huì míng bái, qián huā chū qù de yuè duō, shǒu lǐ shèng xià de qián jiù yuè shǎo, zhè yàng jì kě yǐ ràng tā míng bái qián lái zhī bú yì, gèng zhòng yào de shì, kě yǐ péi yǎng hái zi de lǐ cái néng lì.

Lìng yì fāng miàn, shǒu lǐ méi yǒu líng huā qián de xiǎo péng you, gèng jiā wú fǎ jù jué xiǎo yòu huò. Rú guǒ zài hái zi yǎn lǐ, xiàng fù mǔ shēn qǐng qián zhè jiàn shì qíng shì yí jiàn bú nà me róng yì zuò de shì qíng, nà me, zài gèng jiā róng yì dé dào de yì xiē yòu huò miàn qián, bǐ rú:. Mò shēng rén gěi de táng, zhè yí lèi de shì qíng miàn qián, hái zi huì gèng róng yì xuǎn zé tuǒ xié nà me, huì ràng hái zi zhì shēn yú wéi xiǎn zhī zhōng hái zi běn shēn jiù hěn nán jù jué yòu huò, huò zhě kě yǐ shuō, zhèng zài xué xí rú hé jiàn lì zì jǐ de fáng yù tǐ xi de yí lèi rén qún, nà me rú guǒ tā men shǒu shàng yǒu shì liàng de líng huā qián, fù mǔ yě jiāo dài bù xǔ ná mò shēng rén de dōng xi, nà me tā men jiù méi bì yào mào zhe wéi bèi fù mǔ yǔ yán de zuì è gǎn lái mǎn zú zì jǐ de xiǎng fǎ. Tā men shǒu li yǒu qián jiù huì zì jǐ qù mǎi zì jǐ xiǎng chī de líng shí. Kě yǐ shuō, zài yí dìng chéng dù shàng, bǎo hù le hái zi de ān quán.

Suǒ yǐ wǒ rèn wéi, jiā zhǎng yīng gāi gěi hái zi líng huā qián, bú guò xū yào shì liàng, yǒu jì huà de gěi biàn kě.

**6.해석: 가장이 아이들에게 용돈을 줘야한다고 생각하는가? 무슨 이유인가?**

나는 부모가 아이들에게 용돈을 주어야 한다고 생각하지만 적당한 액수의 돈을 계획적으로 줄 필요가 있다고 생각한다.

한편, 아이는 학교 다닐 때 친구와 함께 지내면서 비용이 드는 것을 피할 수 없다. 매번 돈을 쓸 때마다 부모님께 요청해야 하면 과정도 번거롭고 자녀가 부모에게 모두 얼마나 요청했는지를 모르기 때문에 아이들이 돈에 대한 개념도 생기지 않고 돈을 아껴서 쓸줄 모르게 된다. 또한 부모가 모두 맡아 한다면 친구들 앞에서도 아이에게 보이지 않는 스트레스를 줄 수 있어 좋은 일이 아니다. 만약 아이에게 일정한 용돈을 주고 자신이 맡도록 한다면 돈을 쓸 때 계획적으로 쓸 수 있을 것이다. 왜냐하면 돈의 총 액수가 변하지 않기 때문이다. 그들은 돈을 많이 쓸수록 손에 남아 있는 돈은 적어진다는 것을 알게 될 것이다. 이렇게 하면 돈을 벌기 어렵다는 것을 알게 되고 더 중요한 것은 아이들의 재테크 능력을 배양할 수 있다는 것이다.

한편 용돈 없는 어린이가 작은 유혹을 더 못 견디게 된다. 아이들의 생각에 부모한테 돈을 요청하는 게 쉽지 않은 일이라면 유혹 앞에서 쉽게 넘어갈 것이다. 예를 들면 낯선 사람이 주는 사탕과 같은 일 앞에서 아이들이 쉽게 타협할 것이다. 그러면 아이는 위험에 처할 것이다. 아이들 스스로 유혹을 거부하기 어렵다. 아이들은 자신의 방어 체계를 구축하는 단계에 있다. 그럼 만약에 그들의 손에 적당한 용돈이 있고 부모가 모르는 사람에게는 아 무것도 가져가지 말라는 말을 한다면 그들은 부모님의 말씀을 거스른다는 죄책감을 갖고 자신의 생각을 충족시킬 필요가 없다. 그들은 손에 돈이 있으면 자신이 먹고 싶은 간식을 스스로 사러 갈 것이다. 이런 면에서 아이들의 안전을 일정 부분 보호했다고 말할 수 있다.

그래서 내 생각에 학부모는 아이에게 용돈은 줘야 하지만 적당히, 계획적으로 줘야 한다고 생각한다.

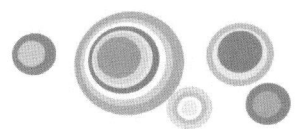

# <HSKK 고급 모의고사 3> 모범 답안

**1** 有一天，一位画家向一位哲学家抱怨："我真不明白，为什么我画一幅画只需要一天的功夫，可是卖掉它却要花整整一年的时间。""请您倒过来试试吧。"哲学家认真地说："要是您花一年的功夫去画它，那么您肯定只用一天就能卖掉它。"

Yǒu yì tiān, yí wèi huà jiā xiàng yí wèi zhé xué jiā bào yuàn:"Wǒ zhēn bù míng bái, wèi shén me wǒ huà yì fú huà zhǐ xū yào yì tiān de gōng fū, kě shì mài diào tā què yào huā zhěng zhěng yì nián de shí jiān","qǐng nín dào guò lái shì shì ba"zhé xué jiā rèn zhēn de shuō:'Yào shi nín huā yì nián de gōng fū qù huà tā, nà me nín kěn dìng zhǐ yòng yì tiān jiù néng mài diào tā.'

어느날, 화가는 철학가한테 원망을 했어요. '난 정말 이해 안 가, 왜 내가 그림을 하나 그리는데 하루나 걸리는데 파는 시간은 1년이나 걸리는 것이지.' '거꾸로 해 보세요.' 철학가는 진지하게 얘기했어요.' 만약 1년의 공을 들여 그것을 그리면 분명히 하루만에 팔아 버릴 거에요.

**2** 现在互联网得到了很大的普及，网上出现了很多流行语，备受年轻人的追捧，年轻人在聊天对话时会不时地用到。但是这些词语不能乱用，在一些正式场合或者与长辈交流时不宜使用这类词语，否则对方听不懂你在说什么，产生误会就不好了。

Xiàn zài hù lián wǎng dé dào le hěn dà de pǔ jí, wǎng shàng chū xiàn le hěn duō liú xíng yǔ, bèi shòu nián qīng rén de zhuī pěng, nián qīng rén zài liáo tiān duì huà shí huì bù shí de yòng dào. Dàn shì zhè xiē cí yǔ bù néng luàn yòng, zài yì xiē zhèng shì chǎng hé huò zhě yǔ zhǎng bèi jiāo liú shí bù yí shǐ yòng zhè lèi cí yǔ, fǒu zé duì fāng tīng bù dǒng nǐ zài shuō shén me, chǎn shēng wù huì jiù bù hǎo le.

현재 인터넷은 널리 보급되어 있으며 인터넷에서 유행어가 많이 나타났고 젊은 사람들의 사랑도 많이 받고 있다. 젊은이들은 채팅을 할 때 때때로 이를 사용한다. 그러나 이런 단어들을 함부로 써서는 안 된다. 어떤 공식적인 자리에서나 어른들과 교류할 때 이런 단어를 사용하는 것은 좋지 않다. 그렇지 않으면 상대방이 당신이 뭘 얘기하는지 못 알아들어서 오해가 생기므로 좋지 않다.

**3** 心理学家研究发现，人们在知道自己犯错误的时候，第一个反应往往是自我保护。所以，如果对犯错的人批评不当，不但没有效果，甚至会让他们彻底失去改正错误的勇气和信心。因此帮助他人改正错误的最好办法，就是让他明白自己的优点，然后引导他用自身的优点去改正错误。

Xīn lǐ xué jiā yán jiū fā xiàn, rén men zài zhī dào zì jǐ fàn cuò wù de shí hòu, dì yī gè fǎn yìng wǎng wǎng shì zì wǒ bǎo hù. Suǒ yǐ, rú guǒ duì fàn cuò de rén pī píng bú dàng, bú dàn méi yǒu xiào guǒ, shèn zhì huì ràng tā men chè dǐ shī qù gǎi zhèng cuò wù de yǒng qì hé xìn xīn. Yīn cǐ bāng zhù tā rén gǎi zhèng cuò wù de zuì hǎo bàn fǎ, jiù shì ràng tā míng bái zì jǐ de yōu diǎn, rán hòu yǐn dǎo tā yòng zì shēn de yōu diǎn qù gǎi zhèng cuò wù.

심리학자의 연구에 의하면 사람들은 자신이 잘못을 알게 될 때 흔한 첫 번째 반응이 자기 보호라고 한다. 그래서 잘못을 저지른 사람에게 잘못 비판하면 효과가 없을 뿐만 아니라 심지어는 잘못을 바로잡을 용기와 믿음을 잃게 될 것이다. 그래서 다른 사람이 잘못을 고치도록 돕는 가장 좋은 방법은 바로 자신의 장점을 알게 한 후 그가 자신의 장점으로 잘못을 고치도록 유도하는 것이다.

**4** 现代人最大的担忧不再是战争和饥饿，而是肥胖和运动不足。这种因为工作、学习繁忙和自身懒惰所造成的运动量的不足，正在变成一个隐形的杀手，威胁着人们的健康。

医学界及运动界所公认的最佳有氧运动为：长跑、游泳，还有就是骑自行车。其中，骑自行车可以说是最简单易行而又十分有趣的。在过去，自行车被视为一种交通工具，而现在，对苦于无运动休闲机会的现代人来说，骑自行车则提供了一种非常好的健身机会，它的健身效用是其它各种先进的交通工具所不能比的。自行车运动是一种最能改善人们心肺功能的耐力性有氧运动，它不限时间，不限速度，随时随地，只要有辆自行车就可以达到锻炼的目的和效果。

Xiàn dài rén zuì dà de dān yōu bù zài shì zhàn zhēng hé jī è, ér shì féi pàng hé yùn dòng bù zú. Zhè zhǒng yīn wèi gōng zuò, xué xí fán máng hé zì shēn lǎn duò suǒ zào chéng de yùn dòng liàng de bù zú, zhèng zài biàn chéng yí gè yǐn xíng de shā shǒu, wēi xié zhe rén men de jiàn kāng.

Yī xué jiè jí yùn dòng jiè suǒ gōng rèn de zuì jiā yǒu yǎng yùn dòng wéi: Cháng pǎo, yóu yǒng, hái yǒu jiù shì qí zì xíng chē. Qí zhōng, qí zì xíng chē kě yǐ shuō shì zuì jiǎn dān yì xíng ér yòu shí fēn yǒu qù de. Zài guò qù, zì xíng chē bèi shì wéi yì zhǒng jiāo tōng gōng jù, ér xiàn zài, duì kǔ yú wú yùn dòng xiū xián jī huì de xiàn dài rén lái shuō, qí zì xíng chē zé tí gōng le yì zhǒng fēi cháng hǎo de jiàn shēn jī huì, tā de jiàn shēn xiào yòng shì qí tā gè zhǒng xiān jìn de jiāo tōng gōng jù suǒ bù néng bǐ de. Zì xíng chē yùn dòng shì yì zhǒng zuì néng gǎi shàn rén men xīn fèi gōng néng de nài lì xìng yǒu yǎng yùn dòng, tā bù xiàn shí jiān, bù xiàn sù dù, suí shí suí dì, zhǐ yào yǒu liàng zì xíng chē jiù kě yǐ dá dào duàn liàn de mù dì hé xiào guǒ.

현대인에게 가장 큰 걱정은 더 이상 전쟁과 기아가 아니라 비만과 운동 부족이다. 일과 바쁜 학습과 자신의 게으름으로 인한 운동량의 부족이 보이지 않는 살인자로 변하여 사람들의 건강을 위협하고 있다.

의학계 및 운동계에서 공인하는 최고의 유산소 운동은 장거리 달리기, 수영, 그리고 자전거 타기이다. 그중에서도 자전거 타기는 가장 쉽고 재미있게 할 수 있다고 한다. 과거에는 자전거가 하나의 교통수단으로 여겨졌다. 지금은 운동이나 여가 기회가 없는 현대인에게 자전거를 타는 것은 아주 좋은 건강 증진 기회를 제공했다. 그의 운동기능은 기타 각종 선진 교통수단과 비교할 수 없는 것이다. 자전거 운동은 사람의 심폐기능을 가장 향상시킬 수 있는 지구력 유산소 운동이다. 시간의 제약도 없고 속도의 제한도 없고 언제 어디서나 자전거를 한 대만 있으면 운동하는 목적과 효과를 거둘 수 있다.

**5.如果你在路上捡到一个钱包,你会怎么做?**

首先,如果我在路上捡到了一个钱包,我会先看一下里面有没有名片。如果有名片的话,我会试着给失主打电话,并且告诉他钱包在我这边,让他过来拿。如果没有名片或者联系方式,我会尽快把它交给警察,这样他们会想办法找到失主。

其次,如果以上行不通的话,我在路上捡到钱包,而且我没有急事的话,我会在原地等待失主的到来,避免钱包二次丢失,我认为丢了钱包的人,一般情况下会很快发现并且原路返回的,所以如果等一等,肯定会等到丢钱包的人。

最后我想说一说我的感悟,因为我觉得丢了钱包是一件非常痛苦的事情,钱包里面除了钱,还有一些证件,比如银行卡、身份证、驾照等等,重新办理这些证件是一件很麻烦、很头疼的事情,所以我要是丢钱包的人我肯定会感到很着急,如果我捡到了钱包,我一定会尽力找到失主,把钱包还给他。

5.Rú guǒ nǐ zài lù shàng jiǎn dào yí gè qián bāo, nǐ huì zěn me zuò?

Shǒu xiān, rú guǒ wǒ zài lù shàng jiǎn dào le yí gè qián bāo, wǒ huì xiān kàn yí xià lǐ miàn yǒu méi yǒu míng piàn. Rú guǒ yǒu míng piàn de huà, wǒ huì shì zhe gěi shī zhǔ dǎ diàn huà, bìng qiě gào sù tā qián bāo zài wǒ zhè biān, ràng tā guò lái ná. Rú guǒ méi yǒu míng piàn huò zhě lián xì fāng shì, wǒ huì jǐn kuài bǎ tā jiāo gěi jǐng chá, zhè yàng tā men huì xiǎng bàn fǎ zhǎo dào shī zhǔ.

Qí cì, rú guǒ yǐ shàng xíng bù tōng de huà, wǒ zài lù shàng jiǎn dào qián bāo, ér qiě wǒ méi yǒu jí shì de huà, wǒ huì zài yuán de děng dài shī zhǔ de dào lái, bì miǎn qián bāo èr cì diū shī, wǒ rèn wéi diū le qián bāo de rén, yì bān qíng kuàng xià huì hěn kuài fā xiàn bìng qiě yuán lù fǎn huí de, suǒ yǐ rú guǒ děng yì děng, kěn dìng huì děng dào diū qián bāo de rén.

Zuì hòu wǒ xiǎng shuō yì shuō wǒ de gǎn wù, yīn wèi wǒ jué de diū le qián bāo shì yí jiàn fēi cháng tòng kǔ de shì qíng, qián bāo lǐ miàn chú le qián, hái yǒu yì xiē zhèng jiàn, bǐ rú yín háng kǎ, shēn fèn zhèng, jià zhào děng děng, chóng xīn bàn lǐ zhè xiē zhèng jiàn shì yí jiàn hěn má fan, hěn tóu téng de shì qíng, suǒ yǐ wǒ yào shi diū qián bāo de rén wǒ kěn dìng huì gǎn dào hěn zhāo jí, rú guǒ wǒ jiǎn dào le qián bāo, wǒ yí dìng huì jǐn lì zhǎo dào shī zhǔ, bǎ qián bāo huán gěi tā.

**5. 해석: 길에서 지갑을 주웠으면 어떻게 할까요?**

우선 제가 길에서 지갑을 주웠으면 명함이 들어 있는지부터 살펴보겠다. 명함이 있으면 분실자에게 전화를 걸어 보고 지갑을 내가 가지고 있으니 가지러 오라고 전해줄 것이다. 명함이나 연락처가 없으면 경찰에 빨리 넘길 것이다. 그러면 그들이 방법을 찾아서 잃어버린 주인을 찾을 것이다.

둘째, 만약에 위에 방법이 안 되면 길에서 지갑을 주웠고 나는 급한 일이 없으면 원래 있던 곳에서 주인을 기다려 지갑을 다시 잃어버리는 것을 피할 것이다. 지갑을 잃어버린 사람은 보통 발견하고 돌아오기 때문에 기다리면 지갑을 잃어버린 사람이 나타날 것이라고 생각한다.

마지막으로 나의 각오를 얘기하고 싶다. 내가 지갑을 잃어버리는 것은 매우 고통스러운 일이고 지갑 안에 돈 외에 몇몇 증빙 서류가 있다. 예를 들면 은행카드, 신분증, 운전면허증 등등이 있어서 다시 증빙 서류를 작성하는 것은 매우 귀찮고 골치 아픈 일이다. 그래서 만약에 내가 지갑을 잃어버리면 되게 마음이 급할 것이다. 만약에 내가 지갑을 주웠으면 나는 최선을 다해서 지갑 주인을 찾아서 돌려주겠다.

### 6. 最近有很多年轻人通过网络交朋友，你怎么看待这个现象？

人们通过网络交朋友，我认为这是社会发展的必然现象。

首先，随着网络的发展和技术的进步，电脑和智能手机在人们的生活中起了越来越重要的作用。现在人们可以通过网络做很多事情，比如学习、看电影、看新闻、查词典、去网上书店或者图书馆、网上购物等等。在网上和别人共同工作也是现代人的生活方式之一，那么从互联网上交朋友这件事也就不那么奇怪了。

其次，我认为从互联网上交朋友是人们的一种猎奇行为，因为从互联网上交的朋友，不像在生活中接触的朋友那样，有一定的局限性，生活在什么地方就会更高可能地交到什么样的朋友，但是在互联网上就不一样了，互联网连接着全世界各地，遇到的人就更加广泛了。所以，从互联网上交朋友可以满足人们的好奇心，也能遇到很多有意思的人。

最后我想提醒一句就是，通过网络交朋友要注意安全。因为我经常在报纸上看到有人被网上认识的人欺骗的新闻。所以我觉得可以通过网络交朋友，但一定要谨慎，注意保护自身的安全。

6.Zuì jìn yǒu hěn duō nián qīng rén tōng guò wǎng luò jiāo péng you, nǐ zěn me kàn dài zhè ge xiàn xiàng?

Rén men tōng guò wǎng luò jiāo péng you, wǒ rèn wéi zhè shì shè huì fā zhǎn de bì rán xiàn xiàng.

Shǒu xiān, suí zhe wǎng luò de fā zhǎn hé jì shù de jìn bù, diàn nǎo hé zhì néng shǒu jī zài rén men de shēng huó zhōng qǐ le yuè lái yuè zhòng yào de zuò yòng. Xiàn zài rén men kě yǐ tōng guò wǎng luò zuò hěn duō shì qíng, bǐ rú xué xí, kàn diàn yǐng, kàn xīn wén, chá cí diǎn, qù wǎng shàng shū diàn huò zhě tú shū guǎn, wǎng shàng gòu wù děng děng. Zài wǎng shàng hé bié rén gòng tóng gōng zuò yě shì xiàn dài rén de shēng huó fāng shì zhī yī, nà me cóng hù lián wǎng shàng jiāo péng you zhè jiàn shì yě jiù bú nà me qí guài le.

Qí cì, wǒ rèn wéi cóng hù lián wǎng shàng jiāo péng you shì rén men de yì zhǒng liè qí xíng wéi, yīn wèi cóng hù lián wǎng shàng jiāo de péng you, bú xiàng zài shēng huó zhōng jiē chù de péng you nà yàng, yǒu yí dìng de jú xiàn xìng, shēng huó zài shén me dì fāng jiù huì gèng gāo kě néng de jiāo dào shén me yàng de péng you, dàn shì zài hù lián wǎng shàng jiù bù yí yàng le, hù lián wǎng lián jiē zhe quán shì jiè gè dì, yù dào de rén jiù gèng jiā guǎng fàn le. Suǒ yǐ, cóng hù lián wǎng shàng jiāo péng you kě yǐ mǎn zú rén men de hào qí xīn, yě néng yù dào hěn duō yǒu yì si de rén.

Zuì hòu wǒ xiǎng tí xǐng yí jù jiù shì, tōng guò wǎng luò jiāo péng you yào zhù yì ān quán. Yīn wèi wǒ jīng cháng zài bào zhǐ shàng kàn dào yǒu rén bèi wǎng shàng rèn shi de rén qī piàn de xīn wén. Suǒ yǐ wǒ jué de kě yǐ tōng guò wǎng luò jiāo péng you, dàn yí dìng yào jǐn shèn, zhù yì bǎo hù zì shēn de ān quán.

**6. 해석:** 요즘 많은 젊은 사람들이 인터넷을 통해 친구를 만나는데 이 현상을 어떻게 생각하는가?

나는 사람들이 인터넷을 통해 친구를 사귀는 것이 사회 발전의 필연적인 현상이라고 생각한다.

우선 인터넷의 발전과 기술의 진보에 따라 컴퓨터와 스마트폰이 사람들의 생활에서 점점 더 중요한 역할을 하고 있다. 오늘날 사람들은 인터넷을 통해서 많은 일을 할 수 있다. 예를 들면 학습, 영화 보기, 신문 보기, 사전 찾기, 인터넷 서점이나 도서관, 인터넷 쇼핑 등을 할 수 있다. 인터넷에서 다른 사람과 함께 일하는 것도 현대인의 생활방식 중 하나다. 이래서 인터넷에서 친구를 사귀는 것도 그리 이상하지 않다.

둘째, 인터넷을 통해 친구를 사귀는 것은 사람들의 엽기적인 행위라고 행각한다. 인터넷을 통해 만나는 친구는 생활 속에서 만나는 친구같지 않다. 생활에서 접하는 친구는 한계가 있지 않기 때문에 어디에서 살면 확률 높게 어떤 친구를 만날 수 있지만 인터넷에서는 그렇지 않다. 인터넷은 세계 각지를 연결시키고 만날 사람도 더욱 폭넓게 된다. 그래서 인터넷을 통해 친구를 사귀면 호기심을 충족시킬 수 있고 재미있는 사람을 많이 만날 수 있다.

마지막으로 내가 일깨우고 싶은 것은 인터넷을 통해 친구를 사귈 때 안전에 주의해야 한다는 것이다. 나는 인터넷에서 아는 사람에게 속는 뉴스를 신문에서 자주 보았기 때문이다. 그래서 인터넷을 통해 친구를 사귀어도 된다고 생각하지만 자신의 안전에 주의를 기울여야 한다.

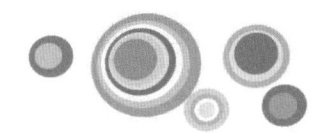

# <HSKK 고급 모의고사 4> 모범 답안

**1** 美国一出版商有一些书久久不能脱手，便给总统送去一本，并征求总统的意见，总统没有时间，便随口应了一句："这本书不错！"出版商如获至宝般地宣传："现在有总统先生喜欢的书出售。"于是，这些书不久就被抢空了。不久，这个出版商又有书卖不出去了，他又送给总统一本。总统上了一回当，便说："这本书糟透了。"出版商听后大喜，他打出广告："现在有总统讨厌的书出售。"结果，书又卖光了。

Měi guó yì chū bǎn shāng yǒu yì xiē shū jiǔ jiǔ bù néng tuō shǒu, biàn gěi zǒng tǒng sòng qù yì běn, bìng zhēng qiú zǒng tǒng de yì jiàn, zǒng tǒng méi yǒu shí jiān, biàn suí kǒu yìng le yí jù:"Zhè běn shū bú cuò!" chū bǎn shāng rú huò zhì bǎo bān de xuān chuán:"Xiàn zài yǒu zǒng tǒng xiān shēng xǐ huān de shū chū shòu." Yú shì, zhè xiē shū bù jiǔ jiù bèi qiǎng kōng le .Bù jiǔ, zhè ge chū bǎn shāng yòu yǒu shū mài bù chū qù le, tā yòu sòng gěi zǒng tǒng yì běn. Zǒng tǒng shàng le yì huí dāng, biàn shuō:"Zhè běn shū zāo tòu le." Chū bǎn shāng tīng hòu dà xǐ, tā dǎ chū guǎng gào:"Xiàn zài yǒu zǒng tǒng tǎo yàn de shū chū shòu." Jié guǒ, shū yòu mài guāng le.

미국의 한 출판사는 오랫동안 손을 떼지 못하는 책이 있어서 대통령에게 책을 보내 대통령의 의견을 구했다. 대통령은 시간이 없어서 이 책이 괜찮았다고 응수했다. 출판업자들은 보물을 받듯이 "이제 대통령님이 좋아하시는 책이 있습니다"라고 홍보했다. 그래서 이 책들은 오래지 않아 다 팔렸다. 얼마 안 지나 이 출판사가 또 책이 팔리지 못해서 또 대통령에게 책 한 권을 주었다. 대통령이 한번 속였기 때문에 "이 책은 너무 엉망이다." 라고 말했다. 출판사가 듣고 나서 매우 기뻐했다. 또 "이제 대통령이 싫어하는 책 판매합니다"라고 광고를 냈다. 그 결과는 책이 또 다 팔렸다.

**2** 预言大师问："如果上帝无条件给你们十分钟时间，这十分钟具有无限量的魔法，你会怎么用？"第一位同学说："我希望我的爸爸失忆十分钟，那样，我就可以从他那里拿更多的钱。"第二位同学说："我希望把这十分钟用在急需时间的人身上。比如将要被汽车撞到的人，可以利用这十分钟的时间躲过汽车；被地震等袭击的人，可以利用这十分钟时间逃生。"预言大师听了两个同学的回答，说："好的，我已知道你们的命运了。"

Yù yán dà shī wèn:"Rú guǒ shàng dì wú tiáo jiàn gěi nǐ men shí fēn zhōng shí jiān, zhè shí fēn zhōng jù yǒu wú xiàn liàng de mó fǎ, nǐ huì zěn me yòng?" Dì yī wèi tóng xué shuō:"Wǒ xī wàng wǒ de bà ba shī yì shí fēn zhōng, nà yàng, wǒ jiù kě yǐ cóng tā nà lǐ ná gèng duō de qián."Dì èr wèi tóng xué shuō:"Wǒ xī wàng bǎ zhè shí fēn zhōng yòng zài jí xū shí jiān de rén shēn shang.Bǐ rú jiāng yào bèi qì chē zhuàng dào de rén, kě yǐ lì yòng zhè shí fēn zhōng de shí jiān duǒ guò qì chē; bèi dì zhèn děng xí jí de rén, kě yǐ lì yòng zhè shí fēn zhōng shí jiān táo shēng."Yù yán dà shī tīng le liǎng gè tóng xué de huí dá, shuō:"Hǎo de, wǒ yǐ zhī dào nǐ men de mìng yùn le."

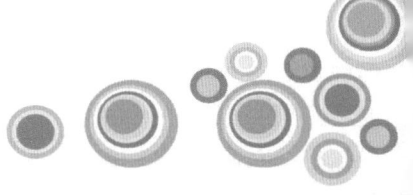

예언자는 "신이 무조건 10분만 줄 것이고 이 10분은 무한량의 마법이 있는데 어떻게 쓰느냐?"고 물었다. 첫 학생은 아버지가 10분 동안 기억을 잃어 주셨으면 좋겠고 이러면 아빠한테 더 많은 돈을 가져올 수 있다고 했다. 두 번째 학생은 "10분 동안 급하게 시간을 필요로 하는 사람들에게 쓰였으면 좋겠다. 예를 들어 자동차에 치일 사람은 10분 동안 피신할 수 있고 지진 등의 공격을 받은 사람은 10분 동안 피신할 수 있다."라고 했다. 예언자는 두 학생의 대답을 듣고는 "네, 당신네 운명을 이미 알았습니다"라고 말했다.

3 我17岁的那一年，在后台为一个演唱会工作。我被要求到有一万五千名观众的舞台上送水给表演者。我很害怕，向老板问了一大堆问题："我该怎么做呢？""我该把水放在他们面前吗？或者递给他们？"老板看着我说："只要你去那里，假装你知道该怎么做。"这是我听到过的最好的建议。

Wǒ shí qī suì de nà yì nián, zài hòu tái wéi yí gè yǎn chàng huì gōng zuò. Wǒ bèi yāo qiú dào yǒu yí wàn wǔ qiān míng guān zhòng de wǔ tái shàng sòng shuǐ gěi biǎo yǎn zhě. Wǒ hěn hài pà, xiàng lǎo bǎn wèn le yí dà duī wèn tí:"Wǒ gāi zěn me zuò ne?""Wǒ gāi bǎ shuǐ fàng zài tā men miàn qián ma? Huò zhě dì gěi tā men?"Lǎo bǎn kàn zhe wǒ shuō:"Zhǐ yào nǐ qù nà lǐ, jiǎ zhuāng nǐ zhī dào gāi zěn me zuò."Zhè shì wǒ tīng dào guò de zuì hǎo de jiàn yì.

내가 17살이던 그 해에 무대 뒤에서 콘서트를 위해 일했다. 나는 1만 5천 명의 관중들이 있는 무대 위로 물을 전달해 주라는 요구를 받았다. "어떻게 하면 좋겠느냐" "저는 그들의 앞에 물을 줘야 합니까? 아니면 이들에게 직접 건네야 합니까?"라고 사장님한테 많은 질문을 했다. 사장님은 나를 보고 "그곳만 가면 어떻게 해야 할지 아는 척하면서 해라"고 말했다. 이것은 내가 들었던 가장 좋은 조언이었다.

4 齐白石是二十世纪中国画艺术大师，二十世纪十大书法家之一，二十世纪十大画家之一，世界文化名人。他在众多画家中有着很大的影响力。他小时候家里很穷，从15岁起跟老师学习木工，27岁才开始学习画画。齐白石主张艺术"妙在似与不似之间"，他最喜欢画水果、蔬菜、花鸟虫鱼之类的动植物。

他非常珍惜时间，从不浪费时间，他一直用一句警句来勉励自己，这句警句就是："不教一日闲过"。怎样才算是在一天中没有闲过呢？他对自己提出了一个标准，就是每天要挥笔作画，一天至少要画五幅。虽然他已经90多岁了，但他还一直坚持这么做。

Qí bái shí shì èr shí shì jì zhōng guó huà yì shù dà shī, èr shí shì jì shí dà shū fǎ jiā zhī yī, èr shí shì jì shí dà huà jiā zhī yī, shì jiè wén huà míng rén. Tā zài zhòng duō huà jiā zhōng yǒu zhe hěn dà de yǐng xiǎng lì. Tā xiǎo shí hòu jiā lǐ hěn qióng, cóng 15 suì qǐ gēn lǎo shī xué xí mù gōng, 27 suì cái kāi shǐ xué xí huà huà. Qí bái shí zhǔ zhāng yì shù "miào zài shì yǔ bù shì zhī jiān", tā zuì xǐ huān huà shuǐ guǒ, shū cài, huā niǎo chóng yú zhī lèi de dòng zhí wù.

Tā fēi cháng zhēn xī shí jiān, cóng bù làng fèi shí jiān, tā yì zhí yòng yī jù jǐng jù lái miǎn lì zì jǐ, zhè jù jǐng jù jiù shì:"Bù jiào yī rì xián guò". Zěn yàng cái suàn shì zài yī tiān zhōng méi yǒu xián guò ne? Tā duì zì jǐ tí chū le yí gè biāo zhǔn, jiù shì měi tiān yào huī bǐ zuò huà, yī tiān zhì shǎo yào huà wǔ fú. Suī rán tā yǐ jīng 90 duō suì le, dàn tā hái yì zhí jiān chí zhè me zuò.

 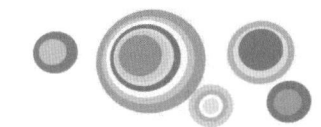

제백석은 20세기 중국화 예술의 대가이고 20세기의 10대 서예가 중 한 명이며 20세기의 10대 화가 중 한 명이자 세계 문화 명인이기도 한다. 그는 많은 화가들 중에서 큰 영향력을 가지고 있다. 그는 어릴 때 집이 매우 가난해서 15살 때부터 선생님과 목공을 배웠고 27살에야 비로소 그림 그리는 법을 배우기 시작했다. 제백석은 예술의 묘미는 마치 비슷한 것과 비슷하지 않은 것의 중간에 있는 것을 주장했다. 그는 과일, 채소, 화조충어와 같은 동식물을 그리는 것을 가장 좋아한다.

그는 시간을 매우 아껴서 시간을 낭비하지 않는다. 줄곧 경구 한 마디로 자신을 격려한다. 이 경구는 바로 "하루도 한가하게 보내지 않는다"이다. 어떻게 하면 하루도 한가롭지 않은가? 그는 자신에게 매일 붓을 휘둘러 그림을 그린다는 표준을 제시했다. 하루에 적어도 5폭을 그려야 한다. 비록 그는 이미 90세가 넘었지만 여전히 이렇게 계속하는 것이다.

**5.现在环境污染很严重，为了保护环境该怎么做？**

为了保护环境，我们应该行动起来。

第一，我们必须遵守有关禁止乱扔各种废弃物的规定。并且做到垃圾分类，垃圾分类非常重要，不要无视这样我们随手就能完成的事情，其次应该尽量避免使用一次性制品。

第二，我们还应该制定法律惩罚捕杀野生动物的人。保护大自然也包括保护生活在大自然的其它生物，要爱护花草树木，不破坏城市绿化，并且积极参加绿化植树活动。这样才能有效地保护大自然。

第三，节约用水用电，随手关掉电源开关和水龙头。节约也是保护环境的一种方式。加上尽量以步代车或骑自行车，也可以缓解我们因为空气污染造成的身体伤害。同时，加强环保意识，积极宣传环保观念。

无论是过去、现在，还是未来，也无论是家庭、国家，还是世界，环境永远是我们的朋友。善待朋友，就是善待我们自己。

**5.Xiàn zài huán jìng wū rǎn hěn yán zhòng, wèi le bǎo hù huán jìng gāi zěn me zuò?**

Wèi le bǎo hù huán jìng, wǒ men yīng gāi xíng dòng qǐ lái.

Dì yī, wǒ men bì xū zūn shǒu yǒu guān jìn zhǐ luàn rēng gè zhǒng fèi qì wù de guī dìng. Bìng qiě zuò dào lā jī fēn lèi, lā jī fēn lèi fēi cháng zhòng yào, bú yào wú shì zhè yàng wǒ men suí shǒu jiù néng wán chéng de shì qíng, qí cì yīng gāi jǐn liàng bì miǎn shǐ yòng yí cì xìng zhì pǐn.

Dì èr, wǒ men hái yīng gāi zhì dìng fǎ lǜ chéng fá bǔ shā yě shēng dòng wù de rén. Bǎo hù dà zì rán yě bāo guā bǎo hù shēng huó zài dà zì rán de qí tā shēng wù, yào ài hù huā cǎo shù mù, bú pò huài chéng shì lǜ huà, bìng qiě jī jí cān jiā lǜ huà zhí shù huó dòng. Zhè yàng cái néng yǒu xiào de bǎo hù dà zì rán.

Dì sān, jié yuē yòng shuǐ yòng diàn, suí shǒu guān diào diàn yuán kāi guān hé shuǐ lóng tóu. Jié yuē yě shì bǎo hù huán jìng de yì zhǒng fāng shì. Jiā shàng jǐn liàng yǐ bù dài chē huò qí zì xíng chē, yě kě yǐ huǎn jiě wǒ men yīn wèi kōng qì wū rǎn zào chéng de shēn tǐ shāng hài. Tóng shí, jiā qiáng huán bǎo yì shí, jī jí xuān chuán huán bǎo guān niàn.

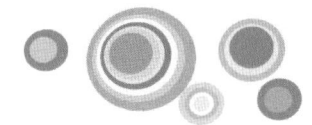

Wú lùn shì guò qù, xiàn zài, hái shì wèi lái, yě wú lùn shì jiā tíng, guó jiā, hái shì shì jiè, huán jìng yǒng yuǎn shì wǒ men de péng you. Shàn dài péng you, jiù shì shàn dài wǒ men zì jǐ.

**5. 해석: 지금 환경 오염이 아주 심한데 환경 보호를 위해서 어떻게 해야 하는가?**

환경을 보호하기 위해서 우리는 행동해야 한다.

첫째, 우리는 각종 폐기물을 함부로 버리는 것을 금지하는 규정을 준수해야 한다. 또한 쓰레기 분류를 해야 한다. 쓰레기 분류는 매우 중요하므로 우리가 쉽게 할 수 있는 일이라고 무시해서는 안 되며 그 다음에는 가능한 일회용 제품의 사용을 피해야 한다.

둘째, 우리는 또 야생동물을 잡아 죽이는 사람을 처벌하는 법률을 제정해야 한다. 자연 보호에도 자연에서 생활하는 다른 생물들을 보호하고 화초와 나무를 아끼고 도시 녹화를 파괴하지 않으며 녹화 식목 활동에 적극 참가해야 한다. 이렇게 해야만 효율적으로 대자연을 보호할 수 있다.

셋째, 물과 전기를 절약하고 손이 가는 대로 전원 스위치와 수도꼭지를 꺼야 한다. 절약도 환경을 보호하는 하나의 방법이다. 또한 가급적 대중 교통이나 자전거를 타야 한다. 이러면 공기 오염으로 인한 우리의 신체 손상도 완화시킬 수 있다. 동시에 환경보호 의식을 강화하여 환경 보호 관념을 적극적으로 선전해야 한다.

예나 지금이나 미래나 가정이나 국가나 세계나 환경은 영원히 우리의 친구들이다. 친구를 잘 대우하는 것은 바로 우리 자신을 잘 대우하는 것이다.

**6.养宠物有什么好处和坏处?**

养宠物有坏处也有好处。

首先，我认为养宠物的好处是，宠物可以带给人们快乐。作为我们人类的伴侣，动物是我们人类获得幸福和健康生活的一个来源，饲养宠物可以让人们生活得更健康，更充实。

其次，我认为养宠物能改变人们的健康状况。养宠物对人的心脏有好处，能降低血压和血脂，研究发现患有心脏病和其它一些慢性病，饲养宠物犬猫后，通过调节人的一些心理状态，可以明显减轻临床症状。

最后，我认为通过遛犬，与它一起玩耍，可以放松人们的精神状态。对于老年人来说，也可以得到适当的锻炼与运动。

但养宠物也有坏处：如果不注意宠物卫生，没有很好的免疫措施，就有可能使这些宠物感染狂犬病等各类疾病，就会引起人类疾病的流行，一旦发生狂犬病的流行对我们人类将会带来生命的威胁。

**6.Yǎng chǒng wù yǒu shén me hǎo chù hé huài chu?**

Yǎng chǒng wù yǒu huài chu yě yǒu hǎo chù.

Shǒu xiān, wǒ rèn wéi yǎng chǒng wù de hǎo chù shì, chǒng wù kě yǐ dài jǐ rén men kuài lè. Zuò wéi wǒ men rén lèi de bàn lǚ dòng wù shì wǒ men rén lèi huò dé xìng fú hé jiàn kāng shēng huó de yí gè lái yuán, sì yǎng chǒng wù kě yǐ ràng rén men shēng huó dé gèng jiàn kāng, gèng chōng shí.

Qí cì, wǒ rèn wéi yǎng chǒng wù néng gǎi biàn rén men de jiàn kāng zhuàng kuàng. Yǎng chǒng wù duì rén de xīn zàng yǒu hǎo chù, néng jiàng dī xiě yā hé xuè zhī, yán jiū fā xiàn huàn yǒu xīn zāng bìng hé qí tā yì xiē màn xìng bìng, sì yǎng chǒng wù quǎn māo hòu, tōng guò tiáo jié rén de yì xiē xīn lǐ zhuàng tài, kě yǐ míng xiǎn jiǎn qīng lín chuáng zhèng zhuàng.

Zuì hòu, wǒ rèn wéi tōng guò liú quǎn, yǔ tā yì qǐ wán shuǎ, kě yǐ fàng sōng rén men de jīng shén zhuàng tài. Duì yú lǎo nián rén lái shuō, yě kě yǐ dé dào shì dàng de duàn liàn yǔ yùn dòng.

Dàn yǎng chǒng wù yě yǒu huài chu: Rú guǒ bú zhù yì chǒng wù wèi shēng, méi yǒu hěn hǎo de miǎn yì cuò shī, jiù yǒu kě néng shǐ zhè xiē chǒng wù gǎn rǎn kuáng quǎn bìng děng gè lèi jí bìng, jiù huì yǐn qǐ rén lèi jí bìng de liú xíng, yí dàn fā shēng kuáng quǎn bìng de liú xíng duì wǒ men rén lèi jiāng huì dài lái shēng mìng de wēi xié.

**6. 해석: 애완 동물을 기르는 것은 무슨 장단점이 있는가?**

애완동물을 기르는 데는 나쁜 점도 있고 좋은 점도 있다.

우선, 나는 애완동물을 기르면 좋은 점이 애완동물이 사람들에게 즐거움을 줄 수 있다는 것이라고 생각한다. 우리 인류의 반려동물은 우리 인류가 얻은 행복과 건강생활의 원천이라서 애완 동물을 기르는 것은 사람들을 더욱 건강하고 충실하게 살게 할 수 있다.

둘째, 나는 애완동물을 기르는 것이 사람들의 건강 상태를 바꿀 수 있다고 생각한다. 애완동물을 기르는 것은 사람의 심장에 좋은 것으로 혈압과 지방을 낮출 수 있으며 심장병과 기타 만성질환을 앓고 있던 사람이 애완강아지와 고양이를 기른 후에는 사람의 심리상태를 조절해줘서 임상 증상을 현저히 감소시킬 수 있다고 연구결과가 나왔다.

마지막으로, 개를 데리고 함께 놀면 사람들에게 정신적 여유를 줄 수 있다고 생각한다. 노인에게도 적당한 단련과 운동 효과를 줄 수 있다.

하지만 애완동물을 기르는 것은 나쁜 점도 있다. 위생에 주의하지 않고 면역 조치를 제대로 하지 않으면 광견병 등 각종 질병에 감염될 수 있어 사람에게도 병의 유행을 일으킬 수 있다. 만약 광견병이 유행하면 우리 인류에게 생명의 위협을 줄 수 있다.

# <HSKK 고급 모의고사 5> 모범 답안

1 曹冲叫人把象赶到船上，看船身下沉多少，就沿着水面在船身上画了一条线。再把象赶到岸上，把大大小小的石头，一块一块地往船上装，船身就一点儿一点儿往下沉。等船身沉到刚才刻的那条线和水面一样齐了，曹冲就叫人停止装石头。只要把船里的石头都称一下，把重量加起来，就知道象有多重了。大家都不由得连声称赞："好办法！"

Cáo chōng jiào rén bǎ xiàng gǎn dào chuán shàng, kàn chuán shēn xià chén duō shǎo, jiù yán zhe shuǐ miàn zài chuán shēn shang huà le yì tiáo xiàn. Zài bǎ xiàng gǎn dào àn shàng, bǎ dà dà xiǎo xiǎo de shí tou, yí kuài yí kuài de wǎng chuán shàng zhuāng, chuán shēn jiù yì diǎnr yì diǎnr wǎng xià chén. Děng chuán shēn chén dào gāng cái kè dì nà tiáo xiàn hé shuǐ miàn yí yàng qí le, cáo chōng jiù jiào rén tíng zhǐ zhuāng shí tou. Zhǐ yào bǎ chuán lǐ de shí tou dōu chēng yí xià, bǎ zhòng liàng jiā qǐ lái, jiù zhī dào xiàng yǒu duō zhóng le. Dà jiā dōu bù yóu de lián shēng chēng zàn:"Hǎo bàn fǎ!"

조충은 코끼리를 배에 몰아 놓고 선체가 얼마나 가라앉는지 보고 수면을 따라 배 위에 선을 그렸다. 다시 코끼리를 강기슭에 몰아 놓고 크고 작은 돌을 배 위로 모으면 선체는 조금씩 아래로 가라앉는다. 선체가 방금 새긴 그 선이 수면과 같을 때까지 기다렸다가 조충이 돌을 담는 것을 중단시켰다. 배 안의 돌을 한 번 달아보고 무게를 더하면 코끼리가 얼마나 무거운지 알 수 있다. 다들 계속 좋은 방법이라고 칭찬했다.

2 三个工人在工地砌墙，有人问他们在干什么，第一个没好气地说："砌墙，你没看到吗？"第二个人笑笑："我们在盖一幢高楼。"第三个人笑容满面："我们正在建一座新城市。"10年后，第一个人仍在砌墙，第二个人成了工程师，而第三个人，是前两个人的老板。

Sān gè gōng rén zài gōng dì qì qiáng, yǒu rén wèn tā men zài gàn shén me, dì yī gè méi hǎo qì de shuō:"Qì qiáng, nǐ méi kàn dào ma?" Dì èr gè rén xiào xiào:"Wǒ men zài gài yí zhuáng gāo lóu." Dì sān gè rén xiào róng mǎn miàn:"Wǒ men zhèng zài jiàn yí zuò xīn chéng shì." Shí nián hòu, dì yī gè rén réng zài qì qiáng, dì èr gè rén chéng le gōng chéng shī, ér dì sān gè rén, shì qián liǎng gè rén de lǎo bǎn.

세 명의 노동자가 공사장에서 담을 쌓고 있는데 어떤 사람이 그들이 무엇을 하고 있느냐고 물었다. 첫 번째 사람은 불쾌한 표정을 지으면서 벽을 쌓고 있다고 했다. 두 번째 사람은 웃으며 "우리는 높은 빌딩을 짓고 있다"고 말했다. 세 번째 사람은 웃음꽃 차면서 "신도시를 짓고 있다"라고 했다. 10년 뒤에는 첫 번째 사람은 여전히 담을 쌓고 있었다. 두 번째 사람은 엔지니어가 되었고 세 번째 사람은 두 사람의 사장이 되었다.

3. 6个月前，我和科莱第一次见面。那时，她已经自己创业了。她很聪明，有魅力，也十分善解人意。她手下的20名员工也很仰慕她。她很懂得双赢之道，也总是鼓励团队的协作。我想，太棒了！这就是所谓的女性的管理魅力吧：较高的情商，较少的对抗。这也是未来的一个成功的公司应该成为的样子吧。

6 gè yuè qián, wǒ hé kē lái dì yī cì jiàn miàn. Nà shí, tā yǐ jīng zì jǐ chuàng yè le. Tā hěn cōng míng, yǒu mèi lì, yě shí fēn shàn jiě rén yì. Tā shǒu xià de 20 míng yuán gōng yě hěn yǎng mù tā. Tā hěn dǒng dé shuāng yíng zhī dào, yě zǒng shì gǔ lì tuán duì de xié zuò. Wǒ xiǎng, tài bàng le! Zhè jiù shì suǒ wèi de nǚ xìng de guǎn lǐ mèi lì ba! Jiào gāo de qíng shāng, jiào shǎo de duì kàng. Zhè yě shì wèi lái de yí gè chéng gōng de gōng sī yīng gāi chéng wéi de yàng zi ba.

6개월 전에 나는 콜레와 처음 만났다. 그때 그녀는 이미 스스로 창업하였다. 그녀는 똑똑하고 매력적이며 사람들의 의중을 잘 이해한다. 그녀의 부하 직원 20명도 그녀를 매우 흠모한다. 그녀는 윈윈의 방법을 잘 알고 있으며 늘 팀과 팀의 협력을 장려한다. 내 생각에는 그녀가 너무 멋지다! 이것이 바로 여성 관리자의 매력이라고 할 수 있겠죠. 비교적으로 높은 IQ, 그리고 비교적으로 적은 대항이다. 이것이 바로 미래의 성공적인 회사가 되어야 할 모습인 듯 하다.

**4** 很多中国人都喜欢3、5、6、8、9这几个数字。其中数字三代表无穷多，中国有一句古话"一生二，二生三，三生万物"，所以三有着众多的含义。中国人喜欢6和8的理由相同，都是因为6和8的发音很吉利。大家都希望自己事情进展顺利，"六六大顺"很好地迎合了人们的这一心理。中国广东人读8时的发音为"发"，暗暗意味着发财的意思，并且流畅圆满的线条喻示着成功吉祥。

中国人喜欢5和9的原因，大概来源于一个词语"九五之尊"，中国的皇帝就被称为九五之尊。金木水火土，五种元素组成了整个世界，九则是最大的单数，所以有人说九代表天，五代表地，九五之尊就是这天地间最大的人。

Hěn duō zhōng guó rén dōu xǐ huān 3,5,6,8,9 zhè jǐ gè shù zì. Qí zhōng shù zì sān dài biǎo wú qióng duō, zhōng guó yǒu yī jù gǔ huà "yī shēng èr, èr shēng sān, sān shēng wàn wù", suǒ yǐ sān yǒu zhe zhòng duō de hán yì. Zhōng guó rén xǐ huān 6 hé 8 de lǐ yóu xiāng tóng, dōu shì yīn wèi 6 hé 8 de fā yīn hěn jí lì. Dà jiā dōu xī wàng zì jǐ shì qíng jìn zhǎn shùn lì, "liù liù dà shùn" hěn hǎo de yíng hé le rén men de zhè yī xīn lǐ. Zhōng guó guǎng dōng rén dú 8 shí de fā yīn wèi "fā", àn àn yì wèi zhe fā cái de yì si, bìng qiě liú chàng yuán mǎn de xiàn tiáo yù shì zhe chéng gōng jí xiáng.

Zhōng guó rén xǐ huān 5 hé 9 de yuán yīn, dà gài lái yuán yú yí gè cí yǔ "jiǔ wǔ zhī zūn", zhōng guó de huáng dì jiù bèi chēng wèi jiǔ wǔ zhī zūn. Jīn mù shuǐ huǒ tǔ, wǔ zhǒng yuán sù zǔ chéng le zhěng gè shì jiè, jiǔ zé shì zuì dà de dān shù, suǒ yǐ yǒu rén shuō jiǔ dài biǎo tiān, wǔ dài biǎo dì, jiǔ wǔ zhī zūn jiù shì zhè tiān dì jiān zuì dà de rén.

많은 중국인들이 3,5,6,8,9 이 숫자들을 좋아한다. 그중에 숫자 3은 무한하다는 뜻이다. 중국 옛날의 말이 있는데 하나는 둘을 낳고, 둘은 셋을 낳고, 셋은 만물을 낳는다는 말이다. 그래서 3은 여러 가지 의의가 있다. 중국인들이 6과 8을 좋아하는 이유는 같다. 6과 8의 발음은 매우 길하기 때문이다. 모든 사람들은 자신의 일이 순조롭게 진행되기를 바란다. '66 대순'이 사람들의 이런 심리에 잘 영합했다. 중국 광동 사람들은 8 시를 "發"이라고 발음한다. 이는 돈을 번다는 의미를 암시하고 있다. 그리고 유창하고 원만한 선은 성공의 길흉을 나타내고 있기도 한다.

중국인들이 5와 9를 좋아하는 이유는 대체로 '구오지존''이라는 단어에서 유래되었기 때문이다. 중국의 황제는 '

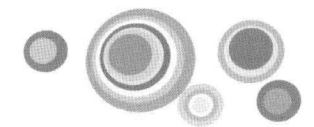

구오지존(九五之尊)'이라 불렸다. 금목수화토 다섯 가지 원소가 전 세계를 구성하고 9은 가장 큰 단수이기 때문에 어떤 사람들은 9는 하늘을 대표하고 5는 땅을 대표한다고 한다. 그래서 구오지존은 바로 이 하늘과 땅 사이에 가장 큰 사람이 됐다.

**5. 如果现在可以决定下辈子，你想出生在哪个国家？做一个什么样的人？为什么？**

如果现在可以决定下辈子，我想出生在阿拉伯，做阿拉伯王子。

首先，因为阿拉伯王子生下来就很高贵，而且他们不用为了赚钱而烦恼，他们每天做的事情是花钱，为花钱烦恼我还是很开心的。而且他们想养什么就养什么，所以我想在家养只骆驼和一只鹰。

其次，我在网上看到过阿拉伯王子住的房子，他们住在世界上最高的楼上，住着最豪华的宫殿，他们想买什么都能买到。我就想住他们住的房子，还能自己建自己设计，他们有钱让很多有才能的人为他工作。

最后，他们有的是石油，开着世界上最贵的车，也不用担心加油太费钱，他们看起来从来都不用为没有钱而烦恼，他们的土地上有用不完的石油，众所周知，石油是不再生能源，并且，石油以及提炼物可以制作世界上大部分的东西，包括我们平时穿的衣服，还有各种塑料制品。所以拥有石油就代表在全世界都有自己的发言权，不仅有社会地位，更多的就是光鲜亮丽的生活。

5. Rú guǒ xiàn zài kě yǐ jué dìng xià bèi zi, nǐ xiǎng chū shēng zài nǎ ge guó jiā? Zuò yí gè shén me yàng de rén? Wèi shén me?

Rú guǒ xiàn zài kě yǐ jué dìng xià bèi zi, wǒ xiǎng chū shēng zài ā lā bó, zuò ā lā bó wáng zǐ.

Shǒu xiān, yīn wèi ā lā bó wáng zǐ shēng xià lái jiù hěn gāo guì, ér qiě tā men bú yòng wèi le zhuàn qián ér fán nǎo, tā men měi tiān zuò de shì qíng shì huā qián, wèi huā qián fán nǎo wǒ hái shì hěn kāi xīn de. Ér qiě tā men xiǎng yǎng shén me jiù yǎng shén me, suǒ yǐ wǒ xiǎng zài jiā yǎng zhī luò tuó hé yì zhī yīng.

Qí cì, wǒ zài wǎng shàng kàn dào guò ā lā bó wáng zǐ zhù de fáng zi, tā men zhù zài shì jiè shàng zuì gāo de lóu shàng, zhù zhe zuì háo huá de gōng diàn, tā men xiǎng mǎi shén me dōu néng mǎi dào. Wǒ jiù xiǎng zhù tā men zhù de fáng zi, hái néng zì jǐ jiàn zì jǐ shè jì, tā men yǒu qián ràng hěn duō yǒu cái néng de rén wéi tā gōng zuò.

Zuì hòu, tā men yǒu de shì shí yóu, kāi zhe shì jiè shàng zuì guì de chē, yě bú yòng dān xīn jiā yóu tài fèi qián, tā men kàn qǐ lái cóng lái dōu bú yòng wèi méi yǒu qián ér fán nǎo, tā men de tǔ dì shàng yǒu yòng bù wán de shí yóu, zhòng suǒ zhōu zhī, shí yóu shì bù zài shēng néng yuán, bìng qiě, shí yóu yǐ jí tí liàn wù kě yǐ zhì zuò shì jiè shàng dà bù fèn de dōng xi, bāo kuò wǒ men píng shí chuān de yī fú, hái yǒu gè zhǒng sù liào zhì pǐn. Suǒ yǐ yōng yǒu shí yóu jiù dài biǎo zài quán shì jiè dōu yǒu zì jǐ de fā yán quán, bù jǐn yǒu shè huì dì wèi, gèng duō de jiù shì guāng xiān liàng lì de shēng huó.

**5. 해석:** 다음 생을 결정할 수 있다면 어느 나라에서 태어나고 싶은가? 아니면 어떤 사람이 되고 싶은가? 무슨 이유인가?

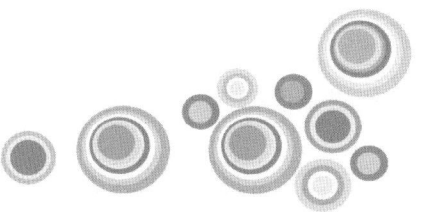

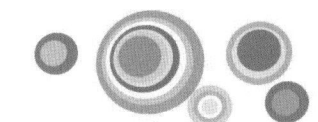

만약 지금 다음 생을 결정할 수 있다면 나는 아랍에서 태어나서 아랍 왕자가 되고 싶다.

첫째, 아랍 왕자는 태어나서부터 매우 고귀해 보이고 돈을 벌기 위해 고민할 필요도 없었다. 그들이 매일 하는 일은 돈을 쓰는 것이고 돈을 쓰는 것때문에 고생하는 것도 즐거운 일이라고 생각한다. 그리고 그들은 기르고 싶은 대로 동물을 기르기 때문에 나는 집에서 낙타와 매부리를 기르고 싶다.

둘째, 아랍 왕자가 살고 있는 집을 인터넷에서 본 적이 있다. 그들은 세계에서 가장 높은 빌딩에 살면서 가장 호화로운 궁전에 살고 있다. 그들은 무엇이든지 살 수 있을 것이다. 나는 그들이 살고 있는 집에 살고 싶고 또 스스로 설계를 할 수 있을 뿐만 아니라 그들은 돈이 있어서 많은 재능 있는 사람들로 하여금 그를 위해 일하게 할 수 있다.

마지막으로 그들은 석유가 있고, 세계에서 가장 비싼 차를 타고 있고 기름비를 너무 많이 써도 신경쓸 필요도 없다. 그들은 돈이 없는 것 때문에 고민한 일이 없다. 그들의 영토에는 아직 다 쓰지 못한 석유가 있다. 석유는 재생되지 않는 에너지이며 석유와 추출물은 우리가 평소에 입고 있는 옷을 포함해서 각종 플라스틱 제품들을 만들 수 있다. 그래서 석유를 소유한다는 것은 전 세계적으로 자신의 발언권이 있다는 것을 의미하고 사회적 지위뿐만 아니라 밝은 생활상을 대표하고 있다.

**6.如果你有很多钱，比如1亿人民币，你会做什么？**

如果我有很多钱，比如1亿人民币，我想做很多事情。

首先，我要拿一部分钱投资我爸爸的公司，帮助他还清公司的债务，改善公司的财务状况。

其次，我想把一部分钱用于爸爸公司的产品的技术开发，提高产品质量，让公司的产品销售到世界各地；随着公司业绩的改善，我会一步一步地提高员工的待遇，确保公司的职员们收入稳定，生活富足。

再次，我想拿出一部分钱帮助难民。世界上有很多人还生活在水深火热之中，很多人无家可归，每天要面临战争与死亡。每次看到他们，我都觉得很心痛，所以，我会拿出一部分钱来帮助这些难民。

最后，我想用剩下的钱和家人一起去世界各地旅游，因为我认为和家人一起在世界各地旅游是一件幸福的事情，我希望可以跟家人分享快乐，所以我要带家人环游世界。

6.Rú guǒ nǐ yǒu hěn duō qián, bǐ rú 1 yì rén mín bì, nǐ huì zuò shén me?

Rú guǒ wǒ yǒu hěn duō qián, bǐ rú 1 yì rén mín bì, wǒ xiǎng zuò hěn duō shì qíng.

Shǒu xiān, wǒ yào ná yí bù fèn qián tóu zī wǒ bà ba de gōng sī, bāng zhù tā huán qīng gōng sī de zhài wù, gǎi shàn gōng sī de cái wù zhuàng kuàng.

Qí cì, wǒ xiǎng bǎ yí bù fèn qián yòng yú bà ba gōng sī de chǎn pǐn de jì shù kāi fā, tí gāo chǎn pǐn zhì liàng, ràng gōng sī de chǎn pǐn xiāo shòu dào shì jiè gè dì; suí zhe gōng sī yè jī de gǎi shàn, wǒ huì yí bù yí bù de tí gāo yuán gōng de dài yù, què bǎo gōng sī de zhí yuán men shōu rù wěn dìng, shēng huó fù zú.

Zài cì, wǒ xiǎng ná chū yí bù fèn qián bāng zhù nàn mín. Shì jiè shàng yǒu hěn duō rén hái shēng huó zài shuǐ shēn huǒ rè zhī

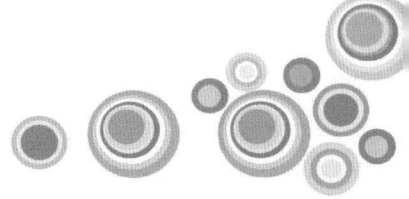

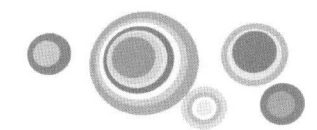

zhōng, hěn duō rén wú jiā kě guī, měi tiān yào miàn lín zhàn zhēng yǔ sǐ wáng. Měi cì kàn dào tā men, wǒ dū jué de hěn xīn tòng, suǒ yǐ, wǒ huì ná chū yí bù fēn qián lái bāng zhù zhè xiē nàn mín.

　　Zuì hòu, wǒ xiǎng yòng shèng xià de qián hé jiā rén yì qǐ qù shì jiè gè dì lǚ yóu, yīn wèi wǒ rèn wéi hé jiā rén yì qǐ zài shì jiè gè dì lǚ yóu shì yí jiàn xìng fú de shì qíng, wǒ xī wàng kě yǐ gēn jiā rén fēn xiǎng kuài lè, suǒ yǐ wǒ yào dài jiā rén huán yóu shì jiè.

**6. 해석: 만약에 당신이 많은 돈이 있다. 예를 들어서 1억 위안이 있다면 뭘 할 거예요?**

만약 내가 돈이 많다면 예를 들면 1억 위안이 있다면 나는 많은 일을 하고 싶다.

우선, 나는 일부 돈을 출금해서 우리 아버지의 회사에 투자해서 회사의 채무를 깨끗이 갚는 것을 도와 회사의 재무상태를 개선할 것이다.

둘째, 나는 일부 돈을 아빠 회사 제품의 기술개발과 제품의 품질 향상을 이뤄 세계 각지로 판매하고 싶다. 회사의 실적 개선에 따라 직원의 대우를 한 단계 높여 회사 직원들이 안정적으로 생활할 수 있도록 하겠다.

셋째, 나는 일부 돈을 내서 난민들을 돕고 싶다. 세상에는 아직도 많은 사람들이 도탄에 빠져 살고 있고 많은 사람들은 돌아갈 집이 없어 매일 전쟁과 죽음에 직면해야 한다. 나는 그들을 볼 때마다 마음이 아프다. 그래서 나는 일부 돈을 내서 이런 난민을 도와줄 것이다.

마지막으로 남은 돈으로 가족과 함께 세계 각지를 여행하고 싶다. 가족과 함께 세계 곳곳을 여행하는 것이 행복한 일이고 가족과 함께 즐거운 시간을 보낼 수 있다는 생각에서 가족을 데리고 세계를 돌아볼 생각이다.

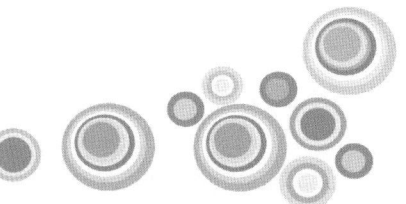

# &lt;HSKK 고급 모의고사 6&gt; 모범 답안

**1** 一位青年去拜访画家门采尔说："为什么我画一幅画，只消一天功夫，可卖掉它却要整整一年？""请你倒过来试试。你花一年功夫画一幅画，兴许一天就能卖掉。"门采尔说。青年照办：观察，写生，构思，创作。后来事实果然如此。一件事物的价值，在于你投入了多少精力，有付出，才会有收获。

Yí wèi qīng nián qù bài fǎng huà jiā mén cǎi ěr shuō:" wèi shén me wǒ huà yì fú huà, zhǐ xiāo yì tiān gōng fū, kě mài diào tā què yào zhěng zhěng yì nián?""Qǐng nǐ dào guò lái shì shì, nǐ huā yì nián gōng fū huà yì fú huà, xīng xǔ yì tiān jiù néng mài diào. "Mén cǎi ěr shuō qīng nián zhào bàn: guān chá, xiě shēng, gòu sī, chuàng zuò, hòu lái shì shí guǒ rán rú cǐ. Yí jiàn shì wù de jià zhí, zài yú nǐ tóu rù le duō shǎo jīng lì, yǒu fù chū, cái huì yǒu shōu huò.

한 청년은 화가인 문채아를 찾아가 "왜 그림을 그리는데 하루만 걸렸는데 1년이 걸려야 팔 수 있냐"고 물었다. "반대로 해 봐라. 네가 일 년 동안 그림을 그리는데 하루면 팔아 버릴지도 모른다."문채가 말을 했다. 청년은 이에 따라서 행동했다: 관찰, 사생, 구상, 창작했고 그 후의 사실은 과연 그러했다. 한 가지 물건의 가치는 네가 얼마나 많은 정력을 쏟아부었는지에 달려 있다. 투자해야 수확도 있다.

**2** 曾国藩小时候很笨，一天晚上，他在家背书，来了一个贼，贼就想等曾国藩去睡觉后偷东西，于是便蹲在墙角。哪知道曾国藩一直背诵一篇文章到半夜，还是没有背完。贼不耐烦跳出来对着曾国藩把那篇文章背了一遍，走了。或许你的脑子没有他人好使，但只要你付出更多的努力，就会有回报。

zēng guó fān xiǎo shí hòu hěn bèn, yì tiān wǎn shàng, tā zài jiā bèi shū, lái le yí gè zéi, zéi jiù xiǎng děng zēng guó fān qù shuì jiào hòu tōu dōng xi, yú shì biàn dūn zài qiáng jiǎo. Nǎ zhī dào zēng guó fān yì zhí bèi sòng yì piān wén zhāng dào bàn yè, hái shì méi yǒu bèi wán. Zéi bù nài fán tiào chū lái duì zhe zēng guó fān bǎ nà piān wén zhāng bèi le yí biàn, zǒu le. Huò xǔ nǐ de nǎo zi méi yǒu tā rén hǎo shǐ, dàn zhǐ yào nǐ fù chū gèng duō de nǔ lì, jiù huì yǒu huí bào.

증국번은 어렸을 때는 많이 둔했다. 하루 저녁에 집에서 책을 외우는데 도둑이 들어왔다. 도둑은 증국번이 잠들기를 기다렸다가 도둑질을 하려고 해서 담 모퉁이에 쭈그리고 앉아 있었다. 증국번이 한밤중까지 글 한 편을 외웠는데 계속 외울 수 없었다. 도둑은 참지 못하고 뛰어나와 증국번을 향해 그 글을 한번 외우고 갔다. 머리는 남들보다 잘 쓰지 못할 수도 있지만 노력만 많이 하면 큰 도움이 될 것이다.

**3** 有一只乌鸦向东飞，途中遇到鸽子。鸽子问道："你这么辛苦地飞，是要飞到哪儿去？"乌鸦愤愤不平："其实，我也不想离开这里，但居民们都嫌我叫得不好听，所以…"鸽子听了好心地说："如果你不改变你的声音，飞到哪里都不受欢迎。"环境不会因个人而改变，个人只能去适应群体。一把锈钝了的菜

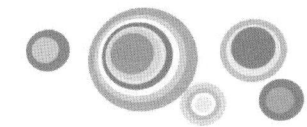

## 梦想中国语 模拟考试

刀拿到哪儿都不会被用来切菜，而一把好刀哪儿的菜都能切。

Yǒu yì zhī wū yā xiàng dōng fēi, tú zhōng yù dào gē zi gē zi wèn dào:"Nǐ zhè me xīn kǔ de fēi, shì yào fēi dào nǎ er qù?" Wū yā fèn fèn bù píng:"Qí shí, wǒ yě bù xiǎng lí kāi zhè lǐ, dàn jū mín men dōu xián wǒ jiào de bù hǎo tīng, suǒ yǐ.." Gē zi tīng le hǎo xīn de shuō:"Rú guǒ nǐ bù gǎi biàn nǐ de shēng yīn, fēi dào nǎ lǐ dōu bù shòu huān yíng."Huán jìng bú huì yīn gè rén ér gǎi biàn, gè rén zhǐ néng qù shì yìng qún tǐ yì bǎ xiù dùn le de cài dāo ná dào nǎ'er dōu bú huì bèi yòng lái qiē cài,ér yì bǎ hǎo dāo nǎ er de cài dōu néng qiē.

까마귀 한 마리가 동쪽으로 날아가다가 비둘기 새끼를 만났다. 비둘기가 물어봤다. "네가 이렇게 열심히 날아다니는데 어디로 갈 거야?" 까마귀는 "사실 나도 이곳을 떠나고 싶지 않지만 주민들은 내가 못 불러서..."라며 좋아했다. 비둘기는 네 목소리를 바꾸지 않으면 어디에 가도 환영을 받을 수 없다고 했다. 환경은 개인에 의해 변화하지 않으며 개인은 단지 집단에 적응할 수밖에 없다. 녹슬어버린 식칼 한 자루로는 채소를 썰지 못한다. 그러나 좋은 칼은 어떤 음식도 다 잘 썰 수 있다.

**4** 爷爷和孙子赶着毛驴到集市上。路上有人议论道："他们真傻！有驴不骑，却偏要步行。"爷爷一听有道理，就让孙子骑到驴上继续赶路。这时又有人说："这孙子真不孝，怎么能自己骑驴，让老人走着呢？"爷爷听后，就让孙子下来，自己骑上去。又有人说："老头真狠心，让自己的孩子走着。"爷爷听后，满脸通红，赶紧让孙子也骑上来。却不料又有人说："他们多么残忍啊，两个人压在一只小毛驴身上。"

爷儿俩想来想去决定抬着驴走，结果又惹得众人大笑："哈哈哈，这爷俩真是太愚蠢了。有驴不骑，却要抬着走。"

Yé ye hé sūn zi gǎn zhe máo lǘ dào jí shì shàng. Lù shàng yǒu rén yì lùn dào:"Tā men zhēn shǎ! Yǒu lǘ bù qí, què piān yào bù xíng." Yé ye yì tīng yǒu dào lǐ, jiù ràng sūn zi qí dào lǘ shàng jì xù gǎn lù. Zhè shí yòu yǒu rén shuō:"Zhè sūn zi zhēn bù xiào, zěn me néng zì jǐ qí lǘ, ràng lǎo rén zǒu zhe ne?" Yé ye tīng hòu, jiù ràng sūn zi xià lái, zì jǐ qí shàng qù. Yòu yǒu rén shuō:"Lǎo tóu zhēn hěn xīn, ràng zì jǐ de hái zi zǒu zhe." Yé ye tīng hòu, mǎn liǎn tōng hóng, gǎn jǐn ràng sūn zi yě qí shàng lái. Què bù liào yòu yǒu rén shuō:"Tā men duō me cán rěn a, liǎng gè rén yā zài yī zhī xiǎo máo lǘ shēn shang."

Yé er liǎ xiǎng lái xiǎng qù jué dìng tái zhe lǘ zǒu, jié guǒ yòu rě dé zhòng rén dà xiào:"Hā hā hā, zhè yé liǎ zhēn shi tài yú chǔn le. Yǒu lǘ bù qí, què yào tái zhe zǒu."

할아버지와 손자는 당나귀를 몰고 장터에 갔다. 길에서 사람들은 "그들은 정말 멍청하다. 당나귀를 타지 않고 보행하다니."라고 의논했다. 할아버지는 이런 말을 듣고 일리가 있는 것 같아서 손자보고 당나귀를 타라고 하고 계속 길을 재촉하였다." 이때 어떤 사람이 "손자는 정말 불효하다. 혼자만 당나귀를 타고 할아버지가 걸어가다니" 할아버지는 듣고 나서 손자를 내려보내고 혼자 당나귀에 탔다. 또 어떤 사람이 "노인은 정말 독하네. 자기의 자식을 걷게 하다니."라고 말했다. 할아버지는 듣고서 얼굴이 온통 새빨갛게 되어 얼른 손자도 타고 가게 하였다." 근데 또 어떤 사람이 "그들이 얼마나 잔인한지 몰라. 두 사람이 작은 당나귀를 타다니" 라고 했다.

할아버지와 손자가 생각하고 나서 당나귀를 들고 가기로 결정하는데 결국 사람들 모두가 웃음을 터뜨렸다. "하하하. 두 사람이 진짜 멍청하네. 당나귀를 타지 않고 들고 가다니." 라고 했다.

**5.你以前最想做的事情是什么？现在实现了吗？为什么？**

我以前最想做一个舞蹈家，因为我在跳舞的时候能够找到自我。我最喜欢的是美国的舞蹈家邓肯和中国的舞蹈家杨丽萍，她们的舞蹈有一种力量，是带着灵魂的舞蹈，能够撼动人心的舞蹈。

邓肯开创了美国现代舞，被称为是"现代舞之母"，她蔑视所有的规则，认为舞蹈就是跟着音乐舞动身体，用身体自由地表达内心的情感才是真正的舞蹈。而杨丽萍是"孔雀舞之母"，她也不是专业的舞蹈演员，但是她爱孔雀，并且用舞蹈完美地诠释了一只美丽、孤独、高傲、纯洁、自由、而又充满活力的孔雀。

我喜欢她们，也想成为像她们一样的人，可是我没有实现这个梦想。因为我有了家庭，有了责任，我要生活，要工作，要养孩子，更重要的是，我没有自信，害怕失败。这个梦想离我越来越远了。

虽然我无法成为邓肯和杨丽萍，但是我一直没有放弃。舞蹈一直是我的一个业余爱好，它强壮了我的身体，净化了我的灵魂，丰富了我的人生。

**5.Nǐ yǐ qián zuì xiǎng zuò de shì qíng shì shén me? Xiàn zài shí xiàn le ma? Wèi shén me?**

Wǒ yǐ qián zuì xiǎng zuò yí ge wǔ dǎo jiā, yīn wèi wǒ zài tiào wǔ de shí hòu néng gòu zhǎo dào zì wǒ. Wǒ zuì xǐ huān de shì měi guó de wǔ dǎo jiā dèng kěn hé zhōng guó de wǔ dǎo jiā yáng lì píng, tā men de wǔ dǎo yǒu yì zhǒng lì liàng, shì dài zhe líng hún de wǔ dǎo, néng gòu hàn dòng rén xīn de wǔ dǎo.

Dèng kěn kāi chuàng le měi guó xiàn dài wǔ, bèi chēng wéi shì "xiàn dài wǔ zhī mǔ", tā miè shì suǒ yǒu de guī zé, rèn wéi wǔ dǎo jiù shì gēn zhe yīn yuè wǔ dòng shēn tǐ, yòng shēn tǐ zì yóu de biǎo dá nèi xīn de qíng gǎn cái shì zhēn zhèng de wǔ dǎo. Ér yáng lì píng shì "kǒng què wǔ zhī mǔ", tā yě bú shì zhuān yè de wǔ dǎo yǎn yuán, dàn shì tā ài kǒng què, bìng qiě yòng wǔ dǎo wán měi de quán shì le yì zhī měi lì, gū dú, gāo'ào, chún jié, zì yóu, ér yòu chōng mǎn huó lì de kǒng què.

Wǒ xǐ huān tā men, yě xiǎng chéng wéi xiàng tā men yí yàng de rén, kě shì wǒ méi yǒu shí xiàn zhè ge mèng xiǎng. Yīn wèi wǒ yǒu le jiā tíng, yǒu le zé rèn, wǒ yào shēng huó, yào gōng zuò, yào yǎng hái zi, gèng zhòng yào de shì, wǒ méi yǒu zì xìn, hài pà shī bài. Zhè ge mèng xiǎng lí wǒ yuè lái yuè yuǎn le.

Suī rán wǒ wú fǎ chéng wéi dèng kěn hé yáng lì píng, dàn shì wǒ yì zhí méi yǒu fàng qì. Wǔ dǎo yì zhí shì wǒ de yí ge yè yú ài hào, tā qiáng zhuàng le wǒ de shēn tǐ, jìng huà le wǒ de líng hún, fēng fù le wǒ de rén shēng.

**5. 해석: 옛날에 제일 하고 싶은 일이 뭐인가? 지금 이루었는가? 무슨 이유인가?**

나는 춤출 때 자아를 찾을 수 있기 때문에 예전에 무용가가 되고 싶었다. 내가 가장 좋아하는 사람은 미국의 무용가인 덩컨과 중국의 무용가인 양리핑이다. 그들의 춤은 일종의 힘이 있다. 그것은 영혼의 춤이며 사람의 마음을 움직이는 춤이다.

미국 현대무용을 개척해 '현대무용의 어머니'로 불리는 덩컨은 모든 규칙을 무시하고 춤은 음악에 맞춰 몸을 움직이는 것이라고 생각했다. 마음의 감정을 몸으로 자유롭게 표현하는 것이야말로 진정한 무용수라고 한다. 양려평은 공작춤의 어머니로 전문 무용자도 아니지만 공작을 사랑하여 아름다움, 고독, 고만, 순수, 자유, 활력이 넘치는 공작을 춤으로 완벽하게 표현해낸다.

나는 그들을 좋아하고 그들처럼 되고 싶기도 하지만 나는 그 꿈을 이루지 못했다. 내가 가정을 꾸리며 책임감이 생겨서 나는 생존하고, 일하고, 아이를 기르며 더 중요한 것은 내가 자신이 없기 때문에 실패가 두려운 것이다. 이 꿈은 내게서 점점 멀어진다.

비록 나는 덩컨과 양리핑이 될 수 없지만 나는 결코 포기하지 않는다. 춤은 줄곧 나의 취미로 나의 신체를 튼튼하게 하고 나의 영혼을 정화시켜 나의 인생을 풍성하게 했다.

**6.你认为女人结婚后应该工作吗？还是女人应该做"全职太太"？谈一下你的看法，并说明原因。**

我认为女人结婚后应该工作，理由如下：

第一，妈妈的智力对孩子影响很大，如果长期不接触社会，整天呆在家里，智力和情商都会跟不上社会的脚步，对孩子的教育也有不好的影响。

第二，女人婚后工作可以减轻家庭的负担，现在物价涨得越来越快，家里只有一个人工作的话，丈夫的压力会很大。

第三，如果受过了良好的教育，结婚以后就只是在家里照顾老公和孩子，无论是从社会角度还是从个人角度来说，都是一种对人才的浪费。而且男女平等，我认为男人能做的事情，女人也能做。

第四，如果整天呆在家里，靠丈夫工作来生活的话，女人在家里的发言权会越来越少。再加上女人和外界接触少，跟丈夫的共同语言会越来越少，夫妻之间很容易出问题。

综上所述，我认为女人结婚后应该工作。

**6.Nǐ rèn wéi nǚ rén jié hūn hòu yīng gāi gōng zuò ma? Hái shì nǚ rén yīng gāi zuò "quán zhí tài tài"? Tán yí xià nǐ de kàn fǎ, bìng shuō míng yuán yīn.**

Wǒ rèn wéi nǚ rén jié hūn hòu yīng gāi gōng zuò, lǐ yóu rú xià:

Dì yī, mā ma de zhì lì duì hái zi yǐng xiǎng hěn dà, rú guǒ cháng qī bù jiē chù shè huì, zhěng tiān dāi zài jiā lǐ, zhì lì hé qíng shāng dōu huì gēn bú shàng shè huì de jiǎo bù, duì hái zi de jiào yù yě yǒu bù hǎo de yǐng xiǎng.

Dì èr, nǚ rén hūn hòu gōng zuò kě yǐ jiǎn qīng jiā tíng de fù dān, xiàn zài wù jià zhǎng dé yuè lái yuè kuài, jiā lǐ zhǐ yǒu yí gè rén gōng zuò de huà, zhàng fu de yā lì huì hěn dà.

Dì sān, rú guǒ shòu guò le liáng hǎo de jiào yù, jié hūn yǐ hòu jiù zhǐ shì zài jiā lǐ zhào gù lǎo gōng hé hái zi, wú lùn shì cóng shè huì jiǎo dù hái shì cóng gè rén jiǎo dù lái shuō, dōu shì yì zhǒng duì rén cái de làng fèi. Ér qiě nán nǚ píng děng, wǒ rèn wéi nán rén néng zuò de shì qíng, nǚ rén yě néng zuò.

　　Dì sì, rú guǒ zhěng tiān dāi zài jiā lǐ, kào zhàng fu gōng zuò lái shēng huó de huà, nǚ rén zài jiā lǐ de fā yán quán huì yuè lái yuè shǎo. Zài jiā shàng nǚ rén hé wài jiè jiē chù shǎo, gēn zhàng fu de gòng tóng yǔ yán huì yuè lái yuè shǎo, fū qī zhī jiān hěn róng yì chū wèn tí.

　　Zòng shàng suǒ shù, wǒ rèn wéi nǚ rén jié hūn hòu yīng gāi gōng zuò.

**6. 해석: 여자가 결혼하고 나서 일해야 된다고 생각하는가? 아니면 여자가 전업주부가 돼야 하는가? 생각을 얘기하고 원인을 알려주세요.**

　　여자들이 결혼해서 일을 해야 한다고 생각하고 이유는 다음과 같다.

　　첫째, 엄마의 지능이 아이에게 매우 큰 영향을 미치며 장기간 사회와 접촉하지 않고 집에만 있으면 지능과 정서가 사회의 속도를 따라가지 못하고 아이의 교육에도 악영향을 미친다.

　　둘째, 여자가 결혼 후 일하면 가정에 부담을 덜어줄 수 있다. 물가가 점점 더 빠르게 오르고 있고 집에서 한사람만 일한다면 남편의 스트레스는 매우 심해질 것이다.

　　셋째, 좋은 교육을 받았다면 결혼 후 집에서 남편과 아이를 돌보는 것이, 사회적으로나 개인적으로나 인재에 대한 낭비이다. 그리고 남녀는 평등하고 나는 남자가 할 수 있는 일은 여자도 할 수 있다고 생각한다.

　　넷째, 하루 종일 집에만 틀어박혀 남편의 수익으로 산다면 여성의 집안 발언권이 갈수록 줄어들 것이다. 게다가 여자와 바깥세상과의 접촉이 적어지면 남편과의 공통언어가 줄어 부부 사이에 문제가 생기기 쉽다.

　　전반적으로 말해서 나는 여성이 결혼 후에는 반드시 일을 해야 한다고 생각한다.

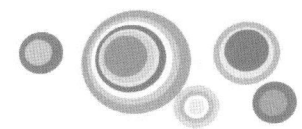

# <HSKK 고급 모의고사 7> 모범 답안

**1** 小山羊站在屋顶上，看见狼从底下走过，便谩骂他，嘲笑他。狼说道："啊，伙计，骂我的不是你而是你所处的地势。"这故事说明，地利与天机常常给人勇气去与强者抗争。

Xiǎo shān yáng zhàn zài wū dǐng shàng, kàn jiàn láng cóng dǐ xià zǒu guò, biàn màn mà tā, cháo xiào tā. Láng shuō dào:"A, huǒ jì, mà wǒ de bú shì nǐ ér shì nǐ suǒ chǔ de dì shì." Zhè gù shì shuō míng, dì lì yǔ tiān jī cháng cháng gěi rén yǒng qì qù yǔ qiáng zhě kàng zhēng.

작은 염소가 지붕 위에 서서 아래를 지나가는 늑대를 보고 욕을 하고 조롱하였다. 그러자 늑대가 말하였다. "이봐, 친구, 나를 욕하는 것은 네가 아니라 네가 있는 위치야." 이 이야기는 지리적 이점이나 때에 맞는 기회가 사람에게 강자와 맞서 싸울 용기를 준다는 것을 보여준다.

**2** 老人走进一家餐馆坐在餐桌旁等了很久都不见有侍者，感到十分迷惑。这时一位妇女端着满满一盆食物坐到对面。老人问她为何没有侍者。妇女告诉他这是一家自助餐馆，食物都放在那边的长台上，从一头开始挑选自己喜欢吃的食物，到另一头时有人会告诉你该付多少钱。从此老人知道了人生的原则。人生就是一顿自助餐。自助就是主动出击，寻求机遇。成功固然需要机遇，但幸运的女神不会垂青于那些守株待兔的人，你必须站起来自己去拿。

Lǎo rén zǒu jìn yì jiā cān guǎn zuò zài cān zhuō páng děng le hěn jiǔ dōu bú jiàn yǒu shì zhě, gǎn dào shí fēn mí huò. Zhè shí yí wèi fù nǚ duān zhe mǎn mǎn yì pén shí wù zuò dào duì miàn. Lǎo rén wèn tā wèi hé méi yǒu shì zhě. fù nǚ gào sù tā zhè shì yì jiā zì zhù cān guǎn, shí wù dōu fàng zài nà biān de cháng tái shàng, cóng yì tóu kāi shǐ tiāo xuǎn zì jǐ xǐ huān chī de shí wù, dào lìng yì tóu shí yǒu rén huì gào sù nǐ gāi fù duō shǎo qián. Cóng cǐ lǎo rén zhī dào le rén shēng de yuán zé. Rén shēng jiù shì yí dùn zì zhù cān. Zì zhù jiù shì zhǔ dòng chū jí, xún qiú jī yù. Chéng gōng gù rán xū yào jī yù, dàn xìng yùn de nǚ shén bú huì chuí qīng yú nà xiē shǒu zhū dài tù de rén, nǐ bì xū zhàn qǐ lái zì jǐ qù ná.

노인이 한 식당에 들어가서 식탁에 앉아 오랫동안 기다렸지만 종업원이 나타나지 않아 매우 혼란스러워했다. 그때 한 여자가 음식을 가득 담은 쟁반을 들고 맞은편에 앉았다. 노인은 왜 종업원이 없는지 물었다. 여자는 이곳이 뷔페 식당이라서, 음식이 저쪽 긴 테이블에 다 놓여 있고, 한쪽 끝에서부터 자신이 먹고 싶은 음식을 골라서 반대편 끝에 가면 그때 비용을 알려준다고 설명했다. 그때부터 노인은 인생의 원칙을 알게 되었다. 인생은 뷔페와 같다. '자조'란 스스로 먼저 움직이고, 기회를 찾는 것이다. 성공에는 물론 기회가 필요하지만, 행운의 여신은 가만히 앉아 있는 사람을 돌보지 않는다. 스스로 일어나 직접 가져가야만 한다.

**3** 普罗米修斯创造了人，又在每个人的脖子上挂了两只口袋，一只装别人的缺点，一只装自己的缺点。他把那只装别人缺点的口袋挂在胸前，另一只挂在背后。因此，人们总能够很快地看到别人的缺点，而自己的缺点总是看不见。人们往往喜欢挑剔别人的缺点，却无视自身的缺点。

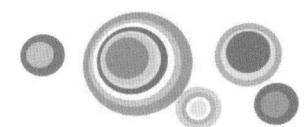

Pǔ luō mǐ xiū sī chuàng zào le rén, yòu zài měi gè rén de bó zi shàng guà le liǎng zhī kǒu dài, yì zhī zhuāng bié rén de quē diǎn, yì zhī zhuāng zì jǐ de quē diǎn. Tā bǎ nà zhī zhuāng bié rén quē diǎn de kǒu dài guà zài xiōng qián, lìng yì zhī guà zài bèi hòu. Yīn cǐ, rén men zǒng néng gòu hěn kuài de kàn dào bié rén de quē diǎn, ér zì jǐ de quē diǎn zǒng shì kàn bú jiàn. Rén men wǎng wǎng xǐ huān tiāo ti bié rén de quē diǎn, què wú shì zì shēn de quē diǎn.

프로메테우스는 인간을 창조한 뒤, 모든 사람의 목에 두 개의 주머니를 걸어두었다. 하나에는 남의 결점을 담고, 다른 하나에는 자신의 결점을 담았다. 그는 남의 결점이 담긴 주머니는 가슴 앞에, 자신의 결점이 담긴 주머니는 등 뒤에 달아주었다. 그래서 사람들은 남의 결점은 쉽게 볼 수 있지만, 자신의 결점은 잘 보지 못한다. 사람들은 흔히 남의 결점을 지적하길 좋아하면서, 자기 자신의 문제는 못 본 척한다.

4. zhōng guó rén zuì xǐ huān de yán sè shì hóng sè, wǒ men yě jīng cháng tīng rén men chēng hóng sè wéi "zhōng guó hóng". zài zhōng guó, hóng sè dài biǎo zhe xìng yùn hé kuài lè, qǐ yuán yú duì tài yáng shén hé dà dì zhī shén de chóng bài. hóng sè jiù shì tài yáng, tā gěi rén yǐ shēng jī hé huó lì. hóng sè zài zhōng guó rén xīn zhōng shì hěn wán měi de sè cǎi, zhōng guó chēng měi hǎo de nǚ zǐ wéi "hóng yán", xǐ huān de rén wéi "hóng yán zhī jǐ".

zài zhōng guó, hóng sè hái yǒu yí gè tè bié de néng lì, jù shuō hóng sè kě yǐ qū zhú guǐ shén. féng nián guò jié, rén men guà hóng dēng, fàng hóng pí biān pào, xiě hóng dǐ duì lián, hūn jià chuān hóng yī, gài hóng gài tóu, yīn cǐ hóng sè zài zhōng guó shì jí xiáng de yán sè. rén men rèn wéi hóng sè néng gěi rén men dài lái ān dìng hé xìng fú, gěi rén yǐ rè qíng, fèn jìn, tuán jié de xíng xiàng

중국 사람들이 가장 좋아하는 색은 빨간색이다. 우리는 종종 빨간색을 '중국의 빨강'이라고 부르기도 한다. 중국에서 빨간색은 행운과 기쁨을 상징하며, 태양신과 대지신에 대한 숭배에서 비롯되었다. 빨간색은 바로 태양이며, 사람들에게 생명력과 활력을 준다. 빨간색은 중국인들의 마음속에서 아주 완벽한 색깔로 여겨진다. 중국에서는 아름다운 여인을 '홍안'이라고 하고, 좋아하는 사람을 '홍안지기'라고 부른다.

또한, 중국에서 빨간색에는 특별한 능력이 있다. 전해지는 말에 의하면 빨간색은 귀신을 쫓을 수 있다고 한다. 명절이 오면 사람들은 빨간 등을 걸고, 빨간 폭죽을 터뜨리며, 빨간 글씨로 대련을 쓰고, 결혼식 때는 빨간 옷을 입고 빨간 베개를 덮는다. 그래서 빨간색은 중국에서 길한 색으로 여겨진다. 사람들은 빨간색이 안정과 행복을 가져다주고, 열정과 진취, 단결의 이미지를 준다고 믿는다.

**5. 如果时光可以倒流，你最想回到多大的时候？为什么？**

如果时光可以倒流，我最想回到20岁左右读大学的时候。因为我认为大学生活是人生美好时光之一，不过我有点遗憾没有好好珍惜和有效利用大学时光。如果时光可以倒流，我想重新过一次大学生活。

首先，参加工作后，我发现自己的知识面不广，重新读大学，我会多学一门外语，并且博览群书，用知识充实自己。

其次，由于工作很忙，我一直没能参加机动车驾驶证考试。重新读大学，我会打工挣钱，攒够考驾照的学费后，去驾校报名参加驾驶技能的培训和考试，争取在毕业前考出驾照。

另外，随着年龄的增长，我感到旅游对一个人内心的成长有很大的帮助，重新读大学，我想利用

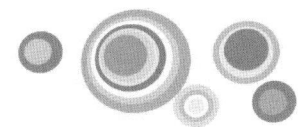

寒暑假期间，去哈尔滨、内蒙古、四川、杭州、香港等大城市旅游，开阔眼界，丰富内心。

总之，如果时光可以倒流，我最想回到20岁左右读大学的时候。

**5.Rú guǒ shí guāng kě yǐ dào liú, nǐ zuì xiǎng huí dào duō dà de shí hòu? Wèi shén me?**

Rú guǒ shí guāng kě yǐ dào liú, wǒ zuì xiǎng huí dào 20 suì zuǒ yòu dú dà xué de shí hòu. Yīn wèi wǒ rèn wéi dà xué shēng huó shì rén shēng měi hǎo shí guāng zhī yī, bú guò wǒ yǒu diǎn yí hàn méi yǒu hǎo hǎo zhēn xī hé yǒu xiào lì yòng dà xué shí guāng. Rú guǒ shí guāng kě yǐ dào liú, wǒ xiǎng chóng xīn guò yí cì dà xué shēng huó.

Shǒu xiān, cān jiā gōng zuò hòu, wǒ fā xiàn zì jǐ de zhī shì miàn bù guǎng, chóng xīn dú dà xué, wǒ huì duō xué yì mén wài yǔ, bìng qiě bó lǎn qún shū, yòng zhī shì chōng shí zì jǐ.

Qí cì, yóu yú gōng zuò hěn máng, wǒ yì zhí méi néng cān jiā jī dòng chē jià shǐ zhèng kǎo shì. Chóng xīn dú dà xué, wǒ huì dǎ gōng zhèng qián, zǎn gòu kǎo jià zhào de xué fèi hòu, qù jià xiào bào míng cān jiā jià shǐ jì néng de péi xùn hé kǎo shì, zhēng qǔ zài bì yè qián kǎo chū jià zhào.

Lìng wài, suí zhe nián líng de zēng zhǎng, wǒ gǎn dào lǚ yóu duì yí gè rén nèi xīn de chéng zhǎng yǒu hěn dà de bāng zhù, chóng xīn dú dà xué, wǒ xiǎng lì yòng hán shǔ jià qī jiān, qù hā ěr bīn, nèi méng gǔ, sì chuān, háng zhōu, xiāng gǎng děng dà chéng shì lǚ yóu, kāi kuò yǎn jiè, fēng fù nèi xīn.

Zǒng zhī, rú guǒ shí guāng kě yǐ dào liú, wǒ zuì xiǎng huí dào 20 suì zuǒ yòu dú dà xué de shí hòu.

**5. 해석: 만약에 시간을 되돌릴 수 있다면 몇살 때로 돌아가고 싶은가? 무슨 이유인가?**

만약 시간이 되돌릴 수 있다면, 나는 20살 즈음 대학에 다니던 시절로 돌아가고 싶다. 대학 생활이 인생에서 가장 아름다운 시기 중 하나라고 생각하지만, 그 시간을 제대로 아끼지 못하고 효율적으로 활용하지 못한 것이 약간 후회된다. 만약 시간이 되돌릴 수 있다면, 그 대학 생활을 다시 한번 경험하고 싶다.

우선, 사회에 나와서 일을 하다 보니 내 지식의 폭이 넓지 않다는 것을 깨달았다. 다시 대학을 다닌다면 외국어를 하나 더 배우고, 책을 많이 읽어 지식으로 자신을 채우고 싶다.

또, 일이 바빠서 아직 운전면허 시험에 한 번도 응시하지 못했다. 다시 대학을 다닌다면 아르바이트를 해서 운전면허 시험 비용을 모으고, 드라이빙 스쿨에 등록해서 기술을 배우고 시험에도 응시해 졸업 전에는 꼭 면허를 따고 싶다.

나이가 들수록 여행이 내면의 성장에 큰 도움이 된다는 것을 느끼고 있다. 다시 대학을 다닌다면 방학 동안 하얼빈, 내몽골, 쓰촨, 항저우, 홍콩 등 대도시를 여행하며 시야를 넓히고 마음의 풍요로움을 얻고 싶다.

결론적으로, 시간이 되돌릴 수 있다면 나는 20살 즈음 대학에 다니던 시절로 가장 돌아가고 싶다.

**6."一个唱红脸，一个唱白脸"是中国家庭中在对待孩子的教育上普遍存在的现象。你觉得在家庭里面，爸爸和妈妈"一个唱红脸，一个唱白脸"，这样对孩子好吗？说一下你的情况或者你的看法。**

我觉得没有必要刻意地在孩子面前装作"一个唱红脸，一个唱白脸"，父母都有自己的性格，只要

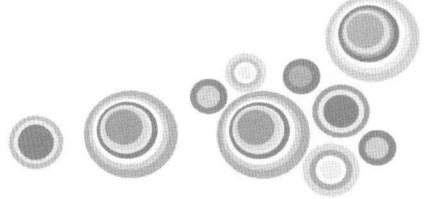

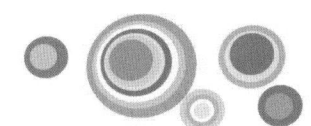

自然地表现就好。

首先，拿我们家来说，我爸爸性格很好，从来不生气，如果我们做错了事情，他会耐心地给我们讲道理。而我妈妈跟我爸爸正好相反，她很严格，而且只要我们做错了事情，就会挨骂。但是我的爸爸和妈妈很相爱，我们家庭很和睦。爸爸在我们家是白脸，妈妈是红脸，但我觉得他们不是故意这样的，而是因为性格本来就是这样，他们性格很互补，所以能在一起幸福地生活很多年。

其次，如果两个人总是按照不符合自己性格设定的情绪来，孩子也会接收到错误的信息，导致性格发展缺陷，再加上，现在的家长对孩子已经没有之前那么不科学的溺爱了，大家都发现想要孩子真正地好好成长，需要的是引导和教育。

最后我认为每个人都是不一样的个体，为什么非要有一个规定来限定每个家庭呢，也可以唱黄脸蓝脸其它脸啊，所以我认为没有必要刻意地在孩子面前装作"一个唱红脸，一个唱白脸"，自然表现自己的性格就好。

6."Yí gè chàng hóng liǎn, yí gè chàng bái liǎn" shì zhōng guó jiā tíng zhōng zài duì dài hái zi de jiào yù shàng pǔ biàn cún zài de xiàn xiàng. Nǐ jué de zài jiā tíng lǐ miàn, bà ba hé mā ma "yí gè chàng hóng liǎn, yí gè chàng bái liǎn", zhè yàng duì hái zi hǎo ma? Shuō yí xià nǐ de qíng kuàng huò zhě nǐ de kàn fǎ.

Wǒ jué de méi yǒu bì yào kè yì de zài hái zi miàn qián zhuāng zuò "yí gè chàng hóng liǎn, yí gè chàng bái liǎn", fù mǔ dōu yǒu zì jǐ de xìng gé, zhǐ yào zì rán de biǎo xiàn jiù hǎo.

Shǒu xiān, ná wǒ men jiā lái shuō, wǒ bà ba xìng gé hěn hǎo, cóng lái bu shēng qì, rú guǒ wǒ men zuò cuò liǎo shì qíng, tā huì nài xīn de gěi wǒ men jiǎng dào lǐ. Ér wǒ mā ma gēn wǒ bà ba zhèng hǎo xiāng fǎn, tā hěn yán gé, ér qiě zhǐ yào wǒ men zuò cuò liǎo shì qíng, jiù huì āi mà. Dàn shì wǒ de bà ba hé mā ma hěn xiāng ài, wǒ men jiā tíng hěn hé mù. Bà ba zài wǒ men jiā shì bái liǎn, mā ma shì hóng liǎn, dàn wǒ jué de tā men bú shì gù yì zhè yàng de, ér shì yīn wèi xìng gé běn lái jiù shì zhè yàng, tā men xìng gé hěn hù bǔ, suǒ yǐ néng zài yì qǐ xìng fú de shēng huó hěn duō nián.

Qí cì, rú guǒ liǎng gè rén zǒng shì àn zhào bù fú hé zì jǐ xìng gé shè dìng de qíng xù lái, hái zi yě huì jiē shōu dào cuò wù de xìn xī, dǎo zhì xìng gé fā zhǎn quē xiàn, zài jiā shàng, xiàn zài de jiā zhǎng duì hái zi yǐ jīng méi yǒu zhī qián nà me bù kē xué de nì ài le, dà jiā dōu fā xiàn xiǎng yào hái zi zhēn zhèng de hǎo hǎo chéng zhǎng, xū yào de shì yǐn dǎo hé jiào yù.

Zuì hòu wǒ rèn wéi měi gè rén dōu shì bù yí yàng de gè tǐ, wèi shén me fēi yào yǒu yí gè guī dìng lái xiàn dìng měi gè jiā tíng ne, yě kě yǐ chàng huáng liǎn lán liǎn qí tā liǎn a, suǒ yǐ wǒ rèn wéi méi yǒu bì yào kè yì de zài hái zi miàn qián zhuāng zuò "yí gè chàng hóng liǎn, yí gè chàng bái liǎn", zì rán biǎo xiàn zì jǐ de xìng gé jiù hǎo.

6. 해석: 나는 굳이 아이 앞에서 일부러 "한 사람은 좋은 역할, 한 사람은 나쁜 역할"을 나눠 연기할 필요는 없다고 생각한다. 부모는 각자의 성격이 있고, 그냥 자연스럽게 자기 모습을 보여주는 게 제일 좋다.

예를 들어, 우리 집을 보면 아빠는 성격이 정말 좋아서 화를 잘 안 내시고, 우리가 잘못해도 항상 친절하게 설명해 주신다. 반면에 엄마는 엄격하시고 우리가 잘못하면 혼내신다. 하지만 두 분은 서로 매우 사랑하시고 우리 가족은 화목하다. 아빠가 우리 집의 하얀 얼굴(좋은 역할), 엄마가 빨간 얼굴(엄격한 역할)이지만, 일부러 그런 게 아니라 원래 성격이 잘 보완돼서 오랫동안 행복하게 함께 살 수 있었던 것 같다.

또 부모가 타고난 성격과 다르게 일부러 정해진 역할을 연기하면 아이가 올바르지 않은 메시지를 받고, 성격 발달에도 문제가 생길 수 있다. 요즘 부모들은 예전처럼 비과학적으로 자녀를 오냐오냐하는 경우도 적다. 아이가 진짜로 올바르게 자라려면 제대로 된 교육과 지도가 필요하다고 모두들 생각한다.

결국, 모든 사람은 서로 다른 개성이 있다. 꼭 정해진 규칙대로 한 가정에 역할을 강요할 필요는 없다고 본다. '노란 얼굴', '파란 얼굴' 뭐든 다 될 수 있다. 그래서 나는 아이 앞에서 일부러 "한 사람은 XX 역할, 한 사람은 OO 역할"을 연기할 필요 없이 자연스럽게 자기 성격대로 행동하는 것이 제일 좋다고 생각한다.

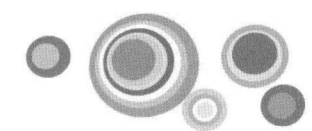

# <HSKK 고급 모의고사 8> 모범 답안

**1** 有个寡妇养着一只母鸡，母鸡每天下一个蛋。她以为多给鸡喂些大麦，就会每天下两个蛋。于是，她就每天这样喂，结果母鸡长得越来越肥，每天连一个蛋也不下了。这故事说明，有些人因为贪婪，想得到更多的利益，结果连现有的都失掉了。

Yǒu gè guǎ fù yǎng zhe yì zhī mǔ jī, mǔ jī měi tiān xià yí gè dàn. Tā yǐ wéi duō gěi jī wèi xiē dà mài, jiù huì měi tiān xià liǎng gè dàn. Yú shì, tā jiù měi tiān zhè yàng wèi, jié guǒ mǔ jī zhǎng dé yuè lái yuè féi, měi tiān lián yí gè dàn yě bú xià le. Zhè gù shì shuō míng, yǒu xiē rén yīn wèi tān lán, xiǎng dé dào gèng duō de lì yì, jié guǒ lián xiàn yǒu de dōu shī diào le.

어떤 과부가 암탉 한 마리를 기르고 있고 암탉이 매일 알을 낳는다. 그녀는 닭에게 보리를 좀 많이 먹이면 알이 매일 두 개씩 떨어질 것이라고 생각했다. 그래서 그녀는 매일 이렇게 먹인다. 결과는 암탉이 살이 많아지고 알 하나도 못 낳았다. 이 이야기는 어떤 사람들은 탐욕으로 인해 더 많은 이익을 얻고자 했으나 결국에는 기존의 것조차 잃었다는 것을 설명한다.

**2** 有人去找禅师求得解脱的方法，禅师让他自己悟出。第一天，禅师问他悟到了什么？他不知，便举起戒尺打他一下。第二天，禅师又问，他仍不知，禅师举起戒尺又打了他一下。第三天，他仍然不知，当禅师举手要打他时，他却挡住了，于是禅师笑道："你终于悟出了这个道理——拒绝痛苦。生活中有太多的失败和痛苦，虽然我们无力去阻挡它的降临，但我们可以拒绝痛苦，抛掉它，快乐而全新地生活。

Yǒu rén qù zhǎo chán shī qiú dé jiě tuō de fāng fǎ, chán shī ràng tā zì jǐ wù chū. Dì yī tiān, chán shī wèn tā wù dào le shén me? Tā bù zhī, biàn jǔ qǐ jiè chǐ dǎ tā yí xià. Dì èr tiān, chán shī yòu wèn, tā réng bù zhī, chán shī jǔ qǐ jiè chǐ yòu dǎ le tā yí xià dì sān tiān, tā réng rán bù zhī, dāng chán shī jǔ shǒu yào dǎ tā shí, tā què dǎng zhù le, yú shì chán shī xiào dào:"Nǐ zhōng yú wù chū le zhè ge dào lǐ - jù jué tòng kǔ. Shēng huó zhōng yǒu tài duō de shī bài hé tòng kǔ, suī rán wǒ men wú lì qù zǔ dǎng tā de jiàng lín, dàn wǒ men kě yǐ jù jué tòng kǔ, pāo diào tā, kuài lè ér quán xīn dì shēng huó.

어떤 사람은 선사를 찾아가 해탈의 방법을 구하니 선사가 그로 하여금 스스로 깨달음을 얻게 하였다. 첫날 선사가 그에게 무엇을 아느냐고 물었다. 그는 답을 몰라서 선사가 계척을 들어 그를 한 번 때렸다. 이튿날 스님이 물으니 그는 여전히 알지 못했다. 선사가 계척을 들고 다시 그를 한 번 때렸다. 셋째 날에도 선사가 손을 들어 때리려고 하자 손으로 막았다. 선사는 웃으면서 이렇게 말했다. "드디어 이 이치를 알게 됐구나. 고통을 거부하는 것이다." 삶에 많은 실패와 고통이 너무 많다. 우리는 그것들이 오는 것을 막을 수 없지만 우리는 고통을 거부할 수 있다. 그것을 버리고 즐겁고 새롭게 생활해야 한다.

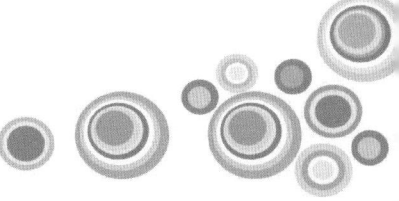

3 有一对兄弟很善良，天使为了给他们一些奖励，告诉他们："森林的另一头有个金岛，岛里有一个洞，里面全是金子，但是必须要在日落之前离开，不然岛会沉没。"兄弟两一人带着一个蛇皮袋，来到了金岛。弟弟的袋子比较小，一下就装满了，对哥哥说了一声，就回去了。而大兄弟却拿了一个大袋子，装满后很难拿动，他漫步蹒跚地拖着袋子，日落了，岛沉没了。人不可以太贪心，要适可而止，不然有可能会造成无法弥补的伤害或失去很多重要的东西。

Yǒu yí duì xiōng dì hěn shàn liáng, tiān shǐ wèi le gěi tā men yì xiē jiǎng lì, gào sù tā men:"Sēn lín de lìng yì tóu yǒu gè jīn dǎo, dǎo li yǒu yí gè dòng, lǐ miàn quán shì jīn zi, dàn shì bì xū yào zài rì luò zhī qián lí kāi, bù rán dǎo huì chén mò. Xiōng dì liǎng yì rén dài zhe yí gè shé pí dài, lái dào le jīn dǎo. Dì di de dài zi bǐ jiào xiǎo, yí xià jiù zhuāng mǎn le, duì gē ge shuō le yì shēng, jiù huí qù le. Ér dà xiōng dì què ná le yí gè dà dài zi, zhuāng mǎn hòu hěn nán ná dòng, tā màn bù pán shān de tuō zhe dài zi, rì luò le, dǎo chén mò le. Rén bù kě yǐ tài tān xīn, yào shì kě ér zhǐ, bù rán yǒu kě néng huì zào chéng wú fǎ mí bǔ de shāng hài huò shī qù hěn duō zhòng yào de dōng xī.

한 형제가 착해 보여서 천사는 상을 주려고 한다. 천사는 "숲 너머에 금섬이 하나 있고 섬 안에 구멍이 하나 있는데 그 안에 금이 있다. 그런데 해가 지기 전에 떠나야 한다. 아니면 섬이 전부 없어질 것이다"라고 했다. 형제 둘이서 뱀피 주머니를 들고 금도현에 왔다. 동생의 자루는 비교적 작아서 단번에 가득 채워져서 형에게 한마디 말하고 돌아가 버렸다. 그러나 큰 형은 큰 자루를 가지고 가득 채우고는 들기 힘들어서 그는 비틀거리며 자루를 끌고 갔다. 해가 지자 섬이 침몰하였다. 사람은 너무 탐욕스러워서는 안 되며 적당히 그쳐야 한다. 그렇지 않으면 회복할 수 없는 상처를 받거나 중요한 것을 많이 잃게 될 것이다.

4 在中国过去，白色和黑色为凶色，黑白两色都与丧事相关联，或者能让人想起阴间的使者——黑白无常。所以一般举办丧事，都带黑纱，或穿白色的衣服。白色或黑色都容易使人联想到凶祸丧葬等不祥之事，所以尤其在婚庆，生育，过年，过节等喜庆日子里更是忌讳穿着纯白，纯黑的衣服，唯恐不吉利。

中国人不喜欢的另一个颜色当数绿色了，因为在中国绿帽子意指被人带绿色的帽子，隐含的意思就是指一个男人的夫人出轨了，那这个男人就被称为被戴了绿帽子。这是一件很不光彩，很丢人，丢脸面的事情，所以大家都不喜欢这个颜色。

Zài zhōng guó guò qù, bái sè hé hēi sè wéi xiōng sè, hēi bái liǎng sè dōu yǔ sāng shì xiāng guān lián, huò zhě néng ràng rén xiǎng qǐ yīn jiān de shǐ zhě-hēi bái wú cháng. Suǒ yǐ yī bān jǔ bàn sāng shì, dōu dài hēi shā, huò chuān bái sè de yī fú. Bái sè huò hēi sè dōu róng yì shǐ rén lián xiǎng dào xiōng huò sāng zàng děng bù xiáng zhī shì, suǒ yǐ yóu qí zài hūn qìng, shēng yù, guò nián, guò jié děng xǐ qìng rì zi lǐ gèng shì jì huì chuān zhuó chún bái, chún hēi de yī fú, wéi kǒng bù jí lì.

Zhōng guó rén bù xī huān de lìng yí gè yán sè dāng shù lǜ sè le, yīn wèi zài zhōng guó lǜ mào zi yì zhǐ bèi rén dài lǜ sè de mào zi, yǐn hán de yì si jiù shì zhǐ yí gè nán rén de fū rén chū guǐ le, nà zhè ge nán rén jiù bèi chēng wéi bèi dài le lǜ mào zi. Zhè shì yī jiàn hěn bù guāng cǎi, hěn diū rén, diū liǎn miàn de shì qíng, suǒ yǐ dà jiā dōu bù xī huān zhè ge yán sè.

중국의 과거에는 흰색과 검은색이 흉색이었다. 흑백은 모두 장례와 관련되어 있거나 저승사자인 흑백무상(黑白无常)을 떠올리게 했다. 그래서 보통 장례를 치를 때는 모두 검은 천을 가지거나 흰 옷을 입고 있다. 흰색이나 검은색은 흉화상장과 같은 불상사를 생각하기 쉬우니 특히 결혼기념일, 출산, 설날, 명절 등 경사스러운 날에는 전부 흰색이나 전부 검은색 옷을 입는 것을 감안한다. 불길한 일이 있지 않을까 생각한다.

중국인들이 싫어하는 또 다른 색깔은 초록색이다. 중국에선 녹색 모자는 녹색 모자를 쓰게 된다는 뜻이다. 한 남자의 와이프가 바람나면 그 남자는 녹색 모자를 쓴 것으로 불린다. 이것은 매우 불명예스럽고 창피한 일이기 때문에 모두 이 색깔을 좋아하지 않는다.

### 5.你是一个内向的人还是外向的人？

我从小到大，一直是一个内向的人，不太喜欢说话。

首先，我内向在见到陌生人会害羞，也不会主动交朋友，更不会经常参加集体的活动。

其次，我不敢在众人面前讲话，紧张地说不出话来，大家总是鼓励我，但我还是无法做到，所以我是个内向的人。

但是直到大学毕业参加工作后，突然像是变了一个人，我喜欢和人们讲话，开玩笑，表达自己的想法，性格变得非常开朗。大家都说我是一个外向的、爱笑的女孩。没有人是不可以改变的，也没有谁的缺点一直都是缺点。

我很喜欢现在比较外向的自己。所以性格的形成会受到家庭，学校和社会的多方面影响，无论是内向还是外向，都各有优缺点。我们应该正确看待自己，接纳自己，肯定自己，这样才能慢慢挖掘更好的自己，不要害怕别人的眼光，我们要始终相信自己是最棒的。并且，我们不断完善自己。

5.Nǐ shì yí gè nèi xiàng de rén hái shì wài xiàng de rén?

Wǒ cóng xiǎo dào dà, yì zhí shì yí gè nèi xiàng dc rén, bú tài xǐ huān shuō huà.

Shǒu xiān, wǒ nèi xiàng zài jiàn dào mò shēng rén huì hài xiū, yě bú huì zhǔ dòng jiāo péng you, gèng bú huì jīng cháng cān jiā jí tǐ de huó dòng.

Qí cì, wǒ bù gǎn zài zhòng rén miàn qián jiǎng huà, jǐn zhāng de shuō bu chū huà lái, dà jiā zǒng shì gǔ lì wǒ, dàn wǒ hái shì wú fǎ zuò dào, suǒ yǐ wǒ shì gè nèi xiàng de rén.

Dàn shì zhí dào dà xué bì yè cān jiā gōng zuò hòu, tú rán xiàng shì biàn le yí gè rén, wǒ xǐ huān hé rén men jiǎng huà, kāi wán xiào, biǎo dá zì jǐ de xiǎng fǎ, xìng gé biàn dé fēi cháng kāi lǎng. Dà jiā dōu shuō wǒ shì yí gè wài xiàng de, ài xiào de nǚ hái. Méi yǒu rén shì bù kě yǐ gǎi biàn de, yě méi yǒu shéi de quē diǎn yì zhí dōu shì quē diǎn.

Wǒ hěn xǐ huān xiàn zài bǐ jiào wài xiàng de zì jǐ. Suǒ yǐ xìng gé de xíng chéng huì shòu dào jiā tíng, xué xiào hé shè huì de duō fāng miàn yǐng xiǎng, wú lùn shì nèi xiàng hái shì wài xiàng, dōu gè yǒu yōu quē diǎn. Wǒ men yīng gāi zhèng què kàn dài zì jǐ, jiē nà zì jǐ, kěn dìng zì jǐ, zhè yàng cái néng màn man wā jué gèng hǎo de zì jǐ, bú yào hài pà bié rén de yǎn guāng, wǒ men yào shǐ zhōng xiāng xìn zì jǐ shì zuì bàng de. Bìng qiě, wǒ men bú duàn wán shàn zì jǐ.

5. 해석: 내향적인 사람인가? 아니면 외향적인 사람인가?

나는 어릴 때부터 줄곧 내향적인 사람으로서 말을 잘 하지 않았다.

우선, 내향적이라서 낯선 사람을 보면 수줍어하고 친구를 사귀지 못하고 단체 활동에 자주 나서지 않는다.

둘째, 나는 대중 앞에서 말을 하지 못하고 긴장해서 말을 하지 못하여 모두가 늘 나를 격려하지만 나는 할 수 없다. 그래서 나는 내향적인 사람이다.

그런데 대학을 졸업하고 직장에 나온 후 갑자기 사람이 바뀌는 것 같았고 사람들과 이야기하고, 농담하고, 자신의 생각을 표현하는 것을 좋아하고 성격이 아주 명랑해졌다. 모두들 내가 외향적이고 자주 웃는 여자라고 말한다. 바뀌지 않는 사람은 없고 누구의 결점이 줄곧 단점으로 남아 있을 수도 없다.

나는 지금 비교적 외향적인 자신을 좋아한다. 그래서 성격 형성은 가정, 학교, 사회에서 여러모로 영향을 받을 것이다. 내향적이나 외향적이나 모두 장단점이 있다. 자신을 올바르게 보고 받아들이고 자신을 긍정적으로 평가해야 더 나은 나를 발굴할 수 있다. 다른 사람의 시선을 겁내지 말고 항상 내가 제일 잘하는 것을 믿어야 한다. 그리고 우리는 끊임없이 자신의 단점을 보완해야 한다.

6. 在孩子教育上，你觉得爸爸影响大还是妈妈影响大？请结合实际说一下你的想法。

在孩子教育上，我认为爸爸妈妈影响都很大，没有了任何一方，对孩子都有不好的影响。

首先，我以前看过一个新闻，专家说妈妈对孩子的性格影响很大，而爸爸对孩子的智力影响很大。我不是特别同意这个观点，我认为父母对孩子的性格和智力有很大的影响。就我们家来说吧，我的性格受爸爸的影响大，而我姐姐和弟弟的性格受妈妈的影响大。所以，我认为并没有固定的说法比如"妈妈对孩子的性格影响很大，而爸爸对孩子的智力影响很大"这样的。我认为爸爸妈妈对孩子的影响都很大，无论是谁对孩子的性格或者智力的影响，爸爸妈妈双方都是缺一不可。

其次，我认为孩子的发展，除了父母的影响，还有孩子的成长环境，接触的学习环境还有一些社会的因素在里面。所以说，虽然父母是孩子最好的老师，但是，孩子也会受到其他客观因素的影响。就比如说，韩流对中国青少年的影响就很大，但是韩流既不来自爸爸也不来自妈妈。所以不能规定到底爸爸对孩子影响大还是妈妈对孩子影响大。

6. Zài hái zi jiào yù shàng, nǐ jué de bà ba yǐng xiǎng dà hái shì mā ma yǐng xiǎng dà? Qǐng jié hé shí jì shuō yí xià nǐ de xiǎng fǎ.

Zài hái zi jiào yù shàng, wǒ rèn wéi bà ba mā ma yǐng xiǎng dōu hěn dà, méi yǒu le rèn hé yì fāng, duì hái zi dōu yǒu bù hǎo de yǐng xiǎng.

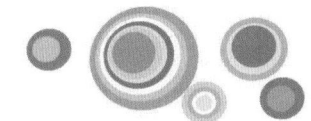

Shǒu xiān, wǒ yǐ qián kàn guò yí gè xīn wén, zhuān jiā shuō mā ma duì hái zi de xìng gé yǐng xiǎng hěn dà, ér bà ba duì hái zi de zhì lì yǐng xiǎng hěn dà. Wǒ bú shì tè bié tóng yì zhè ge guān diǎn, wǒ rèn wéi fù mǔ duì hái zi de xìng gé hé zhì lì yǒu hěn dà de yǐng xiǎng. Jiù wǒ men jiā lái shuō ba, wǒ de xìng gé shòu bà ba de yǐng xiǎng dà, ér wǒ jiě jiě hé dì dì de xìng gé shòu mā ma de yǐng xiǎng dà. Suǒ yǐ, wǒ rèn wéi bìng méi yǒu gù dìng de shuō fǎ bǐ rú "mā ma duì hái zi de xìng gé yǐng xiǎng hěn dà, ér bà ba duì hái zi de zhì lì yǐng xiǎng hěn dà zhè yàng de. Wǒ rèn wéi bà ba mā ma duì hái zi de yǐng xiǎng dōu hěn dà, wú lùn shì shéi duì hái zi de xìng gé huò zhě zhì lì de yǐng xiǎng, bà ba mā ma shuāng fāng dōu shì quē yī bù kě.

Qí cì, wǒ rèn wéi hái zi de fā zhǎn, chú le fù mǔ de yǐng xiǎng, hái yǒu hái zi de chéng zhǎng huán jìng, jiē chù de xué xí huán jìng hái yǒu yì xiē shè huì de yīn sù zài lǐ miàn. Suǒ yǐ shuō, suī rán fù mǔ shì hái zi zuì hǎo de lǎo shī, dàn shì, hái zi yě huì shòu dào qí tā kè guān yīn sù de yǐng xiǎng. Jiù bǐ rú shuō, hán liú duì zhōng guó qīng shào nián de yǐng xiǎng jiù hěn dà, dàn shì hán liú jì bù lái zì bà ba yě bù lái zì mā ma. Suǒ yǐ bù néng guī dìng dào dǐ bà ba duì hái zi yǐng xiǎng dà hái shì mā ma duì hái zi yǐng xiǎng dà.

**6. 해석: 아이들의 교육에서 아빠의 영향이 큰지 엄마의 영향이 큰지 실제 상황과 결합해 생각을 얘기해 주세요.**

아이들 교육에 있어서 나는 아빠와 엄마의 영향이 모두 매우 크다고 생각한다.

먼저, 나는 예전에 한 뉴스를 보았는데 전문가들은 엄마가 아이의 성격에 미치는 영향이 매우 크고 아빠는 아이의 지능에 큰 영향을 미친다고 말했다. 나는 이 관점에 특별히 동의하지 않는다. 우리 집의 경우 나의 성격은 아버지의 영향을 받고 나의 누나와 동생의 성격은 어머니의 영향을 크게 받았다. 그래서 '엄마는 아이의 성격에 큰 영향을 끼치고 아빠는 아이의 지적에 큰 영향을 미친다'는 식으로 정해진 말이 없다고 생각한다. 나는 엄마 아빠가 아이에게 미치는 영향이 모두 매우 크다고 생각한다.

둘째, 나는 아이들의 발전에는 부모의 영향 외에도 아이들의 성장 환경, 겪은 학습 환경, 그리고 사회적인 요소들이 그 안에 포함돼 있다고 생각한다. 그래서 부모는 자식을 가장 잘 가르치는 스승이지만 아이들은 다른 객관적인 요소에도 영향을 받는다고 말한다. 예를 들어 한류가 중국 청소년들에게 미치는 영향은 크지만 한류는 아빠에게서도 엄마에게서도 온 것이 아니다. 그래서 아빠가 아이에게 영향을 미치는지 엄마가 아이에게 영향을 미치는지를 규정할 수 없다.

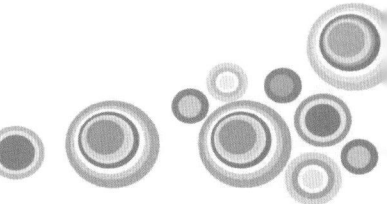

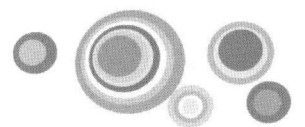

# <HSKK 고급 모의고사 9> 모범 답안

**1** 饥饿的狐狸看见葡萄架上挂着一串串晶莹剔透的葡萄，口水直流，想要摘下来吃，但又摘不到。看了一会儿，无可奈何地走了，他边走边自己安慰自己说："这葡萄没有熟，肯定是酸的。"这就是说，有些人能力小，做不成事，就借口说时机未成熟。

Jī è de hú lí kàn jiàn pú tao jià shàng guà zhe yí chuàn chuàn jīng yíng tì tòu de pú táo, kǒu shuǐ zhí liú, xiǎng yào zhāi xià lái chī, dàn yòu zhāi bú dào. Kàn le yì huǐ er, wú kě nài hé de zǒu le, tā biān zǒu biān zì jǐ ān wèi zì jǐ shuō: "Zhè pú táo méi yǒu shú, kěn dìng shì suān de."Zhè jiù shì shuō, yǒu xiē rén néng lì xiǎo, zuò bù chéng shì, jiù jiè kǒu shuō shí jī wèi chéng shú.

배고픈 여우가 포도덩쿨 위에 주렁주렁 매달린 탐스럽고 투명한 포도를 보았다. 침이 줄줄 흘러 포도를 따서 먹고 싶었으나 아무리 해도 따지지 않았다. 여우는 한참 바라보다가 어쩔 수 없이 털썩 돌아섰다. 그러면서 자기 위로를 하며 "저 포도는 아직 덜 익었으니 분명히 맛이 시겠지"라고 말했다. 이 이야기는 어떤 사람들은 능력이 부족하거나 일을 이루지 못하면, 핑계를 대면서 시기가 아직 무르익지 않았다며 자기 합리화를 한다는 교훈을 담고 있다.

**2** 有个小孩在城墙前捉蚱蜢，一会儿就捉了许多。忽然看见一只蝎子，他以为也是蚱蜢，便伸着两手去捕捉他。蝎子举起他的毒刺，说道："来吧，如果你真敢这样做，就连你捉的蚱蜢也会统统失掉。"这故事告诫人们，要分辨清好人和坏人，区别对待他们。

Yǒu gè xiǎo hái zài chéng qiáng qián zhuō zhà měng, yì huǐ er jiù zhuō le xǔ duō. Hū rán kàn jiàn yì zhī xiē zi, tā yǐ wéi yě shì zhà měng, biàn shēn zháo liǎng shǒu qù bǔ zhuō tā. Xiē zi jǔ qǐ tā de dú cì, shuō dao:"Lái ba, rú guǒ nǐ zhēn gǎn zhè yàng zuò, jiù lián nǐ zhuō de zhà měng yě huì tǒng tǒng shī diào."Zhè gù shì gào jiè rén men, yào fēn biàn qīng hǎo rén hé huài rén, qū bié duì dài tā men.

한 아이가 성벽 앞에서 메뚜기를 잡고 있었다. 잠시 사이에 많은 메뚜기를 잡았다. 그러다 갑자기 전갈 한 마리를 보고 메뚜기인 줄 알고 두 손을 뻗어 잡으려 했다. 그때 전갈이 독침을 치켜세우며 말했다. "와 봐라, 네가 정말 나를 잡으려 하면, 네가 잡은 메뚜기들도 모두 잃게 될 거다." 이 이야기는 사람들에게 좋은 사람과 나쁜 사람을 잘 구분하고, 각각 다르게 대해야 한다는 교훈을 준다.

**3** 两个人结伴到山里去露营。晚上睡觉的时候，一个人问另一个人："你看到了什么呀？"另一个回答道："我看到漫天的星星，深深感到宇宙的浩瀚，造物主的伟大，我们的生命是多么的渺小和短暂。那么你看到了什么？"那个先开口说话的人冷冷地道："我看见有人把我们的帐篷偷走了。"只看到星星不顾眼前的浪漫主义者可能会冻死，而完全埋头于事务而没有想象力的现实主义者，却又枯燥乏味，人生需要的是把理想生活的想象和现实中的冷静处理有效地结合起来。

Liǎng gè rén jié bàn dào shān li qù lù yíng wǎn shàng shuì jiào de shí hòu, yí gè rén wèn lìng yí gè rén: "nǐ kàn dào le shén me ya?" lìng yí gè huí dá dào:"Wǒ kàn dào màn tiān de xīng xing, shēn shēn gǎn dào yǔ zhòu de hào hàn, zào wù zhǔ de wěi dà, wǒ men de shēng mìng shì duō me de miǎo xiǎo hé duǎn zàn nà me nǐ kàn dào le shén me?"Nà gè xiān kāi kǒu shuō huà de rén lěng lěng de dào:" Wǒ kàn jiàn yǒu rén bǎ wǒ men de zhàng péng tōu zǒu le."Zhǐ kàn dào xīng xīng bù gù yǎn qián de làng màn zhǔ yì zhě kě néng huì dòng sǐ, ér wán quán mái tóu yú shì wù ér méi yǒu xiǎng xiàng lì de xiàn shí zhǔ yì zhě, què yòu kū zào fá wèi, rén shēng xū yào de shì bǎ lǐ xiǎng shēng huó de xiǎng xiàng hé xiàn shí zhōng de lěng jìng chǔ lǐ yǒu xiào de jié hé qǐ lái.

두 사람이 함께 산에 가서 캠핑을 하게 되었다. 밤에 잠자리에 들었을 때, 한 사람이 다른 사람에게 물었다."넌 무엇을 보고 있니?"다른 사람이 대답했다."나는 하늘에 떠 있는 무수한 별들을 보고 있어. 우주의 광대함과 조물주의 위대함을 깊이 느끼고, 우리의 생명이 얼마나 미미하고 짧은지 깨달았어. 그런데 넌 무엇을 보고 있니?"먼저 말을 꺼낸 사람이 무심하게 말했다."나는 누군가 우리 텐트를 훔쳐 갔다고 보고 있어."하늘의 별만 보며 눈앞의 상황을 외면하는 낭만주의자는 얼어 죽을 수도 있고, 현실만 보고 상상력이 없는 현실주의자는 삶이 무미건조해질 수 있다.따라서 인생에서는 이상적인 생활에 대한 상상력과 현실에 대한 냉철한 대처를 효과적으로 결합하는 것이 필요하다.

**4** 中国内地有个商人很喜欢狼狗。有一次他慕名去香港一家店买狗。商人选了两条他认为最好的狼狗，然后问价格。店主说一条是德国种的，卖50万元；另一条是本地种的，卖10万元。商人惊讶地问道："它们看起来差不多，为什么价格相差这么远？"店主答道："做个实验，就能看到不同。"

店主让两条狗比赛，看谁先咬住终点位置的一个目标物。开始后，两只狗都像箭一样向前冲，但赛道的中间蹲了一条母狼狗，本地狗放慢了速度，德国狗却头也不回，到达了终点。两者之间的差距在于抵抗诱惑的能力。

Zhōng guó nèi dì yǒu gè shāng rén hěn xǐ huān láng gǒu. Yǒu yí cì tā mù míng qù xiāng gǎng yì jiā diàn mǎi gǒu. Shāng rén xuǎn le liǎng tiáo tā rèn wéi zuì hǎo de láng gǒu, rán hòu wèn jià gé. Diàn zhǔ shuō yì tiáo shì dé guó zhǒng de, mài 50 wàn yuán; lìng yì tiáo shì běn dì zhǒng de, mài 10 wàn yuán. Shāng rén jīng yà de wèn dào:"Tā men kàn qǐ lái chà bù duō, wèi shén me jià gé xiāng chà zhè me yuǎn?" Diàn zhǔ dá dào:"Zuò gè shí yàn, jiù néng kàn dào bù tóng."

Diàn zhǔ ràng liǎng tiáo gǒu bǐ sài, kàn shéi xiān yǎo zhù zhōng diǎn wèi zhì de yí gè mù biāo wù. Kāi shǐ hòu, liǎng zhī gǒu dōu xiàng jiàn yí yàng xiàng qián chōng, dàn sài dào de zhōng jiān dūn le yì tiáo mǔ láng gǒu, běn dì gǒu fàng màn le sù dù, dé guó gǒu què tóu yě bù huí, dào dá le zhōng diǎn. Liǎng zhě zhī jiān de chā jù zài yú dǐ kàng yòu huò de néng lì.

중국 내지에 한 상인이 늑대개를 매우 좋아했다. 어느 날 그는 소문을 듣고 홍콩의 한 가게에 개를 사러 갔다. 상인은 자신이 가장 좋다고 생각한 늑대개 두 마리를 골랐다. 그리고 가격을 물었다. 주인은 한 마리는 독일산으로 50만 위안이라고 하고, 다른 한 마리는 현지산으로 10만 위안이라고 했다. 상인은 두 마리가 비슷해 보이는데 왜 가격이 이렇게 다르냐고 놀라서 물었다. 그러자 주인은 실험을 해 보면 차이를 알 수 있다고 대답했다.

주인은 두 마리 개에게 누가 먼저 결승점에 있는 목표물을 무는지 시합을 하게 했다. 시작 신호와 함께 두 마리 개 모두 화살처럼 앞으로 달려 갔다. 하지만 트랙 중간에 암컷 늑대개 한 마리가 웅크리고 있었다. 현지 개는 속도를

늦추었지만, 독일산 개는 뒤도 돌아보지 않고 결승점에 도달하였다. 두 마리 개의 차이는 유혹을 이겨내는 능력에 있었다.

### 5. 在你心中最成功的人是谁？

在我心中，我认为最成功的人是脚踏实地完成自己梦想的人。

首先，俗话说："三百六十行，行行出状元。"我认为只要干一行爱一行，脚踏实地地工作，每天进步一点点，哪怕是平凡人，只要幸福，只要比昨天进步了，一步接着一步走向自己的梦想，就算最后无法实现，但是追逐梦想的道路就是最美的回忆，只要努力过的人，就都是成功的人。

其次，我以前觉得有钱的人才是成功的，比如中国的富豪马化腾，美国的富豪巴菲特等。但是随着心智的成熟，我的想法也发生了变化，我认识到，有钱的人并不都是幸福的，还有很多有钱的人并不值得人们尊敬，还有一些有钱的人，他们有钱仅仅是因为父母有钱。而且，钱越多，束缚越大。现在我心中成功的人有很多，而且很多都是我们周围的平凡人。最后我希望，每个努力的追梦人都可以被善良对待。

5.Zài nǐ xīn zhōng zuì chéng gōng de rén shì shéi?

Zài wǒ xīn zhōng, wǒ rèn wéi zu chéng gōng de rén shì jiǎo tà shí dì wán chéng zì jǐ mèng xiǎng de rén.

Shǒu xiān, sú huà shuō:"sān bǎi liù shí háng, háng háng chū zhuàng yuán." Wǒ rèn wéi zhǐ yào gàn yì háng ài yì háng, jiǎo tà shí dì de gōng zuò, měi tiān jìn bù yì diǎn diǎn, nǎ pà shì píng fán rén, zhǐ yào xìng fú, zhǐ yào bǐ zuó tiān jìn bù le, yí bù jiē zhe yí bù zǒu xiàng zì jǐ de mèng xiǎng, jiù suàn zuì hòu wú fǎ shí xiàn, dàn shì zhuī zhú mèng xiǎng de dào lù jiù shì zuì měi de huí yì, zhǐ yào nǔ lì guò de rén, jiù dōu shì chéng gōng de rén.

Qí cì, wǒ yǐ qián jué de yǒu qián de rén cái shì chéng gōng de, bǐ rú zhōng guó de fù háo mǎ huà téng, měi guó de fù háo bā fēi tè děng. Dàn shì suí zhe xīn zhì de chéng shú, wǒ de xiǎng fǎ yě fā shēng le biàn huà, wǒ rèn shì dào, yǒu qián de rén bìng bù dōu shì xìng fú de, hái yǒu hěn duō yǒu qián de rén bìng bù zhí dé rén men zūn jìng, hái yǒu yì xiē yǒu qián de rén, tā men yǒu qián jǐn jǐn shì yīn wèi fù mǔ yǒu qián. Ér qiě, qián yuè duō, shù fù yuè dà. Xiàn zài wǒ xīn zhōng chéng gōng de rén yǒu hěn duō, ér qiě hěn duō dōu shì wǒ men zhōu wéi de píng fán rén. Zuì hòu wǒ xī wàng, měi gè nǔ lì de zhuī mèng rén dōu kě yǐ bèi shàn liáng duì dài.

### 5. 해석: 마음속에서 성공한 사람이 누구인가?

내 마음 속에서 가장 성공한 사람은 자신의 꿈을 한 걸음 한 걸음 착실하게 이뤄가는 사람이라고 생각한다.

우선 '삼백육십 행, 항항출장원'이라는 속담이 있듯이, 나는 어느 직업이든 그것을 사랑하고, 묵묵히 일하며, 하루하루 조금씩 더 성장하면, 평범한 사람이라도 행복할 수 있고, 어제보다 더 나아가는 오늘을 살아간다면, 꿈을 이루지 못해도 그 꿈을 향해 나아간 모든 과정은 가장 아름다운 추억이 된다고 믿는다. 열심히 노력한 사람이라면 누구나 다 성공한 사람이다.

또한 예전에는 부유한 사람이 성공한 사람이라는 생각이 있었다. 예를 들어 중국의 부호 마화텅이나 미국의 부

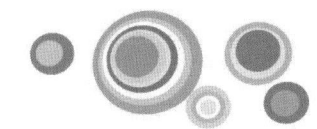

호 워런 버핏 같은 사람들이 그런 예였다. 하지만 나이가 들어가면서 생각이 바뀌었다. 돈이 많다고 모두가 행복한 것은 아니며, 사회적으로 존경받지 못하는 부자도 많고, 부모님 덕에 부자가 된 사람도 많기 때문이다. 게다가 돈이 많을수록 오히려 더 많은 제약을 받기도 한다. 그래서 이제는 내 주변의 평범한 사람들, 성실하게 삶을 살아가는 사람들 역시 아주 성공적인 인생을 살고 있다고 생각한다.

마지막으로, 나는 모든 꿈을 좇으며 노력하는 사람들이 모두 따뜻하게 대우받기를 바란다.

### 6.如果要维持家庭幸福，你觉得什么是最重要的？请谈一下你的想法。

我觉得维护家庭幸福最重要的是相互理解。首先，我认为"家家有本难念的经"，一家人生活在一起几十年，无论是家庭外部还是内部，都需要大家共同努力来维持家庭团结。不可能一直风平浪静，需要大家相互理解对方的难处，欣赏对方的优点，遇事冷静多为对方着想，同甘共苦。

其次，现实问题上，无论是在赡养老人，教育孩子方面还是在夫妻感情维持方面，我认为最重要的还是相互理解和体谅。家是讲爱的地方，不是讲理的地方，用爱去理解和包容家人，家庭就会一直幸福下去！

最后，我认为互相理解互相帮助是维持一个家庭最基本的条件，只要做到互相理解才能共同为这个家庭付出，不去计较各自的得失，这样一来，家庭才能幸福美满。

6.Rú guǒ yào wéi chí jiā tíng xìng fú, nǐ jué de shén me shì zuì zhòng yào de? Qǐng tán yí xià nǐ de xiǎng fǎ.

Wǒ jué de wéi hù jiā tíng xìng fú zuì zhòng yào de shì xiāng hù lǐ jiě. Shǒu xiān, wǒ rèn wéi "jiā jiā yǒu běn nán niàn de jīng", yì jiā rén shēng huó zài yì qǐ jǐ shí nián, wú lùn shì jiā tíng wài bù hái shì nèi bù, dōu xū yào dà jiā gòng tóng nǔ lì lái wéi chí jiā tíng tuán jié. Bù kě néng yì zhí fēng píng làng jìng, xū yào dà jiā xiāng hù lǐ jiě duì fāng de nán chu, xīn shǎng duì fāng de yōu diǎn, yù shì lěng jìng duō wèi duì fāng zhuó xiǎng, tóng gān gòng kǔ.

Qí cì, xiàn shí wèn tí shàng, wú lùn shì zài shàn yǎng lǎo rén, jiào yù hái zi fāng miàn hái shì zài fū qī gǎn qíng wéi chí fāng miàn, wǒ rèn wéi zuì zhòng yào de hái shì xiāng hù lǐ jiě hé tǐ liàng. Jiā shì jiǎng ài de dì fāng, bú shì jiǎng lǐ de dì fāng, yòng ài qù lǐ jiě hé bāo róng jiā rén, jiā tíng jiù huì yì zhí xìng fú xià qù!

Zuì hòu, wǒ rèn wéi hù xiāng lǐ jiě hù xiāng bāng zhù shì wéi chí yí gè jiā tíng zuì jī běn de tiáo jiàn, zhǐ yào zuò dào hù xiāng lǐ jiě cái néng gòng tóng wèi zhè ge jiā tíng fù chū, bú qù jì jiào gè zì de dé shī, zhè yàng yì lái, jiā tíng cái néng xìng fú měi mǎn.

### 6. 해석: 가정의 행복을 지키려면 뭐가 제일 중요하다고 생각하는가? 생각을 얘기해 보세요.

나는 가정의 행복을 지키는 데 가장 중요한 것은 서로를 이해하는 것이라고 생각한다. 먼저 '집집마다 다 말 못할 사정이 있다'는 말처럼, 한 가족이 수십 년을 함께 살아가다 보면 집안일이든 대외적인 일이든 모두가 함께 힘을 합쳐야 가족이 화목해질 수 있다. 항상 평탄하기만 할 순 없으니, 가족끼리 서로의 어려움을 헤아리고, 장점을 칭찬해주며, 문제가 생기면 냉정하게 서로를 먼저 생각하고 좋을 때든 힘들 때든 함께 해야 한다고 본다.

그리고 현실적인 문제에서도 부모님을 모시는 일, 자녀를 교육하는 일, 부부 사이의 정을 이어가는 것 모두 결국엔 서로에 대한 이해와 배려가 우선되어야 한다. 가정은 사랑을 나누는 곳이지 이치를 따지는 곳이 아니라, 서로 사랑으로 이해하고 품어줄 때 가족의 행복이 오래 지속된다고 생각한다.

마지막으로, 서로 이해하고 돕는 것이야말로 가족을 유지하는 가장 기본적인 조건이다. 서로를 이해한다면 각자 얻고 잃는 것을 따지지 않고 가족을 위해 함께 노력할 수 있으며, 그런 마음이 있어야 가정이 더할 나위 없이 행복해질 수 있다.

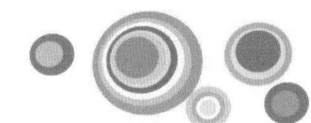

## <HSKK 고급 모의고사 10> 모범 답안

**1** 一只公鸡在田野里为自己和母鸡们寻找食物。他发现了一块宝玉，便对宝玉说："若不是我，而是你的主人找到了你，他会非常珍惜地把你捡起来；但我发现了你却毫无用处。我与其得到世界上一切宝玉，倒不如得到一颗麦子好。"这是说自己需要的东西才是真正珍贵的。

Yì zhī gōng jī zài tián yě lǐ wèi zì jǐ hé mǔ jī men xún zhǎo shí wù. Tā fā xiàn le yí kuài bǎo yù, biàn duì bǎo yù shuō:"Ruò bú shì wǒ, ér shì nǐ de zhǔ rén zhǎo dào le nǐ, tā huì fēi cháng zhēn xī de bǎ nǐ jiǎn qǐ lái; dàn wǒ fā xiàn le nǐ què háo wú yòng chù. Wǒ yǔ qí dé dào shì jiè shàng yí qiè bǎo yù, dào bù rú dé dào yí kē mài zi hǎo."Zhè shì shuō zì jǐ xū yào de dōng xī cái shì zhēn zhèng zhēn guì de.

수탉 한 마리가 들판에서 자신과 암탉들을 위해 먹이를 찾고 있다. 보옥 하나를 발견한 그는 보옥에게 "내가 아니라 너의 주인이 너를 찾아왔으면 아주 소중히 널 주웠을 텐데 내가 널 발견해 봐야 소용없다. 나는 세계의 모든 보옥을 얻는 것보다 밀 한 알을 얻어서 좋은 옥을 얻는 것이 낫다." 라고 했다. 이것은 자신이 필요로 하는 물건이야말로 진정으로 진귀한 것이라고 말하는 것이다.

**2** 一天，颜色界爆发了一场"口水战"，绿色首先说："我是颜色中最重要的，我代表了希望，有了我花草树木才能充分展现美。"红色打断道："你别吹大话，我才是统治者。我代表积极、健康，也代表权威。"蓝色大笑着说："我代表着大海的颜色，水是生命的起源，没有我，你们都会死…"正在各种颜色争相称赞自己时，天空响起了雷声，雷声大怒道："愚蠢的人们，真正的伟大是团结，你们各有所长，只能携手共进才是完美！"众色恍然大悟，陷入沉思…每个人在社会中扮演着不同角色，谁也不比谁伟大，缺任何一个环节，都不会成为真正的完美。只有团结互助，才能充分体现自己的重要性。

Yì tiān, yán sè jiè bào fā le yì chǎng "kǒu shuǐ zhàn", lǜ sè shǒu xiān shuō:"Wǒ shì yán sè zhōng zuì zhòng yào de, wǒ dài biǎo le xī wàng, yǒu le wǒ huā cǎo shù mù cái néng chōng fèn zhǎn xiàn měi." Hóng sè dǎ duàn dào:"Nǐ bié chuī dà huà, wǒ cái shì tǒng zhì zhě.Wǒ dài biǎo jī jí, jiàn kāng, yě dài biǎo quán wēi ."Lán sè dà xiào zhe shuō:" Wǒ dài biǎo zhuó dà hǎi de yán sè, shuǐ shì shēng mìng de qǐ yuán, méi yǒu wǒ, nǐ men dōu huì sǐ... "Zhèng zài gè zhǒng yán sè zhēng xiāng chèn zàn zì jǐ shí, tiān kòng xiǎng qǐ le léi shēng, léi shēng dà nù dào:"Yú chǔn de rén men, zhēn zhèng de wěi dà shì tuán jié, nǐ men gè yǒu suǒ cháng, zhǐ néng xié shǒu gòng jìn cái shì wán měi!" Zhòng sè huǎng rán dà wù, xiàn rù chén sī měi gè rén zài shè huì zhōng bàn yǎn zhe bù tóng jué sè, shéi yě bù bǐ shéi wěi dà, quē rèn hé yí gè huán jié, dōu bú huì chéng wéi zhēn zhèng de wán měi. Zhǐ yǒu tuán jié hù zhù, cái néng chōng fèn tǐ xiàn zì jǐ de zhòng yào xìng.

어느 날 색계에서 '입씨름 전쟁'이 일어났다. 녹색은 먼저 "내가 컬러 중 가장 중요한 것"이라며 "희망을 대표하고, 화초나무는 내가 있어야 충분히 아름다움을 표현할 수 있다"고 말했다. 붉은색이 말을 막으며 "너 큰소리 치지 마, 나야말로 통치자잖아. 나는 적극적이고 건강함을 뜻하고 권위를 대표한다."라고 했다. 파란색은 "내가 바다색을 대표하고, 물이 생명의 기원여서 내가 없으면 너희는 죽는다."라며 말했다. 온갖 색깔들끼리 다투며 자신을 칭찬하고 있을 때 천둥과 천둥소리는 "멍청한 사람들아, 진정으로 위대함은 단결이고 모두들 장점이 있어야 같이 진보하고 완벽해지는 것이다"라고 했다. 모든 것을 문득 깨닫고 깊이 생각하게 된다. 사람마다 사회에서 하는 역할이 다르고 누가 다른 사람보다 위대하지 않다. 어느 부분이 없어도 진정으로 완벽한 것이 아니다. 단결하고 공조해야만 자신의 중요성을 충분히 구현할 수 있다.

**3** 狼误吞下了一块骨头，十分难受，四处奔走，寻访医生。他遇见了鹭鸶，谈定酬金请他取出骨头，鹭鸶把自己的头伸进狼的喉咙里，叼出了骨头，便向狼要定好的酬金。狼回答说："喂，朋友，你能从狼嘴里平安无事地收回头来，难道还不满足，怎么还要讲报酬？"。对坏人行善的报酬，就是认识坏人不讲信用的本质。

Láng wù tūn xià le yí kuài gǔ tou, shí fēn nán shòu, sì chù bēn zǒu, xún fǎng yī shēng. Tā yù jiàn le lù sī, tán dìng chóu jīn qǐng tā qǔ chū gǔ tou, lù sī bǎ zì jǐ de tóu shēn jìn láng de hóu lóng lǐ, diāo chū le gǔ tou, biàn xiàng láng yào dìng hǎo de chóu jīn.Láng huí dá shuō:"Wèi, péng you, nǐ néng cóng láng zuǐ lǐ píng ān wú shì de shōu huí tóu lái, nán dào huán bù mǎn zú, zěn me hái yào jiǎng bào chóu?" Duì huài rén xíng shàn de bào chóu, jiù shì rèn shì huài rén bù jiǎng xìn yòng de běn zhí.

늑대는 뼈다귀 하나를 잘못 집어삼켰고 몹시 괴로워하며 사방으로 뛰어다니며 의사에게 물었다. 그는 노새를 만나 보수를 줄 테니 뼈를 꺼내 달라고 말했다. 노루는 자신의 머리를 늑대의 목구멍에 집어넣어 뼈를 물어내고 늑대에게 정해진 보수를 요구했다. 그러자 늑대는 "야, 친구야. 늑대 입에서 무사히 머리를 지켰는데 만족스럽지 않아? 보수은 무슨?"라고 했다. 나쁜 사람의 선행에 대한 보수는 나쁜 사람이 신용을 지키지 않는 본질을 인식하는 것이다.

**4** 在父母心中如果有10个愿望，往往8个左右是孩子，只要是人有的，父母都希望自己的孩子也能拥有。根据调查结果，中美日韩四国中，父母对孩子期望最高的国家是美国，最低的国家是中国。四个国家的数据都显示母亲的期望要高于父亲的期望。

很多父母对孩子都有相同的期望，希望自己的孩子有出息。但是往往父母会将自己年轻时没能实现的梦想强加于孩子身上，导致孩子失去自己的目标。对孩子期望太高，会给孩子造成一种无形的压力，令他们感到不安。让孩子对学习有兴趣非常重要，在给予压力的同时要适当的正确的引导孩子，让他们知道，没有知识，就不可能得到他们所要的一切。

Zài fù mǔ xīn zhōng rú guǒ yǒu 10 gè yuàn wàng, wǎng wǎng 8 gè zuǒ yòu shì hái zi, zhǐ yào shì rén yǒu de, fù mǔ dōu xī wàng zì jǐ de hái zi yě néng yōng yǒu. Gēn jù diào chá jié guǒ, zhōng měi rì hán sì guó zhōng, fù mǔ duì hái zi qī wàng zuì gāo de guó jiā shì měi guó, zuì dī de guó jiā shì zhōng guó. Sì gè guó jiā de shù jù dōu xiǎn shì mǔ qīn de qī wàng yào gāo yú fù qīn de qī wàng.

Hěn duō fù mǔ duì hái zi dōu yǒu xiāng tóng de qī wàng, xī wàng zì jǐ de hái zi yǒu chū xī. Dàn shì wǎng wǎng fù mǔ huì jiāng zì jǐ nián qīng shí méi néng shí xiàn de mèng xiǎng qiáng jiā yú hái zi shēn shang, dǎo zhì hái zi shī qù zì jǐ de mù biāo. Duì hái zi qī wàng tài gāo, huì gěi hái zi zào chéng yì zhǒng wú xíng de yā lì, lìng tā men gǎn dào bù ān. Ràng hái zi duì xué xí yǒu xìng qù fēi cháng zhòng yào, zài jǐ yǔ yā lì de tóng shí yào shì dàng de zhèng què de yǐn dǎo hái zi, ràng tā men zhī dào, méi yǒu zhī shì, jiù bù kě néng dé dào tā men suǒ yào de yī qiè.

부모의 마음속에 10가지 소원이 있다면 8개 정도는 아이와 관련된 것이다. 누구나 갖고 있는 것이면 부모는 모두 자기 아이도 갖게 하고 싶어 한다. 조사 결과에 따르면 미중일한 국가 중에서 부모들이 자녀에 대해 가장 높은 기대를 하는 나라는 미국이고 가장 낮은 나라는 중국이라고 밝혀졌다. 네 나라의 수치는 모두 어머니의 기대치가 아버지보다 높다는 것을 나타낸다.

많은 부모들은 아이들에게 모두 동일한 기대를 가지고 있는데 바로 자신의 아이의 장래가 밝기를 바란다는 것이다. 그러나 부모는 항상 자기가 젊었을 때 이루지 못했던 자신의 꿈을 아이들에게 강요해 아이들의 목표를 잃어버리게 한다. 아이에게 기대가 너무 크면 아이에게 보이지 않는 압력을 조성하여 그들을 불안하게 할 것이다. 아이가 공부에 흥미를 가지게 하는 것은 매우 중요하며 스트레스를 주는 동시에 정확하게 아이를 인도해야 한다. 지식이 없으면 그들이 원하는 모든 것을 얻을 수 없다는 것을 그들에게 알려야 한다.

**5. 请介绍一下你学生时代印象最深刻的朋友。**

我学生时代印象最深刻的朋友是我一个高中同学，她叫王琳琳，是我很好的朋友。

第一，我们俩住一个宿舍，还是同班同学。所以我们经常一起吃饭，一起学习。而且她性格很活泼外向，也很直率，所以我很喜欢和她一起玩儿。有什么困难，她都会帮助我，我也很乐于倾听她的伤心事儿。有时候我们也吵架，但是过一段时间就好了。毕竟学生时代的友情就是那么纯粹，真心地付出交朋友。

第二，她妈妈每周末都会来接她回家，有时候我妈妈比较忙没人来接我的时候，她妈妈都会把我一起带回家，在她家吃过晚饭之后她妈妈还会送我回家。我现在还记着她妈妈做的饭，非常好吃。

现在我们都大学毕业了，也都结婚了，上大学之后我们去了不同的城市，有了自己的新朋友，所以很久没有联系了，有时候会很想念她，这个假期就打算找她去。

**5. Qǐng jiè shào yí xià nǐ xué shēng shí dài yìn xiàng zuì shēn kè de péng you.**

Wǒ xué shēng shí dài yìn xiàng zuì shēn kè de péng you shì wǒ yí gè gāo zhōng tóng xué, tā jiào wáng lín lín, shì wǒ hěn hǎo de péng you.

Dì yī, wǒ men liǎ zhù yí gè sù shè, hái shì tóng bān tóng xué. Suǒ yǐ wǒ men jīng cháng yì qǐ chī fàn, yì qǐ xué xí. Ér qiě tā xìng gé hěn huó pō wài xiàng, yě hěn zhí shuài, suǒ yǐ wǒ hěn xǐ huān hé tā yì qǐ wán er. Yǒu shén me kùn nán, tā dōu huì bāng zhù wǒ, wǒ yě hěn lè yú qīng tīng tā de shāng xīn shì er. Yǒu shí hòu wǒ men yě chǎo jià, dàn shì guò yí duàn shí jiān jiù hǎo le. Bì jìng xué shēng shí dài de yǒu qíng jiù shì nà me chún cuì, zhēn xīn de fù chū jiāo péng you.

Dì èr, tā mā ma měi zhōu mò dōu huì lái jiē tā huí jiā, yǒu shí hòu wǒ mā ma bǐ jiào máng méi rén lái jiē wǒ de shí hòu, tā mā ma dōu huì bǎ wǒ yī qǐ dài huí jiā, zài tā jiā chī guò wǎn fàn zhī hòu tā mā ma hái huì sòng wǒ huí jiā. Wǒ xiàn zài hái jì zhe tā mā ma zuò de fàn, fēi cháng hào chī.

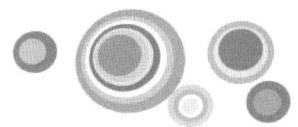

Xiàn zài wǒ men dū dà xué bì yè le, yě dū jié hūn le, shàng dà xué zhī hòu wǒ men qù liǎo bù tóng de chéng shì, yǒu le zì jǐ de xīn péng you, suǒ yǐ hěn jiǔ méi yǒu lián xì le, yǒu shí hòu huì hěn xiǎng niàn tā, zhè ge jià qī jiù dǎ suàn zhǎo tā qù.

**5. 해석: 학생 시절에 가장 인상 깊은 친구를 소개해 주세요.**

나의 학창 시절 가장 인상 깊은 친구는 나의 고등학교 동창이었고 그녀는 왕린린이라고 불렸는데 나의 좋은 친구였다.

첫째, 우리 둘은 같은 기숙사에 살고 같은 반 친구이다. 그래서 우리는 항상 같이 밥을 먹고 함께 공부한다. 게다가 성격도 활발하고 외향적이며 솔직하기 때문에 나는 그녀와 함께 놀기를 매우 좋아한다. 어떤 어려움이 생기면 그녀는 나를 도와줄 것이고 나도 그녀의 슬픈 일을 기꺼이 경청할 것이다. 때로는 우리도 싸우지만 시간이 좀 지나면 괜찮아질 것이다. 학창 시절의 우정은 순수하고 진심 어린 친구를 만드는 시기였다.

둘째, 그녀의 엄마는 주말마다 그녀를 데리러 왔다. 어떤 때는 어머니가 바빠서 나를 데리러 오지 않을 때 그녀의 엄마가 나를 데리고 같이 집에 갔다. 저녁을 먹은 후에 그녀의 엄마가 나를 집에 데려다 줬다. 나는 아직도 그녀의 엄마가 만든 밥을 기억하고 있다. 매우 맛있다.

이제 우리는 모두 대학을 졸업하고 결혼도 했다. 대학에 들어간 후 우리는 서로 다른 도시에 가서 새로운 친구를 사귀었기 때문에 오랫동안 연락하지 않았다. 때때로 그녀를 매우 그리워할 때가 있다. 이번 방학에는 그녀를 찾아갈 생각이다.

**6.在发达国家高龄化是一个普遍的现象，我们应该如何应对高龄化？谈一下你的看法。**

高龄化是现代社会发展的一个趋势，我们应该严肃对待高龄化问题。

首先，国家需要建立健全老年法律法规，完善社会养老服务体系。培育各种为老年人服务的社会组织，发挥社区养老的优势；政府还应该鼓励企业多投资老龄事业，减少国家公共投资；政府应引导发展老龄产业，满足老年人多方面的需求。

其次，发展老年医学是解决老龄化带来医疗费用增加问题的重要途径。因为越早发现疾病，就越容易治疗。如果错过了及时诊治老龄病的机会而造成了老龄病的增加与恶化，就会进一步增加社会负担，加大人口老龄化对社会经济的影响。

第三，实行弹性退休制度，合理利用老年人才。对一些技术含量较高的行业和产业，适当放宽退休年龄。国家也可以通过技能开发和培训学习使一部分力所能及的老人，例如教师、医生、律师、科技人员等重返职场，或者投入社区，加入到为老年人服务的行列，缓解我国社会保障所面临的人口老龄化的压力。

**6.Zài fā dá guó jiā gāo líng huà shì yí gè pǔ biàn de xiàn xiàng, wǒ men yīng gāi rú hé yìng duì gāo líng huà? Tán yí xià nǐ de kàn fǎ.**

Gāo líng huà shì xiàn dài shè huì fā zhǎn de yí gè qū shì, wǒ men yīng gāi yán sù duì dài gāo líng huà wèn tí.

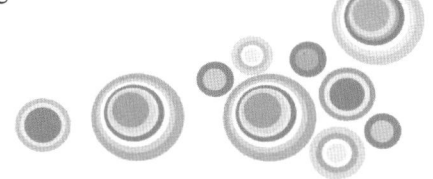

Shǒu xiān, guó jiā xū yào jiàn lì jiàn quán lǎo nián fǎ lǜ fǎ guī, wán shàn shè huì yǎng lǎo fú wù tǐ xì péi yù gè zhǒng wèi lǎo nián rén fú wù de shè huì zǔ zhī, fā huī shè qū yǎng lǎo de yōu shì; zhèng fǔ hái yīng gāi gǔ lì qǐ yè duō tóu zī lǎo líng shì yè, jiǎn shǎo guó jiā gōng gòng tóu zī; zhèng fǔ yīng yǐn dǎo fā zhǎn lǎo líng chǎn yè, mǎn zú lǎo nián rén duō fāng miàn de xū qiú.

Qí cì, fā zhǎn lǎo nián yī xué shì jiě jué lǎo líng huà dài lái yī liáo fèi yòng zēng jiā wèn tí de zhòng yào tú jìng. Yīn wèi yuè zǎo fā xiàn jí bìng, jiù yuè róng yì zhì liáo. Rú guǒ cuò guò le jí shí zhěn zhì lǎo líng bìng de jī huì ér zào chéng le lǎo líng bìng de zēng jiā yǔ è huà, jiù huì jìn yí bù zēng jiā shè huì fù dān, jiā dà rén kǒu lǎo líng huà duì shè huì jīng jì de yǐng xiǎng.

Dì sān, shí xíng tán xìng tuì xiū zhì dù, hé lǐ lì yòng lǎo nián rén cái. Duì yì xiē jì shù hán liàng jiào gāo de háng yè hé chǎn yè, shì dàng fàng kuān tuì xiū nián líng. Guó jiā yě kě yǐ tōng guò jì néng kāi fā hé péi xùn xué xí shǐ yí bù fèn lì suǒ néng jí de lǎo rén, lì rú jiào shī, yī shēng, lǜ shī, kē jì rén yuán děng chóng fǎn zhí chǎng, huò zhě tóu rù shè qū, jiā rù dào wèi lǎo nián rén fú wù de háng liè, huǎn jiě wǒ guó shè huì bǎo zhàng suǒ miàn lín de rén kǒu lǎo líng huà de yā lì.

**6. 해석: 선진국에서 고령화는 매우 일반적인 현상인데 우리는 고령화를 어떻게 대비해야 하는가? 당신의 생각을 얘기해 보세요.**

고령화는 현대 사회 발전의 한 흐름이고 우리는 반드시 고령화 문제를 심각하게 생각해야 한다.

우선 국가는 노인 관련 법률 법규를 건전하게 세우고 사회의 노후 서비스 체계를 완비해야 한다. 노인을 위한 각종 사회 조직을 육성하고 각 지역마다 노인을 돌보는 장점을 발휘해야 한다. 정부는 민영 기업이 고령사업에 더 많이 투자하도록 장려하고 국가 투자를 줄여야 한다. 정부는 고령산업을 선도하여 노인들의 다양한 수요를 만족시켜야 한다.

둘째, 노인 의학의 발전은 고령화로 인한 의료비 증가 문제를 해결하는 중요한 방법이다. 조기에 발견할수록 더 쉽게 치료할 수 있기 때문이다. 노인병을 제때 진료할 기회를 놓쳐 노인병의 증가와 악화를 초래한다면 사회 부담이 증가하고 인구 고령화가 사회 경제에 미치는 영향은 더욱 커질 것이다.

셋째, 유연 퇴직 제도를 실시하여 노인의 재능을 합리적으로 이용해야 한다. 기술 비중이 비교적 높은 업종과 산업에 대해서는 정년퇴직을 적당히 완화해야 한다. 국가가 기술 개발과 교육을 통해 할 수 있는 한 노인들을, 예를 들어서 교사, 의사, 변호사, 과학기술인 등을 직업에 복귀시키거나 지역사회에 투입하고 노인 서비스 대열에 합류시켜야 한다. 그렇게 해야 우리나라의 사회보장에 따른 인구 고령화로 인한 부담을 완화시킬 수 있다.

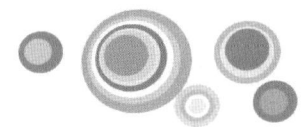

# <HSKK 고급 모의고사 11> 모범 답안

1 有一次，一座大山发生了大震动，震动发出的声音就像大声地呻吟和喧闹。许多人云集，在山下观看，不知发生了什么事。当他们焦急地聚集在那里，担心看到什么不祥之兆时，仅看见从山里跑出一只老鼠。这是说庸人多自忧。

Yǒu yí cì, yí zuò dà shān fā shēng le dà zhèn dòng, zhèn dòng fā chū de shēng yīn jiù xiàng dà shēng de shēn yín hé xuān nào. Xǔ duō rén yún jí, zài shān xià guān kàn, bù zhī fā shēng le shén me shì. Dāng tā men jiāo jí de jù jí zài nà lǐ, dān xīn kàn dào shén me bù xiáng zhī zhào shí, jǐn kàn jiàn cóng shān li pǎo chū yì zhī lǎo shǔ. Zhè shì shuō yōng rén duō zì yōu.

한 번은 큰 산에서 큰 진동이 발생했다. 진동이 나는 소리가 마치 큰 신음 소리와 시끄러운 소리 같다. 많은 사람들이 운집하여 산 아래에서 구경했는데 무슨 일이 일어났는지 몰랐다. 그들이 초조하게 그곳에 모여서 무슨 불길한 징조가 보일까 걱정했지만 산에서 도망쳐 나온 쥐 한 마리만이 보였다. 이것은 심심한 사람이 걱정을 많이 한다는 말이다.

2 力量弱小的善，被恶赶走到了天上。善于是问宙斯，怎样才能回到人间去。宙斯告诉他，大家不要一起去，一个一个地去访问人间吧。恶与人很相近，所以接连不断地去找他们。善因为从天上下来，所以就来得很慢很慢。这就是说，人很不容易遇到善，却每日为恶所伤害。

Lì liàng ruò xiǎo de shàn, bèi è gǎn zǒu dào le tiān shàng. Shàn yú shì wèn zhòu sī, zěn yàng cái néng huí dào rén jiān qù. Zhòu sī gào sù tā, dà jiā bú yào yì qǐ qù, yí gè yí gè de qù fǎng wèn rén jiān ba. È yǔ rén hěn xiāng jìn, suǒ yǐ jiē lián bú duàn de qù zhǎo tā men. Shàn yīn wèi cóng tiān shàng xià lái, suǒ yǐ jiù lái dé hěn màn hěn màn. Zhè jiù shì shuō, rén hěn bù róng yì yù dào shàn, què měi rì wéi è suǒ shāng hài.

힘이 약하고 작은 선이 악에 의해 하늘로 끌려갔다. 선은 제우스에게 물어봐서 어떻게 하면 인간 세상에 돌아갈 수 있냐고 했다. 제우스가 그에게 말한다. 여러분은 함께 가지 말고 하나하나 인간 세상을 방문하라고 했다. 악은 사람과 매우 가까워서 계속해서 그들을 찾아가야 한다. 선은 하늘에서 내려오기 때문에 느리게 온다. 이것은 사람은 좋은 일을 만나기는 쉽지 않지만 매일 나쁜 일에 상처를 받는다는 말이다.

3 一条老猎狗年轻力壮时从未向森林中任何野兽屈服过，年老后，在一次狩猎中，遇到一头野猪，他勇敢地扑上去咬住野猪的耳朵。由于他的牙齿老化无力，不能牢牢地咬住，野猪逃跑了。主人跑过来后大失所望，痛骂他一顿。年老的猎狗抬起头来说："主人啊！这不能怪我不行。我的勇敢精神和年轻时是一样的，但我不能抗拒自然规律。从前我的行为受到了你的称赞，现在也不应受到你的责备。"这是说，生老病死是不可抗拒的规律。

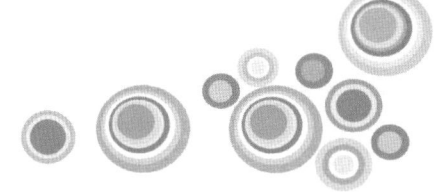

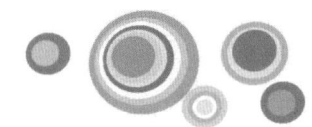

Yì tiáo lǎo liè gǒu nián qīng lì zhuàng shí cóng wèi xiàng sēn lín zhōng rèn hé yě shòu qū fú guò, nián lǎo hòu, zài yí cì shòu liè zhōng, yù dào yì tóu yě zhū, tā yǒng gǎn de pū shàng qù yǎo zhù yě zhū de ěr duǒ. Yóu yú tā de yá chǐ lǎo huà wú lì, bù néng láo láo de yǎo zhù, yě zhū táo pǎo le. Zhǔ rén pǎo guò lái hòu dà shī suǒ wàng, tòng mà tā yí dùn. Nián lǎo de liè gǒu tái qǐ tóu lái shuō:" Zhǔ rén a! Zhè bù néng guài wǒ bù xíng. Wǒ de yǒng gǎn jīng shén hé nián qīng shí shì yí yàng de, dàn wǒ bù néng kàng jù zì rán guī lǜ. Cóng qián wǒ de xíng wéi shòu dào le nǐ de chēng zàn, xiàn zài yě bù yīng shòu dào nǐ de zé bèi." Zhè shì shuō, shēng lǎo bìng sǐ shì bù kě kàng jù de guī lǜ.

늙은 사냥개 한 마리가 젊고 힘이 있을 때는 숲속의 어떤 짐승도 굴복한 적이 없다. 나이가 든 후 한 번 사냥을 하다가 멧돼지 한 마리를 만나 용감하게 달려들어 멧돼지의 귀를 물어뜯었다. 그의 치아가 노화되어 힘이 없어 꽉 물지 못해 멧돼지가 도망쳐 버렸다. 주인이 달려온 후 크게 실망하여 그를 한바탕 호되게 꾸짖었다. 늙은 사냥개가 고개를 들어 말했다. 이것은 내가 옳지 않다고 탓할 수 없다. 나의 용감한 정신은 젊었을 때와 같지만 나는 자연의 규율에 항거할 수 없다. 예전에는 나의 행동이 당신의 칭찬을 받았는데 지금은 당신의 질책을 받아서는 안 된다."고 말했다. 이는 생로병사는 저항할 수 없는 규율이라는 것이다.

**4** 中国的高考是高中生参加的大学入学资格考试。它是考生进入大学和选择大学资格的标准。美国的SAT考试与ACT考试都被称为"美国高考",是美国大学入学条件之一,又是大学发放奖学金的主要依据。

同样作为大学入学考试,中国高考与美国高考却有很多不同的地方。比如:美国高考,每年可以考很多次,用最好的一次成绩申请学校。而中国高考,全国每年一次,高中最后一年便是大家决定命运的时候。在题目难度上,美国高考注重广度,而中国为了筛选学生问题会更重深度。最后,相比于中国考场四周戒备森严的高考氛围,美国的高考氛围更为宽松,还为考生准备糖果用来补充体力。

Zhōng guó de gāo kǎo shì gāo zhōng shēng cān jiā de dà xué rù xué zī gé kǎo shì. Tā shì kǎo shēng jìn rù dà xué hé xuǎn zé dà xué zī gé de biāo zhǔn. Měi guó de SAT kǎo shì yǔ ACT kǎo shì dōu bèi chēng wéi "měi guó gāo kǎo", shì měi guó dà xué rù xué tiáo jiàn zhī yī, yòu shì dà xué fā fàng jiǎng xué jīn de zhǔ yào yī jù.

Tóng yàng zuò wéi dà xué rù xué kǎo shì, zhōng guó gāo kǎo yǔ měi guó gāo kǎo què yǒu hěn duō bù tóng de dì fāng. Bǐ rú: měi guó gāo kǎo, měi nián kě yǐ kǎo hěn duō cì, yòng zuì hǎo de yí cì chéng jī shēn qǐng xué xiào. Ér zhōng guó gāo kǎo, quán guó měi nián yí cì, gāo zhōng zuì hòu yī nián biàn shì dà jiā jué dìng mìng yùn de shí hòu. Zài tí mù nán dù shàng, měi guó gāo kǎo zhù zhòng guǎng dù, ér zhōng guó wèi le shāi xuǎn xué shēng wèn tí huì gèng zhòng shēn dù. Zuì hòu, xiāng bǐ yú zhōng guó kǎo chǎng sì zhōu jiè bèi sēn yán de gāo kǎo fēn wéi, měi guó de gāo kǎo fēn wéi gèng wéi kuān sōng, hái wèi kǎo shēng zhǔn bèi táng guǒ yòng lái bǔ chōng tǐ lì.

중국의 대학 입시는 고등학생이 참가하는 대학 입학 자격 시험이다. 그것은 수험생의 대학진입과 대학자격 선택의 표준이다. 미국의 SAT 시험과 ACT 시험은 모두 미국 대학 입학 조건의 하나로 "미국 수능시험"이라고 불리며 대학 장학금의 주요 근거이기도 한다.

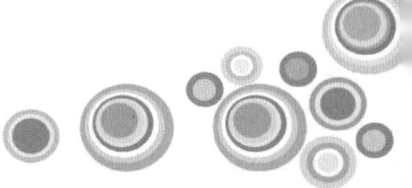

같은 대학 입시라도 중국 수능과 미국 수능은 다른 점이 많다. 예를 들어 미국 수능시험은 1년에 여러 번 시험을 치를 수 있고 최고 한 번 성적을 등록할 수 있다. 중국 수능은 전국 1년에 1번이다. 고등학교 마지막 해는 모두의 운명을 결정하는 시간이다. 시험주제와 난이도는 미국 수능시험은 폭넓은 것을 중시하는 반면에 중국은 학생 선발을 위해 더 깊게 하는 것이다. 마지막으로 중국의 고사장 주변의 삼엄한 입시 분위기보다 미국의 입시 분위기가 더 여유롭고 수험생을 위한 사탕을 준비해 체력을 보충해 주기도 한다.

**5.你觉得工作和家庭哪个更重要?**

我认为工作和家庭都重要。

首先，虽然我是个女人，在别人的传统意识里可能认为，对于大多数女人来说家庭是她的全部，并且她的孩子是她的希望，她的丈夫是她的天。但我并不这么想，家庭对我来说很重要，是爱的港湾，是精神的依靠。但我更期待把我所学的知识，应用在工作岗位上，去创造更多的价值。并且我认为在一个家庭里，双方只有在平衡的时候，才是合理的关系。

其次，工作可以带给我自信，带给我社会人脉，还有一些看不清数不尽的财富，这使得我可以更好地在这个社会上生存。对我来说，也是我支撑家庭的物质条件。而家庭带给我的是无尽的幸福与温暖，是不需要理由的支持与依靠。如果我有美满的家庭，我可以更好的投入到工作当中去，获得更多的满足与认可。

所以我认为，工作和家庭都重要。

**5.Nǐ jué de gōng zuò hé jiā tíng nǎ ge gèng zhòng yào?**

Wǒ rèn wéi gōng zuò hé jiā tíng dōu zhòng yào.

Shǒu xiān, suī rán wǒ shì gè nǚ rén, zài bié rén de chuán tǒng yì shí lǐ kě néng rèn wéi, duì yú dà duō shù nǚ rén lái shuō jiā tíng shì tā de quán bù, bìng qiě tā de hái zi shì tā de xī wàng, tā de zhàng fu shì tā de tiān. Dàn wǒ bìng bú zhè me xiǎng, jiā tíng duì wǒ lái shuō hěn zhòng yào, shì ài de gǎng wān, shì jīng shén de yī kào. Dàn wǒ gèng qí dài bǎ wǒ suǒ xué de zhī shì, yìng yòng zài gōng zuò gǎng wèi shàng, qù chuàng zào gèng duō de jià zhí. Bìng qiě wǒ rèn wéi zài yí gè jiā tíng lǐ, shuāng fāng zhǐ yǒu zài píng héng de shí hòu, cái shì hé lǐ de guān xì.

Qí cì, gōng zuò kě yǐ dài gěi wǒ zì xìn, dài gěi wǒ shè huì rén mài, hái yǒu yì xiē kàn bù qīng shǔ bù jìn de cái fù, zhè shǐ dé wǒ kě yǐ gèng hǎo de zài zhè ge shè huì shàng shēng cún. Duì wǒ lái shuō, yě shì wǒ zhī chēng jiā tíng de wù zhí tiáo jiàn. Ér jiā tíng dài gěi wǒ de shì wú jìn de xìng fú yǔ wēn nuǎn, shì bù xū yào lǐ yóu de zhī chí yǔ yī kào. Rú guǒ wǒ yǒu měi mǎn de jiā tíng, wǒ kě yǐ gèng hǎo de tóu rù dào gōng zuò dāng zhōng qù, huò dé gèng duō de mǎn zú yǔ rèn kě.

Suǒ yǐ wǒ rèn wéi, gōng zuò hé jiā tíng dōu zhòng yào.

**5. 해석: 일과 가정 중에 뭐가 더 중요하다고 생각하는가?**

나는 일과 가정이 모두 중요하다고 생각한다.

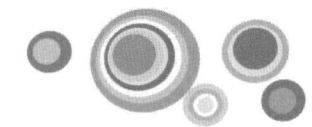

우선 나는 여자지만 다른 사람들의 전통의식에서는 대부분의 여자에게 가정은 그녀의 전부이며 그녀의 아이는 그녀의 희망이며 그녀의 남편은 그녀의 천혜라고 생각할 수 있다. 그러나 나는 그렇게 생각하지 않는다. 가정은 나에게 매우 중요하고, 사랑의 항구이며, 정신적 의지가 되는 곳이다. 하지만 내가 배운 지식을 일자리에 응용해 더 많은 가치를 창출해 주길 기대한다고 말했다. 그리고 나는 한 가정 안에서 균형을 맞출 때만이 합리적인 관계가 된다고 생각한다.

둘째, 일은 나에게 자신감을 주고 사회적인 인맥을 가져다줄 수 있다. 셀 수 없이 많은 부를 바라볼 수 있어서 내가 이 사회에서 더 잘 살 수 있게 되었다. 나에게 있어서도 역시 일은 내가 가정을 지탱하게 해주는 물질적 조건이다. 가정은 나에게 끝없는 행복과 따뜻함을 가져다주며 이유 없는 지지와 기대를 준다. 만약 내가 원만한 가정을 가지게 된다면 나는 일에 더욱 몰입하여 더 나은 만족과 인정을 얻을 수 있을 것이다.

그래서 나는 일과 가정이 모두 중요하다고 생각한다.

**6.介绍一下你居住的城市。**

我生活在长春。长春是一座年轻的城市，被誉为北国春城，是吉林省省会。

首先，长春是中国最大的汽车工业城市，这里有中国一汽集团。每年生产着数以万计的汽车，运往全国各地。

其次，长春也是国际电影名城，有著名的长影世纪城和长春电影制片厂。最后，长春的气候冬暖夏凉，四季宜人。这里著名的景点有净月潭，被誉为"长春都市森林"、"亚洲最大人工林海"。不论春夏秋冬，来净月潭散心的游客总是络绎不绝。而且，长春的夏天不是那么炎热，因为长春的维度比较高，但是冬天就很寒冷，不过长春的冬天也不乏是一个观赏性极强的季节，在长春南湖公园里，每年冬天都有雪雕，各种形态的雪雕非常好看有趣。

我居住的城市是一座十分美丽的城市，希望大家有机会都来旅游，这座城市的人民非常欢迎大家的到来。

**6.Jiè shào yí xià nǐ jū zhù de chéng shì.**

Wǒ shēng huó zài zhǎng chūn, zhǎng chūn shì yí zuò nián qīng de chéng shì, bèi yù wèi běi guó chūn chéng, shì jí lín shěng shěng huì.

Shǒu xiān, zhǎng chūn shì zhōng guó zuì dà de qì chē gōng yè chéng shì, zhè li yǒu zhòng guó yī qì jí tuán, měi nián shēng chǎn zhe shù yǐ wàn jì de qì chē, yùn wǎng quán guó gè dì.

Qí cì, zhǎng chūn yě shì guó jì diàn yǐng míng chéng, yǒu zhù míng de cháng yǐng shì jì chéng hé zhǎng chūn diàn yǐng zhì piàn chǎng.

Zuì hòu, zhǎng chūn de qì hòu dōng nuǎn xià liáng, sì jì yí rén. Zhè lǐ zhù míng de jǐng diǎn yǒu jìng yuè tán, bèi yù wèi "zhǎng chūn dū shì sēn lín", "Yà zhōu zuì dà rén gōng lín hǎi". bú lùn chūn xià qiū dōng, lái jìng yuè tán sàn xīn de yóu kè zǒng shì luò yì bù jué. Ér qiě, zhǎng chūn de xià tiān bú shì nà me yán rè, yīn wèi zhǎng chūn de wéi dù bǐ jiào gāo, dàn shì dōng tiān jiù hěn hán lěng, bú guò zhǎng chūn de dōng tiān yě bù fá shì yí gè guān shǎng xìng jí qiáng de jì jié, zài zhǎng chūn nán hú gōng yuán lǐ, měi nián dōng tiān dū yǒu xuě diāo, gè zhǒng xíng tài de xuě diāo fēi cháng hǎo kàn yǒu qù.

Wǒ jū zhù de chéng shì shì yí zuò shí fēn měi lì de chéng shì, xī wàng dà jiā yǒu jī huì dōu lái lǚ yóu, zhè zuò chéng shì de rén mín fēi cháng huān yíng dà jiā de dào lái.

**6. 해석: 거주하는 도시를 소개해 주세요.**

나는 창춘에서 산다. 창춘은 젊은 도시로 북방의 춘성으로 불리고 있다. 지린성 성 소재지이다.

우선, 창춘은 중국 최대의 자동차 공업 도시이며 이곳에는 중국 이치자동차 그룹이 있다. 매년 수만 대의 자동차를 생산해서 전국 각지로 운송한다.

둘째, 창춘에는 국제 영화 명소로 유명한 장영세기성과 창춘 영화제작소가 있다.

마지막으로, 창춘의 기후는 겨울에는 따뜻하고 여름에는 서늘하여 사계절이 사람을 즐겁게 해준다. 이곳의 유명한 관광지는 정월담인데 '장춘도시 숲', '아시아 최대의 인공림해'로 불린다. 봄, 여름, 가을, 겨울을 막론하고 정월담에 와서 기분 전환을 하는 관광객들은 늘 끊이지 않는다. 또한, 장춘의 지리적인 위도는 비교적 높아서 여름은 덥지 않다. 하지만 겨울은 매우 춥다. 하지만 창춘의 겨울은 즐기기 좋은 계절이기도 하고 창춘의 난후공원에는 매년 겨울에 눈조각이 있는데 다양한 형태의 눈 조각들이 매우 이쁘고 재미있다.

내가 사는 도시는 아주 아름다운 도시이니 기회가 닿는 대로 모두 여행을 해 주시기를 희망한다. 이 도시의 시민들은 모든 사람의 방문을 매우 환영한다.

# <HSKK 고급 모의고사 12> 모범 답안

**1** 夏天，别的动物都悠闲地生活，只有蚂蚁在田里跑来跑去，搜集小麦和大麦，给自己贮存冬季吃的食物。屎壳郎惊奇地问他为何这般勤劳。蚂蚁当时什么也没说。冬天来了，大雨冲掉了牛粪，饥饿的屎壳郎，走到蚂蚁那里乞食，蚂蚁对他说："喂，伙计，如果当时在我劳动时，你不是批评我，而是也去做工，现在就不会忍饥挨饿了。"这是说，尽管风云变化万千，未雨绸缪的人都能避免灾难。

Xià tiān, bié de dòng wù dōu yōu xián de shēng huó, zhǐ yǒu mǎ yǐ zài tián lǐ pǎo lái pǎo qù, sōu jí xiǎo mài hé dà mài, jǐ zì jǐ zhù cún dōng jì chī de shí wù. Shǐ ke lǎng jīng qí de wèn tā wèi hé zhè bān qín láo. Mǎ yǐ dāng shí shén me yě méi shuō. Dōng tiān lái le, dà yǔ chōng diào le niú fèn, jī è de shǐ ke lǎng, zǒu dào mǎ yǐ nà lǐ qǐ shí, mǎ yǐ duì tā shuō:"Wèi, huǒ jì, rú guǒ dāng shí zài wǒ láo dòng shí, nǐ bú shì pī píng wǒ, ér shì yě qù zuò gōng, xiàn zài jiù bú huì rěn jī ái è le." Zhè shì shuō, jǐn guǎn fēng yún biàn huà wàn qiān, wèi yǔ chóu móu de rén dōu néng bì miǎn zāi nàn.

여름에 다른 동물들은 다 한가롭게 지냈다. 그러나 개미만은 밭에서 이리저리 뛰어다니며 밀과 보리를 모아 겨울에 먹을 식량을 저장했다. 쇠똥구리는 이상해서 왜 그렇게 부지런히 일하느냐고 물었다. 그때 개미는 아무 말도 하지 않았다. 겨울이 되자 큰비가 내려 소똥을 쓸어 가 버렸고, 굶주린 쇠똥구리는 개미에게 가서 음식을 구걸했다. 개미가 그에게 말했다. "이봐, 친구, 네가 그때 내가 일할 때 나를 비난하지 않고 너도 일을 했다면, 지금은 굶주림을 견디지 않아도 되었을 것이다." 이는 세상이 아무리 변해도 미리 준비하는 사람은 재앙을 피할 수 있다는 뜻이다.

**2** 一位苏格兰王子在看蜘蛛结网时突然明白了人生的真谛。可怜的蜘蛛结一次不成，就掉下来一次。屡败屡战，屡下屡上，直至掉下来七次，终于结成了网。人生何偿不是如此？危机与生机，失望与希望，消极与积极，从来都是交织在一起，一定会有后退，会有逆境，但勇士恰是在后退的逆境中依然奋进者。

Yí wèi sū gé lán wáng zǐ zài kàn zhī zhū jié wǎng shí tú rán míng bái le rén shēng de zhēn dì. Kě lián de zhī zhū jié yí cì bù chéng, jiù diào xià lái yí cì. Lǚ bài lǚ zhàn, lǚ xià lǚ shàng, zhí zhì diào xià lái qī cì, zhōng yú jié chéng le wǎng. Rén shēng hé cháng bú shì rú cǐ? Wéi jī yǔ shēng jī, shī wàng yǔ xī wàng, xiāo jí yǔ jī jí, cóng lái dōu shì jiāo zhī zài yì qǐ, yí dìng huì yǒu hòu tuì, huì yǒu nì jìng, dàn yǒng shì qià shì zài hòu tuì de nì jìng zhōng yī rán fèn jìn zhě.

스코틀랜드의 한 왕자가 거미가 줄을 치는 것을 보다가 갑자기 인생의 참된 이치를 깨달았다. 불쌍한 거미는 한 번 줄을 치려다 실패하면 곧 떨어졌다. 그러나 거듭 실패하고 또 다시 오르내리며 일곱 번이나 떨어진 끝에 마침내 줄을 완성했다. 인생도 어찌 이와 다르랴? 위기와 기회, 실망과 희망, 소극과 적극은 언제나 뒤섞여 있다. 반드시 후퇴가 있고 역경이 있지만, 용사는 바로 그 후퇴와 역경 속에서도 끊임없이 전진하는 사람이다.

**3** 特技团来了个新的弟子，教练从走钢丝开始教起，这个弟子在练习的时候，总是没走几步就掉下来，反复练习还是如此，最后沮丧地坐在地上，教练走了过来，拍拍弟子地肩膀说："掉落，是走稳的先决条件。"弟子闻言，又重新爬上去练习。教练在旁叮咛着："走，不停地走，直到你忘了那条钢丝的存在，忘了掉落这件事，你就算真正学会了。"人生处处充满意外，我们必须象练习走钢丝一样，带着微笑、抬头挺胸，若是不深掉落，就重新再站起来，当我们不再在意"意外"，不再在意"掉落"。我们就可以走得比别人稳。

Tè jì tuán lái le gè xīn de dì zǐ, jiào liàn cóng zǒu gāng sī kāi shǐ jiāo qǐ, zhè ge dì zǐ zài liàn xí de shí hòu, zǒng shì méi zǒu jǐ bù jiù diào xià lái, fǎn fù liàn xí hái shì rú cǐ, zuì hòu jǔ sàng de zuò zài dì shàng, jiào liàn zǒu le guò lái, pāi pāi dì zǐ de jiān bǎng shuō:"Diào luò, shì zǒu wěn de xiān jué tiáo jiàn." Dì zǐ wén yán, yòu chóng xīn pá shàng qù liàn xí jiào liàn zài páng dīng níng zhe:"Zǒu, bù tíng de zǒu, zhí dào nǐ wàng le nà tiáo gāng sī de cún zài, wàng le diào luò zhè jiàn shì, nǐ jiù suàn zhēn zhèng xué huì le." Rén shēng chù chù chōng mǎn yì wài, wǒ men bì xū xiàng liàn xí zǒu gāng sī yī yàng, dài zhe wéi xiào, tái tóu tǐng xiōng, ruò shì bù shēn diào luò, jiù chóng xīn zài zhàn qǐ lái, dāng wǒ men bú zài zài yì "yì wài", bú zài zài yì "diào luò". Wǒ men jiù kě yǐ zǒu dé bǐ bié rén wěn.

곡예단에 새 제자가 들어왔다. 코치는 외줄타기부터 가르쳤다. 이 제자는 연습할 때마다 몇 걸음 못 가서 곧잘 떨어졌고, 아무리 반복해도 마찬가지였다. 끝내는 좌절하여 땅에 주저앉아 버렸다. 그때 코치가 다가와 제자의 어깨를 두드리며 말했다. "떨어지는 것은 곧 제대로 걷기 위한 전제 조건이다." 제자는 이 말을 듣고 다시 줄 위로 올라갔다. 코치는 곁에서 당부했다. "걸어라. 멈추지 말고 걸어라. 네가 그 줄의 존재를 잊고, 떨어짐조차 잊을 때, 그때야말로 네가 진정으로 배운 것이다." 인생은 곳곳이 뜻밖의 일로 가득하다. 우리는 외줄타기를 연습하듯, 미소 지으며 고개를 들고 가슴을 펴야 한다. 깊이 떨어지더라도 다시 일어서야 한다. 우리가 더 이상 "뜻밖의 일"을 의식하지 않고, "떨어짐"을 의식하지 않을 때, 우리는 남보다 더욱 안정되게 걸어갈 수 있다.

**4** 人口老龄化一个是指老年人口相对增多，在总人口中所占的比例不断上升的过程，另一个是指社会人口结构呈现老年状态，进入老龄化社会。当一个国家或地区60岁以上的老年人口占人口总数的10%，或65岁以上老年人口占人口总数的7%，人们便称这个国家或地区的人口处于老龄化社会。

据报道，中国已成为世界上老年人口总量最多的国家。预计到2050年，中国老龄人口将达到总人口数的三分之一。中国人口老龄化存在几个特点，一个是中国国土面积大，人口分布不平衡，地区间老龄化程度差异也较大。第二个是城乡倒置，农村的老年人口是城市的1.69倍，老龄化水平18.3%，是城市的2.3倍。

Rén kǒu lǎo líng huà yí gè shì zhǐ lǎo nián rén kǒu xiāng duì zēng duō, zài zǒng rén kǒu zhōng suǒ zhàn de bǐ lì bù duàn shàng shēng de guò chéng, lìng yí gè shì zhǐ shè huì rén kǒu jié gòu chéng xiàn lǎo nián zhuàng tài, jìn rù lǎo líng huà shè huì. Dāng yí gè guó jiā huò dì qū 60 suì yǐ shàng de lǎo nián rén kǒu zhàn rén kǒu zǒng shǔ de 10%, huò 65 suì yǐ shàng lǎo nián rén kǒu zhàn rén kǒu zǒng shǔ de 7%, rén men biàn chēng zhè ge guó jiā huò dì qū de rén kǒu chǔ yú lǎo líng huà shè huì.

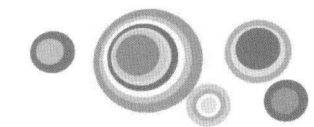

梦想中国语 模拟考试

Jù bào dào, zhōng guó yǐ chéng wéi shì jiè shàng lǎo nián rén kǒu zǒng liàng zuì duō de guó jiā. Yù jì dào 2050 nián, zhōng guó lǎo líng rén kǒu jiāng dá dào zǒng rén kǒu shǔ de sān fēn zhī yī. Zhōng guó rén kǒu lǎo líng huà cún zài jǐ gè tè diǎn, yí gè shì zhōng guó guó tǔ miàn jī dà, rén kǒu fēn bù bù píng héng, dì qū jiān lǎo líng huà chéng dù chā yì yě jiào dà. Dì èr gè shì chéng xiāng dào zhì, nóng cūn de lǎo nián rén kǒu shì chéng shì de 1.69 bèi, lǎo líng huà shuǐ píng 18.3%, shì chéng shì de 2.3 bèi.

인구 고령화란 하나는 노인 인구가 상대적으로 늘어나 전체 인구에서 차지하는 비율이 끊임없이 높아지는 과정을 뜻하고, 또 하나는 사회의 인구 구조가 노령화 양상을 보이며 고령 사회로 들어서는 것을 뜻한다. 한 나라나 지역에서 60세 이상 노인 인구가 총인구의 10%를 차지하거나, 65세 이상 노인 인구가 총인구의 7%를 차지하면, 사람들은 그 나라나 지역이 고령화 사회에 들어섰다고 말한다.

보도에 따르면, 중국은 이미 세계에서 노인 인구 총수가 가장 많은 나라가 되었다. 2050년이 되면 중국의 고령 인구가 총인구의 3분의 1에 이를 것으로 예상된다. 중국의 인구 고령화에는 몇 가지 특징이 있다. 첫째는 중국의 국토 면적이 넓고 인구 분포가 불균형하여 지역 간 고령화 정도의 차이가 크다는 점이다. 둘째는 도시와 농촌의 역전 현상으로, 농촌 노인 인구는 도시의 1.69배이고 고령화 수준은 18.3%로 도시의 2.3배에 달한다.

**5.你喜欢热闹的地方吗？请说一下。**

我不喜欢热闹的地方。

首先，我不喜欢吵闹的环境，那样会让我的内心不安静，很狂躁。比如在市场上，各个商家的大声吆喝，过往的行人说话声也不绝于耳，每当这时，我内心都不开心，觉得很乱。因此，和去市场相比，我更喜欢去大型超市，虽然大型超市里也有很大声的音乐，有少量的叫卖声，比市场嘈杂的环境要让我稍微心神安定一些，这样我可以好好思考我需要购入的商品，或者也可以让我好好的和一同前去的朋友交流。

其次，我不喜欢热闹的地方是因为我认为我的自制力不足以让我安心的做自己的事情，我一定会受到周围的影响而随波逐流，与其一起吵闹玩耍，这是我自己很讨厌的，所以，为了避免这样的事情发生，我都会尽可能的避免参与到热闹的环境当中。相比热闹的环境，我更喜欢在安静的环境中读读书，喝喝茶，这样一来，我会心里很平静，并且学习到很多知识，修身养性。

5.Nǐ xǐ huān rè nào de dì fāng ma? Qǐng shuō yí xià.

Wǒ bù xǐ huān rè nào de dì fāng.

Shǒu xiān, wǒ bù xǐ huān chǎo nào de huán jìng, nà yàng huì ràng wǒ de nèi xīn bù ān jìng, hěn kuáng zào. Bǐ rú zài shì chǎng shàng, gè ge shāng jiā de dà shēng yāo hè, guò wǎng de xíng rén shuō huà shēng yě bù jué yú ěr, měi dāng zhè shí, wǒ nèi xīn dōu bù kāi xīn, jué de hěn luàn. Yīn cǐ, hé qù shì chǎng xiāng bǐ, wǒ gèng xǐ huān qù dà xíng chāo shì, suī rán dà xíng chāo shì lǐ yě yǒu hěn dà shēng de yīn yuè, yǒu shǎo liàng de jiào mài shēng, bǐ shì chǎng cáo zá de huán jìng yào ràng wǒ shāo wéi xīn shén ān dìng yì xiē, zhè yàng wǒ kě yǐ hǎo hǎo sī kǎo wǒ xū yào gòu rù de shāng pǐn, huò zhě yě kě yǐ ràng wǒ hǎo hǎo de hé yì tóng qián qù de péng you jiāo liú.

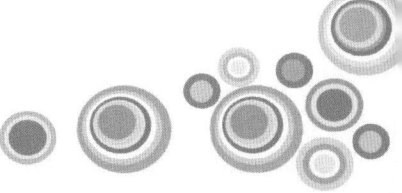

Qí cì, wǒ bù xǐ huān rè nào de dì fāng shì yīn wèi wǒ rèn wéi wǒ de zì zhì lì bù zú yǐ ràng wǒ ān xīn de zuò zì jǐ de shì qíng, wǒ yí dìng huì shòu dào zhōu wéi de yǐng xiǎng ér suí bō zhú liú, yǔ qí yì qǐ chǎo nào wán shuǎ, zhè shì wǒ zì jǐ hěn tǎo yàn de, suǒ yǐ, wèi le bì miǎn zhè yàng de shì qíng fā shēng, wǒ dōu huì jǐn kě néng de bì miǎn cān yù dào rè nào de huán jìng dāng zhōng. Xiāng bǐ rè nào de huán jìng, wǒ gèng xǐ huān zài ān jìng de huán jìng zhōng dú dú shū, hē hē chá, zhè yàng yì lái, wǒ huì xīn lǐ hěn píng jìng, bìng qiě xué xí dào hěn duō zhī shì, xiū shēn yǎng xìng.

**5. 해석: 떠들썩한 곳을 좋아하세요? 자세히 얘기해 보세요.**

나는 시끄러운 곳을 좋아하지 않는다.

먼저, 나는 떠들썩한 환경을 좋아하지 않는데, 그런 곳에서는 마음이 차분하지 못하고 아주 불안해진다. 예를 들어 시장에 가면, 상인들의 큰 소리 외침과 오가는 행인들의 말소리가 끊이지 않는다. 그럴 때마다 마음이 불편하고 어수선하게 느껴진다. 그래서 시장에 가는 것보다 나는 대형 마트에 가는 것을 더 좋아한다. 비록 대형 마트에도 큰 음악 소리와 약간의 호객 소리가 있지만, 시장의 소란스러운 환경에 비해 조금 더 마음이 안정된다. 그 덕분에 내가 사야 할 물건을 차분히 생각할 수 있고, 함께 간 친구와도 잘 교류할 수 있다.

다음으로, 내가 시끄러운 곳을 좋아하지 않는 또 다른 이유는 내 자제력이 부족해서 내 일에 집중하지 못하기 때문이다. 나는 반드시 주위의 영향을 받아 휩쓸리게 되고, 함께 떠들며 장난치게 된다. 그러나 나는 그런 모습을 스스로 싫어한다. 그래서 그런 일이 생기지 않도록 나는 되도록 떠들썩한 환경에 참여하지 않으려 한다. 시끄러운 곳보다 나는 조용한 곳에서 책을 읽고 차를 마시는 것을 더 좋아한다. 그러면 마음이 평온해지고 많은 지식을 배울 수 있으며, 심신을 수양할 수 있기 때문이다.


**6. 你最想住什么样的房子？请描述一下你梦想的房子。**

我最想住在一个离城市不远的别墅里面，这样既可以享受郊外的空气和风景，又可以享受城市的便利。

首先，因为我喜欢大海，所以别墅最好在大海旁边。

其次，别墅一共四层，地下一层和地上三层。别墅的地下一楼是我的舞蹈室、丈夫的健身房、孩子的游乐场和一个深度为5米的游泳池，地上一楼有车库，客厅，厨房和孩子们的书房。地上二楼是我和丈夫的卧室，孩子们的卧室。地上三楼是一个露天的大阳台，夏天的时候可以在阳台上吃烧烤，冬天的时候可以在阳台上赏雪。

最后，我希望，我的房子可以全部启用智能家居，整个房子都用一个系统，无论我在房子的任何一个角落，只要我说出自己的需求比如"打开客厅的电视"，"拉开孩子们房间的窗帘"等，智能家居都可以帮我做到。这就是我想住的地方，我希望有一天实现这个梦想。

**6.Nǐ zuì xiǎng zhù shén me yàng de fáng zi? Qǐng miáo shù yí xià nǐ mèng xiǎng de fáng zi.**

Wǒ zuì xiǎng zhù zài yí gè lí chéng shì bù yuǎn de bié shù lǐ miàn, zhè yàng jì kě yǐ xiǎng shòu jiāo wài de kōng qì hé fēng jǐng, yòu kě yǐ xiǎng shòu chéng shì de biàn lì.

Shǒu xiān, yīn wèi wǒ xǐ huān dà hǎi, suǒ yǐ bié shù zuì hǎo zài dà hǎi páng biān.

Qí cì, bié shù yí gòng sì céng, dì xià yī céng hé dì shàng sān céng. Bié shù de dì xià yī lóu shì wǒ de wǔ dǎo shì, zhàng fu de jiàn shēn fáng, hái zi de yóu lè chǎng hé yí gè shēn dù wèi 5 mǐ de yóu yǒng chí, dì shàng yī lóu yǒu chē kù, kè tīng, chú fáng hé hái zi men de shū fáng. Dì shàng èr lóu shì wǒ hé zhàng fu de wò shì, hái zi men de wò shì. Dì shàng sān lóu shì yí gè lù tiān de dà yáng tái, xià tiān de shí hòu kě yǐ zài yáng tái shàng chī shāo kǎo, dōng tiān de shí hòu kě yǐ zài yáng tái shàng shǎng xuě.

Zuì hòu, wǒ xī wàng, wǒ de fáng zǐ kě yǐ quán bù qǐ yòng zhì néng jiā jū, zhěng gè fáng zi dōu yòng yí gè xì tǒng, wú lùn wǒ zài fáng zi de rèn hé yí gè jiǎo luò, zhǐ yào wǒ shuō chū zì jǐ de xū qiú bǐ rú dǎ kāi kè tīng de diàn shì','lā kāi hái zi men fáng jiān de chuāng lián" děng, zhì néng jiā jū dōu kě yǐ bāng wǒ zuò dào.

Zhè jiù shì wǒ xiǎng zhù de dì fāng, wǒ xī wàng yǒu yì tiān shí xiàn zhè ge mèng xiǎng.

**6. 해석: 어떤 집에서 살고 싶어요? 꿈을 꾸는 집을 묘사해 주세요.**

나는 도시에서 멀지 않은 별장에 살고 싶다. 이렇게 하면 교외의 공기와 풍경을 즐길 수 있을 뿐 아니라 도시의 편리함도 누릴 수 있다.

먼저, 나는 바다를 좋아하기 때문에 별장은 가능하면 바닷가에 있으면 좋겠다.

다음으로, 별장은 총 4층으로 지하 1층과 지상 3층으로 이루어져 있다. 지하 1층에는 나의 무용실, 남편의 헬스장, 아이들의 놀이터, 그리고 깊이 5미터의 수영장이 있다. 지상 1층에는 차고, 거실, 주방, 아이들의 서재가 있다. 지상 2층은 나와 남편의 침실, 그리고 아이들의 침실이다. 지상 3층에는 넓은 옥상 테라스가 있어서 여름에는 테라스에서 바비큐를 즐길 수 있고, 겨울에는 눈을 감상할 수 있다.

마지막으로, 나는 나의 집이 전부 스마트홈으로 운영되기를 바란다. 집 전체를 하나의 시스템으로 제어해서, 내가 집 어디에 있든 "거실 TV를 켜 줘", "아이들 방 커튼을 열어 줘"라고 말하기만 하면 스마트홈이 모두 실행해 주는 것이다. 이것이 내가 살고 싶은 곳이며, 언젠가 이 꿈을 이루고 싶다.

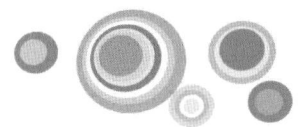

# <HSKK 고급 모의고사 13> 모범 답안

**1** 毕业典礼上，校长宣布全年级第一名的同学上台领奖，可是连续叫了好几声之后，那位学生才慢慢地走上台。后来，老师问那位学生说："怎么了？是不是生病了？还是没听清楚？"学生答："不是的，我是怕其他同学没听清楚。"

Bì yè diǎn lǐ shàng, xiào zhǎng xuān bù quán nián jí dì yī míng de tóng xué shàng tái lǐng jiǎng, kě shì lián xù jiào le hǎo jǐ shēng zhī hòu, nà wèi xué shēng cái màn màn de zǒu shàng tái hòu lái, lǎo shī wèn nà wèi xué shēng shuō:"Zěn me le? Shì bú shì shēng bìng le? Hái shì méi tīng qīng chǔ?" Xué shēng dá:"bú shì de, wǒ shì pà qí tā tóng xué méi tīng qīng chǔ."

졸업식에서 교장이 전 학년 1등 학생을 무대로 올라와 상을 받으라고 발표했다. 그러나 여러 번 이름을 불러도 그 학생은 한참 후에야 천천히 올라왔다. 나중에 선생님이 그 학생에게 물었다. "왜 그러니? 아픈 거니? 아니면 잘 못 들은 거니?" 학생이 대답했다. "아니에요, 저는 다른 학생들이 못 들을까 봐 걱정했어요."

**2** 一辆载满乘客的公共汽车沿着下坡路快速前进着，有一个人后面紧紧地追赶着这辆车子。一个乘客从车窗中伸出头来对追车子的人说："老兄！算啦，你追不上的！"。"我必须追上它，"这人气喘吁吁地说："我是这辆车的司机"。

Yí liàng zài mǎn chéng kè de gōng gòng qì chē yán zhe xià pō lù kuài sù qián jìn zhe, yǒu yī gè rén hòu miàn jǐn jǐn de zhuī gǎn zhe zhè liàng chē zi yí gè chéng kè cóng chē chuāng zhōng shēn chū tóu lái duì zhuī chē zi de rén shuō: Lǎo xiōng!suàn la, nǐ zhuī bú shàng de!"" Wǒ bì xū zhuī shàng tā,"zhè rén qì chuǎn xū de shuō:" Wǒ shì zhè liàng chē de sī jī ."

승객으로 가득 찬 버스 한 대가 내리막길을 따라 빠르게 달리고 있었다. 그런데 한 사람이 그 버스를 뒤에서 필사적으로 쫓아가고 있었다. 한 승객이 창문을 열고 고개를 내밀며 말했다. "이봐요! 그만해요, 못 따라잡아요!" 그 사람이 헐떡이며 대답했다. "나는 반드시 따라잡아야 해요. 내가 이 버스의 운전 기사예요."

**3** 美国有一个管理大师德鲁克，他讲过这样一个例子：山脚下有三个石匠，有人走过去问在干什么。第一个石匠说："我在凿石头。"第二个说："我在凿世界上最好的石头。"第三个说："我在建一座大教堂。"德鲁克评价道，第三个石匠所拥有的就是管理者的才能。

Měi guó yǒu yí gè guǎn lǐ dà shī dé lǔ kè, tā jiǎng guò zhè yàng yí gè lì zi; shān jiǎo xià yǒu sān gè shí jiàng, yǒu rén zǒu guò qù wèn zài gàn shén me dì yī gè shí jiàng shuō: "Wǒ zài záo shí tou" Dì èr gè shuō:"Wǒ zài záo shì jiè shàng zuì hǎo de shí tou ."Dì sān gè shuō:" Wǒ zài jiàn yí zuò dà jiào táng "dé lǔ kè píng jià dào, dì sān gè shí jiàng suǒ yǒng yǒu de jiù shì guǎn lǐ zhě de cái néng.

미국의 경영학 대가 드러커는 이런 예를 든 적이 있다. 산기슭에서 세 명의 석공이 있었다. 어떤 사람이 다가가서 무엇을 하고 있냐고 물었다. 첫 번째 석공은 말했다. "나는 돌을 다듬고 있어." 두 번째는 말했다. "나는 세상에서

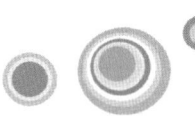

가장 좋은 돌을 다듬고 있어." 세 번째는 말했다. "나는 대성당을 짓고 있어." 드러커는 이렇게 평가했다. 세 번째 석공이 가진 것이 바로 관리자의 역량이다.

4 万里长城是中国悠久历史的见证，它与罗马斗兽场，比萨斜塔等列为世界古代七大奇迹之一。万里长城是中国古代劳动人民创造的奇迹，从秦朝开始，修筑长城一直都是一项大工程。据记载，当时国家使用了近百万劳动力来修筑长城，占全国人口的1/20！

古代修筑长城的目的很简单，为了防御匈奴等民族的杀伤。长城上还分布着许多关城，关城是万里长城防线上最为集中的防御点，关城有大有小，数量很多。就以明长城来说，大大小小有近千处之多，有些大的关城附近会有些小关城，这些关城与长城共同组成了万里长城最重要的防御系统。

Wàn lǐ cháng chéng shì zhōng guó yōu jiǔ lì shǐ de jiàn zhèng, tā yǔ luó mǎ dòu shòu chǎng, bǐ sà xié tǎ děng liè wèi shì jiè gǔ dài qī dà qí jì zhī yī. Wàn lǐ cháng chéng shì zhōng guó gǔ dài láo dòng rén mín chuàng zào de qí jī, cóng qín cháo kāi shǐ, xiū zhù cháng chéng yī zhí dōu shì yī xiàng dà gōng chéng. Jù jì zǎi, dāng shí guó jiā shǐ yòng le jīn bǎi wàn láo dòng lì lái xiū zhù cháng chéng, zhàn quán guó rén kǒu de 1/20!

Gǔ dài xiū zhù cháng chéng de mù dì hěn jiǎn dān, wèi le fáng yù xiōng nú děng mín zú de shā shāng. cháng chéng shàng hái fēn bù zhe xǔ duō guān chéng, guān chéng shì wàn lǐ cháng chéng fáng xiàn shàng zuì wéi jí zhōng de fáng yù diǎn, guān chéng yǒu dà yǒu xiǎo, shù liàng hěn duō. Jiù yǐ míng cháng chéng lái shuō, dà dà xiǎo xiǎo yǒu jìn qiān chù zhī duō, yǒu xiē dà de guān chéng fù jìn huì yǒu xiē xiǎo guān chéng, zhè xiē guān chéng yǔ cháng chéng gòng tóng zǔ chéng le wàn lǐ cháng chéng zuì zhòng yào de fáng yù xì tǒng.

만리장성은 중국의 유구한 역사를 증명하는 기념비로, 로마 콜로세움, 피사의 사탑 등과 함께 세계 고대 7대 불가사의 중 하나로 꼽힌다. 만리장성은 중국 고대 노동 인민이 창조한 위대한 기적이며, 진나라 때부터 장성을 쌓는 일은 줄곧 거대한 공사였다. 기록에 따르면 당시 국가에서는 거의 백만에 이르는 노동력을 동원했는데, 이는 전국 인구의 1/20에 해당한다고 한다!

고대에 장성을 쌓은 목적은 단순했다. 흉노 등 북방 민족의 침략을 막기 위함이었다. 장성 위에는 수많은 관성이 분포되어 있었는데, 관성은 만리장성 방어선에서 가장 집중된 방어 거점이었다. 관성은 크고 작은 것이 다양하고, 그 수량도 매우 많았다. 명나라 때의 장성만 보아도 크고 작은 관성이 거의 천 곳에 달했다. 어떤 큰 관성 근처에는 작은 관성이 함께 있어, 이들 관성과 장성이 함께 만리장성의 가장 중요한 방어 체계를 구성하고 있었다.

**5.你觉得路边多设置垃圾桶好还是少设置垃圾桶好？**

如果是人多的地方，就应该多设置一些垃圾桶。如果人少的话，就可以少设置一些垃圾桶。

首先，总体上，我认为应该少设置垃圾桶，因为一，会增加公共开支；二，还会破坏周边的环境；三，会让人们依赖于到处找垃圾桶扔垃圾，找不到就随地扔，我认为少设置垃圾桶有助于帮助人们改掉

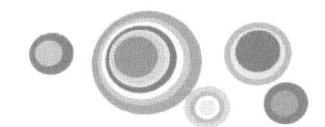

随便乱扔垃圾的习惯。我去国外旅游的时候发现欧美国家街上的垃圾桶很少，但是街上看不到垃圾。如果做好宣传，市民自觉不扔垃圾，就不需要很多垃圾桶。

其次，如果在人流量巨大的商业中心，那么，多设置垃圾桶是非常必要的。不然会导致街道堆满垃圾，再加上人员众多，肯定会传播疾病或者造成生物的灾害。

最后，我认为，无论是多设置垃圾桶，还是少设置垃圾桶，最主要的还是要以保护环境为中心思想，垃圾自觉分类，不乱丢不乱扔，做好公民的本分，才是我们每个人心中的那盏明灯。

**5.Nǐ jué de lù biān duō shè zhì lā jī tǒng hào huán shì shǎo shè zhì lā jī tǒng hǎo?**

Rú guǒ shì rén duō de dì fāng, jiù yīng gāi duō shè zhì yì xiē lā jī tǒng. Rú guǒ rén shǎo de huà, jiù kě yǐ shǎo shè zhì yì xiē lā jī tǒng.

Shǒu xiān, zǒng tǐ shàng, wǒ rèn wéi yīng gāi shǎo shè zhì lā jī tǒng, yīn wéi yī, huì zēng jiā gōng gòng

kāi zhī;èr, hái huì pò huài zhōu biān de huán jìng; Sān, huì ràng rén men yī lài yú dào chù zhǎo lā jī tǒng rēng lā jī, zhǎo bú dào jiù suí dì rēng, wǒ rèn wéi shǎo shè zhì lā jī tǒng yǒu zhù yú bāng zhù rén men gǎi diào suí biàn luàn rēng lā jī de xí guàn. Wǒ qù guó wài lǚ yóu de shí hòu fā xiàn ōu měi guó jiā jiē shàng de lā jī tǒng hěn shǎo, dàn shì jiē shàng kàn bú dào lā jī. Rú guǒ zuò hǎo xuān chuán, shì mín zì jué bù rēng lā jī, jiù bù xū yào hěn duō lā jī tǒng.

Qí cì, rú guǒ zài rén liú liàng jù dà de shāng yè zhōng xīn, nà me, duō shè zhì lā jī tǒng shì fēi cháng bì yào de. Bù rán huì dǎo zhì jiē dào duī mǎn lā jī, zài jiā shàng rén yuán zhòng duō, kěn dìng huì chuán bō jí bìng huò zhě zào chéng shēng wù de zāi hài.

Zuì hòu, wǒ rèn wéi, wú lùn shì duō shè zhì lā jī tǒng, hái shì shǎo shè zhì lā jī tǒng, zuì zhǔ yào de hái shì yào yǐ bǎo hù huán jìng wéi zhōng xīn sī xiǎng,lā jī zì jué fēn lèi, bú luàn diū bú luàn rēng, zuò hǎo gōng mín de běn fēn, cái shì wǒ men měi gè rén xīn zhōng de nà zhǎn míng dēng.

**5. 해석: 길거리에 쓰레기통을 많이 설치하면 좋은가? 아니면 적게 설치하면 좋은가?**

사람이 많은 곳에는 쓰레기통을 많이 설치해야 하고, 사람이 적은 곳에는 적게 설치해도 된다.

먼저, 전반적으로 나는 쓰레기통을 적게 설치하는 것이 옳다고 생각한다. 첫째, 공공 지출이 늘어나기 때문이다. 둘째, 주변 환경을 해칠 수 있다. 셋째, 사람들로 하여금 어디서나 쓰레기통을 찾아 쓰레기를 버리도록 의존하게 만들고, 찾지 못하면 길바닥에 함부로 버리게 된다. 나는 쓰레기통을 적게 설치하는 것이 사람들이 제멋대로 쓰레기를 버리는 습관을 고치는 데 도움이 된다고 본다. 내가 해외여행을 갔을 때 유럽과 미국의 거리에서는 쓰레기통이 별로 없었지만, 거리에 쓰레기는 보이지 않았다. 홍보를 잘하고 시민들이 스스로 쓰레기를 버리지 않도록 하면 굳이 많은 쓰레기통이 필요하지 않다.

다음으로, 인파가 몰리는 상업 중심지라면 쓰레기통을 많이 설치하는 것이 꼭 필요하다. 그렇지 않으면 거리가 쓰레기로 가득 차고, 인원이 많기 때문에 반드시 질병이 전파되거나 생물학적 재해가 생길 것이다.

마지막으로, 나는 쓰레기통을 많이 설치하든 적게 설치하든 가장 중요한 것은 환경을 보호하는 것을 중심 사상으로 삼는 것이라 본다.쓰레기를 자발적으로 분리하며, 함부로 버리지 않고 시민으로서의 본분을 다하는 것, 그것이 바로 우리 마음속의 등불이라고 생각한다.

**6.最近年轻人失业率越来越高，你认为原因是什么？如何解决？**

最近年轻人失业率居高不下，我认为是社会和自身的综合原因导致的。

首先，当今社会是一个知识大爆炸时代，越来越多的人们都积极地抽出空余的时间来学习新知识不断完善自己，以达到知识与工作经验同步进行。

而刚走出校门的大学生，一踏入社会，就想拿着高收入，找一份好工作，这是很难的，因为有工作的人们也在学习，他们难道会比你们这样刚出大学校门的大学生差吗？一来他们有工作经验，二来他们也在不断地学习。这是企业老板选择他们的原因。

其次，大学生刚走出校门很少了解社会，认为自己学到了不少的知识，可以胜任自己所学专业的工作，所以在择业这方面，就在企业中选来选去，不好的工作不想做，想去的公司不要你。我觉得年轻人可以多多实践，多读书，丰富自己，同时给自己合理定位。

最后我希望，每一位年轻人不要忘记年轻就是我们最大的资本，让我们可以在这个社会上无畏地追求自己的理想，我希望大家可以不要遇到打击就后退，要相信自己，坚持自己内心最本真的自己。

**6.** Zuì jìn nián qīng rén shī yè lǜ yuè lái yuè gāo, nǐ rèn wéi yuán yīn shì shén me? Rú hé jiě jué?

Zuì jìn nián qīng rén shī yè lǜ jū gāo bú xià, wǒ rèn wéi shì shè huì hé zì shēn de zòng hé yuán yīn dǎo zhì de.

Shǒu xiān, dāng jīn shè huì shì yí gè zhī shì dà bào zhà shí dài, yuè lái yuè duō de rén men dōu jī jí de chōu chū kòng yú de shí jiān lái xué xí xīn zhī shì bú duàn wán shàn zì jǐ, yǐ dá dào zhī shì yǔ gōng zuò jīng yàn tóng bù jìn xíng.

Ér gāng zǒu chū xiào mén de dà xué shēng, yí tà rù shè huì, jiù xiǎng ná zhe gāo shōu rù, zhǎo yí fèn hǎo gōng zuò, zhè shì hěn nán de, yīn wèi yǒu gōng zuò de rén men yě zài xué xí, tā men nán dào huì bǐ nǐ men zhè yàng gāng chū dà xué xiào mén de dà xué shēng chà ma? Yī lái tā men yǒu gōng zuò jīng yàn, èr lái tā men yě zài bú duàn de xué xí. Zhè shì qǐ yè lǎo bǎn xuǎn zé tā men de yuán yīn.

Qí cì, dà xué shēng gāng zǒu chū xiào mén hěn shǎo liǎo jiě shè huì, rèn wéi zì jǐ xué dào liǎo bù shǎo de zhī shì, kě yǐ shèng rèn zì jǐ suǒ xué zhuān yè de gōng zuò, suǒ yǐ zài zé yè zhè fāng miàn, jiù zài qǐ yè zhōng xuǎn lái xuǎn qù, bù hǎo de gōng zuò bù xiǎng zuò, xiǎng qù de gōng sī bú yào nǐ. Wǒ jué de nián qīng rén kě yǐ duō duō shí jiàn, duō dú shū, fēng fù zì jǐ, tóng shí jǐ zì jǐ hé lǐ dìng wèi.

Zuì hòu wǒ xī wàng, měi yí wèi nián qīng rén bú yào wàng jì nián qīng jiù shì wǒ men zuì dà de zī běn, ràng wǒ men kě yǐ zài zhè ge shè huì shàng wú wèi de zhuī qiú zì jǐ de lǐ xiǎng, wǒ xī wàng dà jiā kě yǐ bú yào yù dào dǎ jí jiù hòu tuì, yào xiāng xìn zì jǐ, jiān chí zì jǐ nèi xīn zuì běn zhēn de zì jǐ.

**6. 해석:** 요즘 젊은 사람의 실업률이 계속 올라가고 있는데 원인이 뭐라고 생각하는가? 어떻게 해결하는가?

요즘 청년 실업률이 계속 높게 유지되는 것은 사회적 요인과 개인적 요인이 함께 작용한 결과라고 생각한다.

먼저, 오늘날 사회는 지식 대폭발의 시대다. 점점 더 많은 사람들이 여가 시간을 활용해 새로운 지식을 배우고 스스로를 끊임없이 완성해 나가며, 지식과 실무 경험을 동시에 쌓으려 한다. 그런데 막 학교를 졸업한 대학생이 사회에 발을 들여놓자마자 높은 연봉을 받고 좋은 일자리를 찾고 싶어 한다면, 그것은 쉽지 않다. 이미 직업을 가진 사람들 역시 계속 공부하고 있는데, 그들이 과연 갓 졸업한 대학생들보다 못하겠는가? 첫째, 그들에게는 실무 경험이 있고, 둘째, 그들도 끊임없이 배우고 있다. 이것이 기업 경영자가 그들을 선택하는 이유다.

다음으로, 대학생은 막 졸업하고 사회를 잘 모르는 경우가 많다. 자신이 꽤 많은 지식을 배웠다고 생각하며 전공과 관련된 일을 충분히 할 수 있다고 여긴다. 그래서 구직 과정에서 기업을 이리저리 고르다가 마음에 들지 않는 일은 하고 싶어 하지 않고, 자신이 가고 싶은 회사는 오히려 받아 주지 않는다. 나는 청년들이 더 많은 실습을 하고, 더 많은 책을 읽으며, 자기 자신을 풍부하게 하고, 동시에 합리적인 자기定位를 세우는 것이 필요하다고 본다.

마지막으로, 나는 모든 청년들이 젊음이야말로 가장 큰 자본이라는 것을 잊지 않기를 바란다. 우리가 사회에서 두려움 없이 자신의 이상을 추구할 수 있게 해 주는 힘이 바로 젊음이다. 나는 모두가 좌절을 만났다고 해서 물러서지 말고, 스스로를 믿으며, 자기 내면의 가장 본질적인 자신을 끝까지 지켜 나가기를 바란다.

 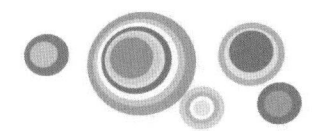

# <HSKK 고급 모의고사 14> 모범 답안

**1** 黑人小孩开心地拿过气球，小手一松，黑色气球在微风中冉冉升起，在蓝天白云的映衬下形成了一道别样的风景。老人一连眯着眼睛看气球上升，一边用手轻轻地拍了拍黑人小孩的后脑勺，说："记住，气球能不能升起，不是因为他的颜色、形状，而是气球内充满了氢气。一个人的成败不是因为种族、出身，关键是你的心中有没有自信。"那个黑人小孩便是基恩。

Hēi rén xiǎo hái kāi xīn de ná guò qì qiú, xiǎo shǒu yì sōng, hēi sè qì qiú zài wéi fēng zhōng rǎn rǎn shēng qǐ, zài lán tiān bái yún de yìng chèn xià xíng chéng le yí dào bié yàng de fēng jǐng. Lǎo rén yì lián mī zhuó yǎn jīng kàn qì qiú shàng shēng, yì biān yòng shǒu qīng qīng de pāi le pāi hēi rén xiǎo hái de hòu nǎo sháo, shuō:"Jì zhù, qì qiú néng bù néng shēng qǐ, bú shì yīn wèi tā de yán sè, xíng zhuàng, ér shì qì qiú nèi chōng mǎn le qīng qì yí gè rén de chéng bài bú shì yīn wèi zhǒng zú, chū shēn, guān jiàn shì nǐ de xīn zhōng yǒu méi yǒu zì xìn."Nà gè hēi rén xiǎo hái biàn shì jī ēn.

흑인 아이가 기쁨에 차서 풍선을 받아들었다. 작은 손을 놓자, 검은 풍선은 산들바람에 실려 천천히 하늘로 떠올랐다. 푸른 하늘과 하얀 구름을 배경으로 한 그 풍경은 특별한 아름다움을 자아냈다. 노인은 가늘게 눈을 뜨고 풍선이 올라가는 모습을 바라보며, 흑인 아이의 뒤통수를 살짝 쓰다듬으며 말했다.

"기억해라, 풍선이 올라가는 것은 색깔이나 모양 때문이 아니라, 그 안에 수소가 가득 차 있기 때문이다. 한 사람의 성공과 실패도 마찬가지다. 그것은 인종이나 출신 때문이 아니라, 네 마음속에 자신감이 있느냐 없느냐에 달려 있다." 그 흑인 아이가 바로 진이었다.

**2** 一个人在高山之巅的鹰巢里，抓到了一只幼鹰，他把幼鹰带回家，养在鸡笼里。这只幼鹰和鸡一起啄食、嬉闹和休息。它以为自己是一只鸡。这只鹰渐渐长大，羽翼丰满了，主人想把它训练成猎鹰，可是由于终日和鸡混在一起，它已经变得和鸡完全一样，根本没有飞的愿望了。主人试了各种办法，都毫无效果，最后把它带到山顶上，一把将它扔了出去。这只鹰像块石头似的，直掉下去，慌乱之中它拼命地扑打翅膀，就这样，它终于飞了起来！

Yí gè rén zài gāo shān zhī diān de yīng cháo lǐ, zhuā dào le yì zhī yòu yīng, tā bǎ yòu yīng dài huí jiā, yǎng zài jī lóng lǐ. Zhè zhī yòu yīng hé jī yì qǐ zhuó shí, xī nào hé xiū xí. Tā yǐ wéi zì jǐ shì yì zhī jī. Zhè zhī yīng jiàn jiàn zhǎng dà, yǔ yì fēng mǎn le, zhǔ rén xiǎng bǎ tā xùn liàn chéng liè yīng, kě shì yóu yú zhōng rì hé jī hùn zài yì qǐ, tā yǐ jīng biàn dé hé jī wán quán yí yàng, gēn běn méi yǒu fēi de yuàn wàng le. Zhǔ rén shì le gè zhǒng bàn fǎ, dōu háo wú xiào guǒ, zuì hòu bǎ tā dài dào shān dǐng shàng, yì bǎ jiāng tā rēng le chū qù. Zhè zhī yīng xiàng kuài shí tou shì de, zhí diào xià qù, huāng luàn zhī zhōng tā pīn mìng de pū dǎ chì bǎng, jiù zhè yàng, tā zhōng yú fēi le qǐ lái!

한 사람이 높은 산꼭대기의 독수리 둥지에서 새끼 독수리 한 마리를 잡았다. 그는 그 새끼 독수리를 집으로 데

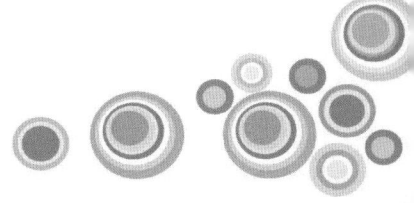

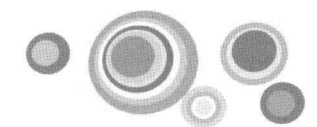

려와 닭장에 넣어 길렀다. 독수리는 닭들과 함께 모이를 쪼아 먹고, 장난치고, 쉬면서 지냈다. 그래서 자신을 닭이라고 생각했다.

그 독수리는 점점 자라 날개가 무성해졌다. 주인은 그것을 매로 길러 보려 했지만, 날마다 닭들과 섞여 지낸 탓에 이미 닭과 똑같아져 버려 전혀 날고 싶은 마음이 없었다. 주인은 온갖 방법을 다 써 보았지만 아무 소용이 없었다. 결국 그는 독수리를 산꼭대기로 데려가 그대로 내던졌다. 독수리는 돌덩이처럼 곧장 떨어졌다. 허둥대던 그 순간, 독수리는 필사적으로 날개를 퍼덕였고, 마침내 하늘을 날아오를 수 있었다!

**3** 我们旅行到乡间，看到一位老农把喂牛的草料铲到一间小茅屋的屋檐上，不免感到奇怪，于是就问道："老公公，你为什么不把喂牛的草放在地上，让它吃?"老农说："这种草草质不好，我要是放在地上它就不屑一顾;但是我放到让它勉强可够得着的屋檐上，它会努力去吃，直到把全部草料吃个精光。人多半是生活在猜想和期盼中，如果你对自己的未来一览无遗，也许一切都会索然无味。

Wǒ men lǚ xíng dào xiāng jiān, kàn dào yí wèi lǎo nóng bǎ wèi niú de cǎo liào chǎn dào yì jiān xiǎo máo wū de wū yán shàng, bù miǎn gǎn dào qí guài, yú shì jiù wèn dào:"Lǎo gōng gōng, nǐ wèi shén me bù bǎ wèi niú de cǎo fàng zài dì shàng, ràng tā chī "lǎo nóng shuō:"Zhè zhǒng cǎo cǎo zhì bù hǎo, wǒ yào shi fàng zài dì shàng tā jiù bù xiè yí gù; dàn shì wǒ fàng dào ràng tā miǎn qiáng kě gòu dé zháo de wū yán shàng, tā huì nǔ lì qù chī, zhí dào bǎ quán bù cǎo liào chī gè jīng guāng. Rén duō bàn shì shēng huó zài cāi xiǎng hé qī pàn zhōng, rú guǒ nǐ duì zì jǐ de wèi lái yì lǎn wú yí, yě xǔ yí qiè dōu huì suǒ rán wú wèi.

우리가 시골로 여행을 갔을 때, 한 노농이 소에게 먹일 풀을 삽으로 퍼서 작은 초가집의 처마 위에 올려놓는 것을 보았다. 우리는 이상하게 여겨 물었다."할아버지, 왜 풀을 땅에 두지 않고 소가 먹게 하지 않으세요?"노농이 말했다. "이 풀은 질이 좋지 않아서 땅에 두면 소가 거들떠보지도 않는다. 하지만 내가 그것을 간신히 닿을 수 있는 처마 위에 두면, 소는 애써 먹으려고 하다가 결국 풀을 전부 다 먹어 치운다. 사람도 대부분 추측과 기대 속에서 살아간다. 만약 자기 미래를 훤히 다 알 수 있다면, 아마도 모든 것이 시들하고 재미없을 것이다."

**4** 一提起北京，很多人都会想起一道名菜，那就是北京烤鸭。北京烤鸭起源于中国南北朝时期，是当时的宫廷菜肴。北京烤鸭用优质的肉食鸭为主料，木炭火烤制，外酥里嫩，是大家非常喜爱的一道菜。新中国建立后，北京烤鸭的声誉与日俱增，成为名扬世界的美食。

历代美食家在吃北京烤鸭时，吃出了许多讲究。首先，吃烤鸭必须在合适的季节，季节不好便影响口感。冬，春，秋三季吃烤鸭口味最佳。原因是冬春时节，鸭子比较肥美，而秋季的气候适合制作烤鸭。其次，烤鸭烤制之后，要趁热片下皮肉，而且讲究片片有皮带肉，薄而不碎。这样吃起来才会口感香酥鲜嫩。

Yì tí qǐ běi jīng, hěn duō rén dōu huì xiǎng qǐ yí dào míng cài, nà jiù shì běi jīng kǎo yā. Běi jīng kǎo yā qǐ yuán yú zhōng guó nán běi cháo shí qī, shì dāng shí de gōng tíng cài yáo. Běi jīng kǎo yā yòng yōu zhì de ròu shí yā wéi zhǔ liào, mù tàn huǒ kǎo zhì, wài sū lǐ nèn, shì dà jiā fēi cháng xǐ ài de yí dào cài. Xīn zhōng guó jiàn lì hòu, běi jīng kǎo yā de shēng yù yǔ rì jù zēng, chéng wéi míng yáng shì jiè de měi shí.

Lì dài měi shí jiā zài chī běi jīng kǎo yā shí, chī chū le xǔ duō jiǎng jiu. Shǒu xiān, chī kǎo yā bì xū zài hé shì de jì jié, jì jié bù hǎo biàn yǐng xiǎng kǒu gǎn. Dōng, chūn, qiū sān jì chī kǎo yā kǒu wèi zuì jiā. Yuán yīn shì dōng chūn shí jié, yā zi bǐ jiào féi měi, ér qiū jì de qì hòu shì hé zhì zuò kǎo yā. Qí cì, kǎo yā kǎo zhì zhī hòu, yào chèn rè piàn xià pí ròu, ér qiě jiǎng jiu piàn piàn yǒu pí dài ròu, báo ér bú suì. Zhè yàng chī qǐ lái cái huì kǒu gǎn xiāng sū xiān nèn.

베이징을 말하면 많은 사람들이 떠올리는 대표 요리가 있다. 바로 베이징 카오야(북경 오리구이)다. 베이징 카오야는 중국 남북조 시기에 기원한 궁중 요리였다. 질 좋은 육용 오리를 주재료로 하여 숯불에 구워내는데, 겉은 바삭하고 속은 연하여 사람들이 매우 좋아하는 음식이다. 신중국이 성립된 이후 베이징 카오야의 명성은 날로 높아져 세계적으로 알려진 미식이 되었다.

역대 미식가들은 베이징 카오야를 먹을 때 여러 가지 까다로운 점을 중요하게 여겼다. 먼저, 오리구이는 알맞은 계절에 먹어야 한다. 계절이 맞지 않으면 맛이 떨어진다. 겨울, 봄, 가을 세 계절에 먹는 것이 가장 맛있다. 그 이유는 겨울과 봄에는 오리가 비교적 살이 올라 맛이 좋고, 가을의 기후는 오리구이를 만들기에 알맞기 때문이다. 다음으로, 구운 오리를 손질할 때는 반드시 뜨거울 때 얇게 썰어야 하며, 한 점 한 점이 껍질과 살을 함께 갖추고 얇으면서도 부서지지 않아야 한다. 이렇게 해야 바삭하고 향기롭고 신선하며 연한 맛을 제대로 느낄 수 있다.

**5. 学历和能力，哪个更重要？为什么？**

我觉得学历和能力都很重要。

首先，在你踏入社会之后，很多用人单位会先看你的学历。所以学历是敲门砖，如果学历没有达到用人单位的要求，可能接下来的简历内容都不会被看到就直接被删除了吧。

其次，如果简历通过了，那还要面试，有些人简历写得天花乱坠，到了面试的时候，面试官发现这个人根本就没有简历上写得那么有能力，没能力就无法通过面试，就算运气好通过了面试，入职后也只是纸上谈兵，无法为企业创造财富，最后面临的还是失业。所以有能力也非常重要的。所以二者缺一不可。

我在网上看过一句话，学历就像车票，没有车票就无法上车。但是，到站后，都下车找工作，才发现老板并不太关心你是怎么来的，只关心你会做什么。所以，我认为，学历和能力都很重要。

5.Xué lì hé néng lì, nǎ ge gèng zhòng yào? Wèi shén me?

Wǒ jué de xué lì hé néng lì dōu hěn zhòng yào.

Shǒu xiān, zài nǐ tà rù shè huì zhī hòu, hěn duō yòng rén dān wèi huì xiān kàn nǐ de xué lì. Suǒ yǐ xué lì shì qiāo mén zhuān, rú guǒ xué lì méi yǒu dá dào yòng rén dān wèi de yāo qiú, kě néng jiē xià lái de jiǎn lì nèi róng dōu bú huì bèi kàn dào jiù zhí jiē bèi shān chú le ba.

Qí cì, rú guǒ jiǎn lì tōng guò le, nà hái yào miàn shì, yǒu xiē rén jiǎn lì xiě de tiān huā luàn zhuì, dào le miàn shì de shí hòu, miàn shì guān fā xiàn zhè ge rén gēn běn jiù méi yǒu jiǎn lì shàng xiě de nà me yǒu néng lì, méi néng lì jiù wú fǎ tōng guò miàn shì, jiù suàn

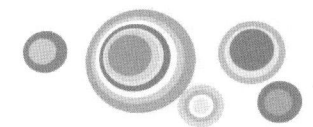

yùn qì hǎo tōng guò le miàn shì, rù zhí hòu yě zhǐ shì zhǐ shàng tán bīng, wú fǎ wèi qǐ yè chuàng zào cái fù, zuì hòu miàn lín de hái shì shī yè. Suǒ yǐ yǒu néng lì yě fēi cháng zhòng yào de. Suǒ yǐ èr zhě quē yī bù kě.

Wǒ zài wǎng shàng kàn guò yí jù huà, xué lì jiù xiàng chē piào, méi yǒu chē piào jiù wú fǎ shàng chē. Dàn shì, dào zhàn hòu, dōu xià chē zhǎo gōng zuò, cái fā xiàn lǎo bǎn bìng bù tài guān xīn nǐ shì zěn me lái de, zhǐ guān xīn nǐ huì zuò shén me. Suǒ yǐ, wǒ rèn wéi, xué lì hé néng lì dōu hěn zhòng yào.

**5. 해석: 학력과 능력 중에 어느 것이 더 중요한가? 무슨 이유인가?**

나는 학력과 능력 둘 다 중요하다고 생각한다.

먼저, 사회에 발을 들여놓은 후 많은 기업들은 우선 학력을 본다. 그래서 학력은 마치 문을 두드리는 벽돌과 같다. 학력이 기업의 요구에 미치지 못한다면, 이력서에 어떤 내용을 써도 아마 열어 보지도 않고 바로 삭제될 것이다.

다음으로, 설령 이력서가 통과되더라도 면접이 기다리고 있다. 어떤 사람들은 이력서를 아주 화려하게 쓰지만, 막상 면접을 보면 면접관은 그 사람이 이력서에 쓴 만큼의 능력이 전혀 없음을 발견한다. 능력이 없으면 면접을 통과할 수 없다. 설령 운 좋게 면접에 합격해 입사했다고 해도 실제로는 탁상공론에 불과하여 기업에 이익을 창출하지 못한다. 결국 맞이하는 것은 실업이다. 그렇기 때문에 능력도 매우 중요하다. 다시 말해 두 가지 중 어느 하나도 결코 빠져서는 안 된다.

나는 인터넷에서 이런 말을 본 적이 있다. 학력은 마치 승차권과 같아서, 승차권이 없으면 차에 오를 수 없다. 그러나 목적지에 도착해 모두 차에서 내려 일자리를 찾을 때, 사장은 당신이 어떻게 왔는지에는 크게 관심이 없고, 당신이 무엇을 할 수 있는지만 신경 쓴다. 그래서 나는 학력과 능력 모두 중요하다고 생각한다.

**6. 你同意"压力是动力"这句话吗？**

我同意适当的压力是一种动力这句话。

首先，因为如果生活或者工作太舒服，人就失去了奋斗的动力，整天只想着怎么娱乐，如何消遣，怎么花钱，对我们的发展反而不好，也会让我们脱离社会。在工作或者生活中有适当的压力，可以让我们更加努力，更加珍惜时间和自己拥有的一切。而且，工作的本身就是让我们培养我们在这个社会上生存下去的技能，其次才是赚钱。

其次，我认为，人们的动力源泉除了来自于自身的欲望以外，很多人的动力都是因为压力，无论是因为小孩上学需要钱，还是家里老人看病需要钱，这些来自方方面面的压力都是很多人在这个社会上奋斗的原因和目的。所以压力和动力是相互存在的。

不过我认为，如果压力太大，也不是一件好事情。压力太大的话，很容易引起疾病，对人的健康没有好处。所以我觉得"压力是动力"这句话有点儿绝对，适当的压力才是动力。

**6. Nǐ tóng yì "yā lì shì dòng lì" zhè jù huà ma?**

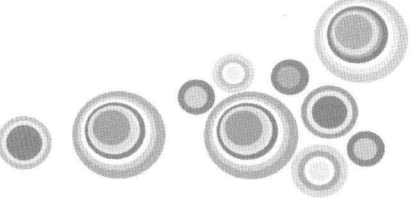

Wǒ tóng yì shì dàng de yā lì shì yì zhǒng dòng lì zhè jù huà.

Shǒu xiān, yīn wèi rú guǒ shēng huó huò zhě gōng zuò tài shū fú, rén jiù shī qù le fèn dòu de dòng lì, zhěng tiān zhǐ xiǎng zhe zěn me yú lè, rú hé xiāo qiǎn, zěn me huā qián, duì wǒ men de fā zhǎn fǎn ér bù hǎo, yě huì ràng wǒ men tuō lí shè huì. Zài gōng zuò huò zhě shēng huó zhōng yǒu shì dàng de yā lì, kě yǐ ràng wǒ men gèng jiā nǔ lì, gèng jiā zhēn xī shí jiān hé zì jǐ yǒng yǒu de yí qiè. Ér qiě, gōng zuò de běn shēn jiù shì ràng wǒ men péi yǎng wǒ men zài zhè ge shè huì shàng shēng cún xià qù de jì néng, qí cì cái shì zhuàn qián.

Qí cì, wǒ rèn wéi, rén men de dòng lì yuán quán chú le lái zì yú zì shēn de yù wàng yǐ wài, hěn duō rén de dòng lì dōu shì yīn wèi yā lì, wú lùn shì yīn wèi xiǎo hái shàng xué xū yào qián, hái shì jiā lǐ lǎo rén kàn bìng xū yào qián, zhè xiē lái zì fāng fāng miàn miàn de yā lì dōu shì hěn duō rén zài zhè ge shè huì shàng fèn dòu de yuán yīn hé mù dì. Suǒ yǐ yā lì hé dòng lì shì xiāng hù cún zài de.

Bú guò wǒ rèn wéi, rú guǒ yā lì tài dà, yě bú shì yí jiàn hǎo shì qíng. Yā lì tài dà de huà, hěn róng yì yǐn qǐ jí bìng, duì rén de jiàn kāng méi yǒu hǎo chù. Suǒ yǐ wǒ jué de "yā lì shì dòng lì" zhè jù huà yǒu diǎn er jué duì, shì dàng de yā lì cái shì dòng lì.

**6. 해석: '압력이 동력이다'라는 말에 동의하는가?**

나는 "적당한 압력이 곧 동력이다"라는 말에 동의한다.

먼저, 생활이나 일이 너무 편안하면 사람은 분투하려는 동기를 잃고 만다. 하루 종일 오락이나 시간 때우기, 돈을 어떻게 쓸까만 생각하게 된다. 이는 오히려 우리의 발전에 좋지 않고, 사회와 동떨어지게 만든다. 일이나 생활에서 적당한 압력이 있으면 우리는 더욱 노력하게 되고, 시간을 더 소중히 여기며 자신이 가진 모든 것을 귀하게 여긴다. 게다가 일이라는 것 자체가 사회에서 살아가는 기술을 길러 주는 것이 우선이고, 돈을 버는 것은 그다음이다.

다음으로, 나는 사람들의 동력의 원천이 자기 욕망에서 오는 것 외에도, 많은 경우 압력에서 비롯된다고 본다. 아이들 학비가 필요해서든, 집안 어르신의 치료비가 필요해서든, 이런저런 압력들이야말로 많은 사람들이 사회에서 분투하는 이유와 목적이다. 그래서 압력과 동력은 서로 공존하는 것이다.

하지만 압력이 지나치면 그것 또한 좋은 일이 아니다. 압력이 너무 크면 병을 불러일으키기 쉽고, 사람의 건강에 해롭다. 그래서 나는 "압력은 곧 동력이다"라는 말은 다소 절대적이라고 생각한다. 적당한 압력만이 진정한 동력이다.

 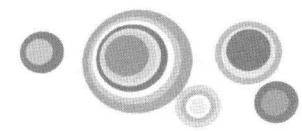

# <HSKK 고급 모의고사 15> 모범 답안

1 古时候，有两个兄弟各自带着一只行李箱出远门。一路上，重重的行李箱将兄弟俩都压得喘不过气来。他们只好左手累了换右手，右手累了又换左手。忽然，大哥停了下来，在路边买了一根扁担，将两个行李箱一左一右挂在扁担上。他挑起两个箱子上路，反倒觉得轻松了很多。在我们人生的大道上，肯定会遇到许许多多的困难。但我们是不是都知道，在前进的道路上，搬开别人脚下的绊脚石，有时恰恰是为自己铺路？

Gǔ shí hòu, yǒu liǎng gè xiōng dì gè zì dài zhe yì zhī xíng lǐ xiāng chū yuǎn mén. Yí lù shàng, zhòng zhòng de xíng lǐ xiāng jiāng xiōng dì liǎ dōu yā dé chuǎn bù guò qì lái. Tā men zhǐ hǎo zuǒ shǒu lèi le huàn yòu shǒu, yòu shǒu lèi le zài huàn zuǒ shǒu. Hū rán, dà gē tíng le xià lái, zài lù biān mǎi le yì gēn biǎn dan, jiāng liǎng gè xíng lǐ xiāng yì zuǒ yí yòu guà zài biǎn dan shàng. Tā tiāo qǐ liǎng gè xiāng zi shàng lù, fǎn dào jué de qīng sōng le hěn duō. Zài wǒ men rén shēng de dà dào shàng, kěn dìng huì yù dào xǔ xǔ duō duō de kùn nán. Dàn wǒ men shì bú shì dōu zhī dào, zài qián jìn de dào lù shàng, bān kāi bié rén jiǎo xià de bàn jiǎo shí, yǒu shí qià qià shì wèi zì jǐ pū lù?

옛날에 두 형제가 각자 여행 가방 하나씩을 들고 먼 길을 떠났다. 길을 가는 동안 무거운 가방 때문에 두 사람은 숨이 찰 정도로 힘들었다. 그래서 왼손이 피곤하면 오른손으로 바꾸고, 오른손이 피곤하면 다시 왼손으로 바꾸기를 반복했다. 그러던 중 큰형이 문득 걸음을 멈추고 길가에서 멜빵 하나를 사서 두 가방을 양쪽에 매달았다. 그는 멜빵으로 두 가방을 메고 가니 오히려 훨씬 가벼워졌다. 우리 인생의 큰길에서도 분명히 수많은 어려움을 만나게 된다. 그러나 우리는 알고 있는가? 앞으로 나아가는 길에서 다른 사람 발밑의 걸림돌을 치워 주는 것이, 때로는 바로 자기 자신의 길을 닦는 일이라는 것을.

2 在一场激烈的战斗中，上尉忽然发现一架敌机向阵地俯冲下来。照常理，发现敌机俯冲时要毫不犹豫地卧倒。可上尉并没有立刻卧倒，他发现离他四五米远处有一个小战士还站在哪儿。他顾不上多想，一个鱼跃飞身将小战士紧紧地压在了身下。此时一声巨响，飞溅起来的泥土纷纷落在他们的身上。上尉拍拍身上的尘土，回头一看，顿时惊呆了：刚才自己所处的那个位置被炸成了一个大坑。在帮助别人的同时也帮助了自己！

Zài yì chǎng jī liè de zhàn dòu zhōng, shàng wèi hū rán fā xiàn yí jià dí jī xiàng zhèn dì fǔ chōng xià lái. Zhào cháng lǐ, fā xiàn dí jī fǔ chōng shí yào háo bù yóu yù de wò dǎo. Kě shàng wèi bìng méi yǒu lì kè wò dǎo, tā fā xiàn lí tā sì wǔ mǐ yuǎn chù yǒu yí gè xiǎo zhàn shì hái zhàn zài nǎ er. Tā gù bù shàng duō xiǎng, yí gè yú yuè fēi shēn jiāng xiǎo zhàn shì jǐn jǐn de yā zài le shēn xià. Cǐ shí yì shēng jù xiǎng, fēi jiàn qǐ lái de ní tǔ fēn fēn luò zài tā men de shēn shang. Shàng wèi pāi pāi shēn shang de chén tǔ, huí tóu yí kàn, dùn shí jīng dāi le:.gāng cái zì jǐ suǒ chǔ de nà gè wèi zhì bèi zhà chéng le yí gè dà kēng. zài bāng zhù bié rén de tóng shí yě bāng zhù le zì jǐ!

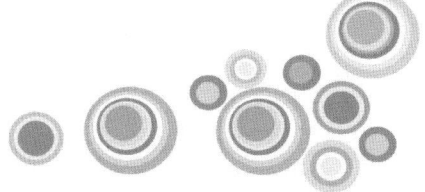

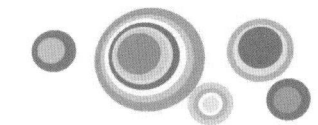

격렬한 전투 중, 한 대위가 갑자기 적기 한 대가 진지를 향해 급강하하는 것을 발견했다. 보통이라면 적기가 급강하할 때 주저 없이 엎드려야 했다. 그러나 대위는 곧바로 엎드리지 않았다. 불과 네다섯 미터 떨어진 곳에 한 어린 병사가 아직 서 있는 것을 본 것이다. 그는 더 생각할 겨를도 없이 몸을 날려 어린 병사를 꽉 눌러 덮었다. 그 순간 굉음이 울리며 흙이 사방으로 튀어 두 사람 위로 쏟아졌다. 대위는 몸의 먼지를 털고 뒤돌아보았다. 그 순간 그는 깜짝 놀랐다. 방금 자신이 있던 자리가 커다란 구덩이로 변해 있었던 것이다. 남을 도우면서 동시에 자신도 도운 셈이었다!

**3** 一天动物园管理员发现袋鼠从笼子里跑出来了，于是开会讨论，一致认为是笼子的高度过低。所以他们决定将笼子的高度由原来的10米加高到20米。结果第二天他们发现袋鼠还是跑到外面来，所以他们又决定再将高度加高到30米。没想到隔天居然又看到袋鼠全跑到外面，于是管理员们大为紧张，决定一不做二不休，将笼子的高度加高到100米。一天长颈鹿和几只袋鼠们在闲聊，"你们看，这些人会不会再继续加高你们的笼子？"长颈鹿问。"很难说，"袋鼠说："如果他们再继续忘记关门的话！"事有"本末"、"轻重"、"缓急"，关门是本,加高笼子是末，舍本而逐末，当然就不得要领了。

Yì tiān dòng wù yuán guǎn lǐ yuán fā xiàn dài shǔ cóng lóng zi lǐ pǎo chū lái le, yú shì kāi huì tǎo lùn,yí zhì rèn wéi shì lóng zi de gāo dù guò dī. suǒ yǐ tā men jué dìng jiāng lóng zi de gāo dù yóu yuán lái de 10 mǐ jiā gāo dào 20 mǐ. Jié guǒ dì èr tiān tā men fā xiàn dài shǔ hái shì pǎo dào wài miàn lái, suǒ yǐ tā men yòu jué dìng zài jiāng gāo dù jiā gāo dào 30 mǐ. méi xiǎng dào gé tiān jū rán yòu kàn dào dài shǔ quán pǎo dào wài miàn, yú shì guǎn lǐ yuán men dà wéi jǐn zhāng, jué dìng yī bù zuò èr bù xiū, jiāng lóng zi de gāo dù jiā gāo dào 100 mǐ yì tiān cháng jǐng lù hé jǐ zhǐ dài shǔ men zài xián liáo,"nǐ men kàn, zhè xiē rén huì bú huì zài jì xù jiā gāo nǐ men de lóng zi?" cháng jǐng lù wèn."hěn nán shuō," dài shǔ shuō:"rú guǒ tā men zài jì xù wàng jì guān mén de huà!" Shì yǒu "běn mò ", "qīng zhòng","huǎn jí", guān mén shì běn, jiā gāo lóng zi shì mò, shě běn ér zhú mò, dāng rán jiù bù dé yào lǐng le.

어느 날 동물원 관리인이 캥거루가 우리 밖으로 나간 것을 발견했다. 그래서 회의를 열어 논의한 끝에, 우리 높이가 너무 낮다고 결론지었다. 그래서 원래 10미터였던 우리를 20미터로 높였다. 그런데 다음 날 보니 캥거루는 또 다시 밖에 나와 있었다. 그래서 이번에는 30미터로 높이기로 했다. 뜻밖에도 그 다음 날에도 캥거루들이 전부 밖에 나와 있는 것이었다. 관리인들은 몹시 당황하여 "차라리 100미터로 높여 버리자" 하고 결정을 내렸다. 어느 날 기린이 캥거루 몇 마리와 한가롭게 얘기를 나누었다. "얘들아, 저 사람들이 너희 우리를 또 높일까?" 기린이 물었다. "글쎄, 잘 모르겠어." 캥거루가 대답했다. "만약 그 사람들이 계속 문을 안 잠근다면 말이지!" 일에는 "본말", "경중", "완급"이 있다. 문을 잠그는 것이 근본이고, 우리를 높이는 것은 지엽적이다. 근본을 버리고 말단만 쫓는다면, 당연히 문제의 요점을 잡을 수 없는 것이다.

**4** 如果想让商品成功大卖，一个成功的广告可以说是关键。在中国，一张"甜过初恋"的图片不仅在网上热传，照片中卖橘子的老奶奶还被网友戏称为广告的高手。很多人表示，这儿卖的已经不是单纯的橘子了，而是无数人的美好回忆。

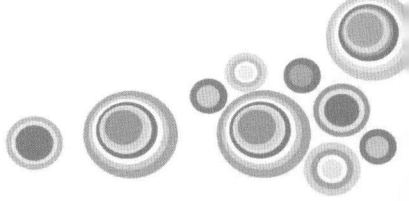

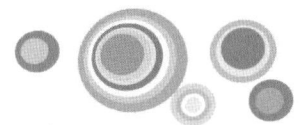

老奶奶被岁月打磨出的侧影，对比上单纯文字的广告，给人留下了深刻印象。"甜过初恋"被很多网友称为史上最成功的广告案例。

Rú guǒ xiǎng ràng shāng pǐn chéng gōng dà mài, yí gè chéng gōng de guǎng gào kě yǐ shuō shì guān jiàn. Zài zhōng guó, yì zhāng "tián guò chū liàn" de tú piàn bù jǐn zài wǎng shàng rè chuán, zhào piàn zhōng mài jú zi de lǎo nǎi nai hái bèi wǎng yǒu xì chēng wéi guǎng gào de gāo shǒu. Hěn duō rén biǎo shì, zhè er mài de yǐ jīng bú shì dān chún de jú zi le, ér shì wú shù rén de měi hǎo huí yì.

Lǎo nǎi nai bèi suì yuè dǎ mó chū de cè yǐng, duì bǐ shàng dān chún wén zì de guǎng gào, gěi rén liú xià le shēn kè yìn xiàng. "tián guò chū liàn" bèi hěn duō wǎng yǒu chēng wéi shǐ shàng zuì chéng gōng de guǎng gào àn lì.

상품이 크게 팔리게 하려면, 성공적인 광고가 핵심이라고 할 수 있다. 중국에서 "첫사랑보다 더 달다"라는 문구가 적힌 한 장의 사진이 인터넷에서 크게 화제가 되었다. 사진 속 귤을 파는 한 할머니는 네티즌들에게 광고의 고수라 불리기도 했다. 많은 사람들이 말하길, 이곳에서 팔린 것은 단순한 귤이 아니라 수많은 이들의 아름다운 추억이었다.

세월이 새긴 할머니의 옆모습은 단순한 글자 광고보다 훨씬 더 깊은 인상을 남겼다. "첫사랑보다 더 달다"라는 광고는 많은 네티즌들에게 역사상 가장 성공적인 광고 사례로 불리고 있다.

**5.你怎么缓解压力？**

我缓解压力的方法有很多。

首先，我会用运动的方式来缓解压力，因为运动会出一身汗，这样一来，好像压力也随之减小了，无论是身体还是心理上我都会感觉轻松很多。我一般会去健身房跑步，有时候我也会去练瑜伽，周末的时候我还会和朋友在汉江边骑车。

其次，我不是很想运动的时候，我会通过听安静的音乐来缓解压力，闭上眼睛，感受音乐在耳边流动，感受旋律在我脑中描绘的画面，在这一刻，我觉得整个世界都静止了，让我可以在这片刻的静止中放松我自己，我认为这是一种缓解压力非常有效的方法，整个人身心都得到了放松与愉悦，轻松又舒畅。

最后，我会上网买东西，把钱花出去是一种发泄的方法，我认为我的压力也会与我的钱一起被带走，我一般主要是买衣服和化妆品，用钱换来漂亮的衣服，心情就更好了。有时候我还会看电视或者电影，顺便吃很多自己喜欢的零食，那也是一种享受。

5.Nǐ zěn me huǎn jiě yā lì?

Wǒ huǎn jiě yā lì de fāng fǎ yǒu hěn duō.

Shǒu xiān, wǒ huì yòng yùn dòng de fāng shì lái huǎn jiě yā lì, yīn wèi yùn dòng huì chū yì shēn hàn, zhè yàng yì lái, hǎo xiàng yā lì yě suí zhī jiǎn xiǎo le, wú lùn shì shēn tǐ hái shì xīn lǐ shàng wǒ dōu huì gǎn jué qīng sōng hěn duō. Wǒ yì bān huì qù jiàn shēn

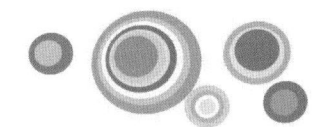

fáng pǎo bù, yǒu shí hòu wǒ yě huì qù liàn yú jiā, zhōu mò de shí hòu wǒ hái huì hé péng you zài hàn jiāng biān qí chē.

Qí cì, wǒ bú shì hěn xiǎng yùn dòng de shí hòu, wǒ huì tōng guò tīng ān jìng de yīn yuè lái huǎn jiě yā lì, bì shàng yǎn jīng, gǎn shòu yīn yuè zài ěr biān liú dòng, gǎn shòu xuán lǜ zài wǒ nǎo zhōng miáo huì de huà miàn, zài zhè yí kè, wǒ jué de zhěng gè shì jiè dōu jìng zhǐ le, ràng wǒ kě yǐ zài zhè piàn kè de jìng zhǐ zhōng fàng sōng wǒ zì jǐ, wǒ rèn wéi zhè shì yì zhǒng huǎn jiě yā lì fēi cháng yǒu xiào de fāng fǎ, zhěng gè rén shēn xīn dōu dé dào le fàng sōng yǔ yú yuè, qīng sōng yòu shū chàng.

Zuì hòu, wǒ huì shàng wǎng mǎi dōng xi, bǎ qián huā chū qù shì yì zhǒng fā xiè de fāng fǎ, wǒ rèn wéi wǒ de yā lì yě huì yǔ wǒ de qián yì qǐ bèi dài zǒu, wǒ yì bān zhǔ yào shi mǎi yī fú hé huà zhuāng pǐn, yòng qián huàn lái piào liang de yī fú, xīn qíng jiù gèng hǎo le. Yǒu shí hòu wǒ hái huì kàn diàn shì huò zhě diàn yǐng, shùn biàn chī hěn duō zì jǐ xǐ huān de líng shí, nà yě shì yì zhǒng xiǎng shòu.

**5. 해석: 스트레스를 어떻게 푸는가?**

나는 스트레스를 해소하는 방법이 많다.

먼저, 나는 운동을 통해 스트레스를 풀곤 한다. 운동을 하면 땀이 나는데, 그러면 마치 스트레스도 함께 줄어든 것처럼 느껴진다. 몸과 마음이 훨씬 가벼워지는 것이다. 나는 보통 헬스장에서 러닝머신을 뛰고, 때로는 요가도 한다. 주말에는 친구들과 한강 변을 따라 자전거를 타기도 한다.

다음으로, 운동을 하고 싶지 않을 때는 잔잔한 음악을 들으며 스트레스를 해소한다. 눈을 감고 귀가에 흐르는 음악을 느끼며, 머릿속에 그려지는 멜로디의 그림을 따라가다 보면, 그 순간 세상이 멈춘 듯하다. 이 짧은 정지의 시간 속에서 나는 마음껏 긴장을 풀 수 있다. 나는 이것이 스트레스를 해소하는 데 매우 효과적인 방법이라고 생각한다. 온몸과 마음이 편안하고 즐겁게 풀리기 때문이다.

마지막으로, 나는 인터넷 쇼핑을 하기도 한다. 돈을 쓰는 것이 일종의 발산 방법인데, 돈을 쓰면 스트레스도 함께 날아가는 것 같다. 나는 보통 옷이나 화장품을 산다. 예쁜 옷을 사 입으면 기분이 더 좋아진다. 가끔은 TV나 영화를 보면서 내가 좋아하는 간식을 많이 먹는데, 그것도 하나의 즐거움이다.

**6. 很多人批评高考无法评价一个人的能力，你赞成高考吗？**

我赞成高考，但我也同时认为，高考无法全面地测评一个人的能力，甚至潜力。

首先，我赞成高考是因为，高考是社会最公正的一次全面考试，是底层社会的人走入上层社会的重要通道。现在社会贫富差距越来越大，穷人的孩子很难走入上流社会，这不仅仅是物质上的区别，更多的是，有钱的人可以花钱让自己的孩子感受更多，见识更多，体会更多那些在书本上压根学不到的东西，也是视野，是思维方式，是很多隐形的财富，而高考则在一样的考卷面前，使得穷人家的孩子有机会与有钱人家的孩子竞争，对，高考就提供了这样的机会，同时，高考本身，也是将穷人家的孩子带入快车道的必要通道，也是因为通过高考，穷人家的孩子才有可能，给自己未来的发展，创造更好的条件。所以，我非常赞成学生以学业为重，也很赞同家长重视高考。

其次，我认为高考无法全面测评一个人的能力是因为，我认为一个人除了学习能力等各方面的能力以外，还有无法通过考试测评的各种潜力包括交际能力，情商高低等等。但是有一点需要我们认清的就是，如果没有高考，我们就难以选拔人才；如果没有高考，穷人的孩子就很难在未来遇见更好的自己。

6.Hěn duō rén pī píng gāo kǎo wú fǎ píng jià yí gè rén de néng lì, nǐ zàn chéng gāo kǎo ma?

Wǒ zàn chéng gāo kǎo, dàn wǒ yě tóng shí rèn wéi, gāo kǎo wú fǎ quán miàn de cè píng yí gè rén de néng lì, shèn zhì qián lì.

Shǒu xiān, wǒ zàn chéng gāo kǎo shì yīn wèi, gāo kǎo shì shè huì zuì gōng zhèng de yí cì quán miàn kǎo shì, shì dǐ céng shè huì de rén zǒu rù shàng céng shè huì de zhòng yào tōng dào. Xiàn zài shè huì pín fù chā jù yuè lái yuè dà, qióng rén de hái zi hěn nán zǒu rù shàng liú shè huì, zhè bù jǐn jǐn shì wù zhí shàng de qū bié, gèng duō de shì, yǒu qián de rén kě yǐ huā qián ràng zì jǐ de hái zi gǎn shòu gèng duō, jiàn shì gèng duō, tǐ huì gèng duō nà xiē zài shū běn shàng yà gēn xué bù dào de dōng xi, yě shì shì yě, shì sī wéi fāng shì, shì hěn duō yǐn xíng de cái fù, ér gāo kǎo zé zài yí yàng de kǎo juàn miàn qián, shǐ dé qióng rén jiā de hái zi yǒu jī huì yǔ yǒu qián rén jiā de hái zi jìng zhēng, duì, gāo kǎo jiù tí gōng le zhè yàng de jī huì, tóng shí, gāo kǎo běn shēn, yě shì jiāng qióng rén jiā de hái zi dài rù kuài chē dào de bì yào tōng dào, yě shì yīn wèi tōng guò gāo kǎo, qióng rén jiā de hái zi cái yǒu kě néng, jǐ zì jǐ wèi lái de fā zhǎn, chuàng zào gèng hǎo de tiáo jiàn. Suǒ yǐ, wǒ fēi cháng zàn chéng xué shēng yǐ xué yè wéi zhòng, yě hěn zàn tóng jiā zhǎng zhòng shì gāo kǎo.

Qí cì, wǒ rèn wéi gāo kǎo wú fǎ quán miàn cè píng yí gè rén de néng lì shì yīn wèi, wǒ rèn wéi yí gè rén chú le xué xí néng lì děng gè fāng miàn de néng lì yǐ wài, hái yǒu wú fǎ tōng guò kǎo shì cè píng de gè zhǒng qián lì bāo kuò jiāo jì néng lì, qíng shāng gāo dī děng děng. Dàn shì yǒu yì diǎn xū yào wǒ men rèn qīng de jiù shì, rú guǒ méi yǒu gāo kǎo, wǒ men jiù nán yǐ xuǎn bá rén cái; rú guǒ méi yǒu gāo kǎo, qióng rén de hái zi jiù hěn nán zài wèi lái yù jiàn gèng hǎo de zì jǐ.

6. 해석: 많은 사람이 수능이 한 사람의 능력을 평가할 수 없다고 한다. 수능을 찬성하는가?

나는 대학입학시험(수능)에 찬성하지만, 동시에 수능이 한 사람의 능력, 더 나아가 잠재력을 전면적으로 평가할 수는 없다고 생각한다.

먼저, 내가 수능에 찬성하는 이유는 수능이 사회에서 가장 공정한 종합 시험이기 때문이다. 그것은 하층 사회의 아이들이 상류 사회로 들어갈 수 있는 중요한 통로다. 오늘날 사회의 빈부 격차는 점점 더 커지고 있는데, 가난한 집 아이들이 상류 사회로 들어가기란 쉽지 않다. 그것은 단지 물질적 차이 때문만이 아니다. 부유한 집 아이들은 돈을 통해 더 많은 것을 경험하고, 더 많이 보고, 더 많은 체험을 한다. 그것은 교과서에서 배울 수 없는 것이며, 시야와 사고방식, 보이지 않는 다양한 자산이다. 그러나 수능에서는 모두가 똑같은 시험지를 받는다. 이로써 가난한 집 아이들에게도 부잣집 아이들과 경쟁할 기회가 주어진다. 맞다, 수능은 바로 이런 기회를 제공한다. 동시에, 수능 자체가 가난한 집 아이들을 '고속도로'로 이끌어 주는 필수 통로이기도 하다. 수능을 통해서만 그들은 더 나은 미래 발전 조건을 마련할 수 있다. 그래서 나는 학생들이 학업을 중시해야 한다는 것에 매우 동의하고, 부모들이 수능을 중요하게 여기는 것도 찬성한다.

다음으로, 수능이 한 사람의 능력을 전면적으로 평가할 수 없다고 생각하는 이유는, 사람에게는 학습 능력뿐 아니라 시험으로는 평가할 수 없는 잠재력들도 존재하기 때문이다. 예를 들어, 교제 능력, 감정지능 수준 등은 시험 점수로는 측정할 수 없다. 하지만 우리가 반드시 인식해야 할 점이 있다. 수능이 없다면, 우리는 인재를 선발하기 어려울 것이다. 수능이 없다면, 가난한 집 아이들은 미래에 더 나은 자신을 만날 기회조차 잃게 될 것이다.

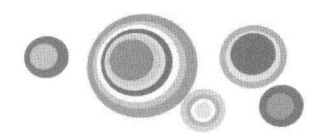

# <HSKK 고급 모의고사 16> 모범 답안

**1** 有个太太多年来不断抱怨对面的太太很懒惰，"那个女人的衣服永远洗不干净，看，她晾在外院子里的衣服，总是有斑点，我真的不知道，她怎么连洗衣服都洗成那个样子"直到有一天，有个明察秋毫的朋友到她家，才发现不是对面的太太衣服洗不干净。细心的朋友拿了一块抹布，把这个太太的窗户上的灰渍抹掉，说："看，这不就干净了吗？"人就是如此，容易看到别人的缺点，但往往发现不了自己的错误。

Yǒu gè tài tài duō nián lái bú duàn bào yuàn duì miàn de tài tài hěn lǎn duò,"nà gè nǚ rén de yī fú yǒng yuǎn xǐ bù gān jìng, kàn, tā liàng zài wài yuàn zi lǐ de yī fú, zǒng shì yǒu bān diǎn, wǒ zhēn de bù zhī dào, tā zěn me lián xǐ yī fú dōu xǐ chéng nà gè yàng zi" zhí dào yǒu yì tiān, yǒu gè míng chá qiū háo de péng yǒu dào tā jiā, cái fā xiàn bú shì duì miàn de tài tài yī fú xǐ bù gān jìng. Xì xīn de péng yǒu ná le yí kuài mā bù, bǎ zhè ge tài tài de chuāng hù shàng de huī zì mǒ diào, shuō:"Kàn, zhè bù jiù gān jìng le ma?" Rén jiù shì rú cǐ, róng yì kàn dào bié rén de quē diǎn, dàn wǎng wǎng fā xiàn bù liǎo zì jǐ de cuò wù.

한 아주머니는 수년 동안 맞은편 집 아주머니가 게으르다고 늘 불평했다."저 여자는 빨래를 제대로 하지도 않아. 봐, 마당에 널어 놓은 옷마다 얼룩투성이야. 도대체 어떻게 빨래를 저렇게 할 수가 있지?"그러던 어느 날, 세심한 한 친구가 그녀의 집에 찾아왔다. 그 친구는 문제의 원인을 곧 발견했다. 사실 빨래가 더러운 것이 아니라, 이 아주머니 집 창문이 먼지로 더럽혀져 있었던 것이다. 친구는 걸레로 창문을 닦으며 말했다."봐, 이제 깨끗하지 않니?" 사람이란 이처럼 남의 결점은 잘 보면서 정작 자기 잘못은 보지 못한다.

**2** 乞丐："能不能给我一百块钱？"路人："我只有八十块钱。"乞丐："那你就欠我八十块钱吧"有些人总以为是上苍欠他的，老觉得老天爷给的不够多、不够好，贪婪之欲早已代替了感恩之心。

Qǐ gài:"Néng bù néng gěi wǒ yì bǎi kuài qián?" Lù rén:"Wǒ zhǐ yǒu bā shí kuài qián." Qǐ gài:"Nà nǐ jiù qiàn wǒ bā shí kuài qián ba" yǒu xiē rén zǒng yǐ wéi shì shàng cāng qiàn tā de, lǎo jué de lǎo tiān yé gěi de bú gòu duō, bù gòu hǎo, tān lán zhī yù zǎo yǐ dài tì le gǎn ēn zhī xīn.

거지는 "100 위안 줄 수 있어요?"라고 말했다. 행인은 "난 80 위안밖에 없다."라고 했다. 거지는 "그럼 너는 내게 80 위안을 빚져라."라고 말했다. 어떤 사람들은 늘 하느님은 그에게 빚진거라고 생각한다. 하늘이 줄 것이 적고 좋지 않다고 여기며 욕심이 이미 감사하는 마음을 대신하고 있다.

**3** 一把坚实的大锁挂在大门上，一根铁杆费了九牛二虎之力，还是无法将它撬开。成功人士的特点钥匙来了，他瘦小的身子钻进锁孔，只轻轻一转，大锁就"啪"地一声打开了。铁杆个性地问："为什么我费了那么大力气也打不开，而你却轻而易举地就把它打开了呢？"钥匙说："正因我最了解他的心。"每个人的心，都像上了锁的大门，任你再粗的铁棒也撬不开。唯有关怀，才能把自己变成一只细腻的钥匙，进入别人的心中，了解别人。

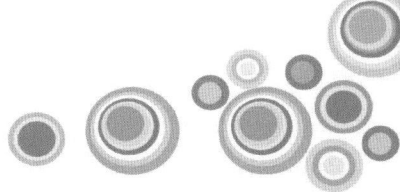

Yì bǎ jiān shí de dà suǒ guà zài dà mén shàng, yì gēn tiě gǎn fèi le jiǔ niú èr hǔ zhī lì, hái shì wú fǎ jiāng tā qiào kāi. Chéng gōng rén shì de tè diǎn yào shi lái le, tā shòu xiǎo de shēn zi zuān jìn suǒ kǒng, zhǐ qīng qīng yí zhuàn, dà suǒ jiù "pā" de yì shēng dǎ kāi le tiě gǎn gè xìng de wèn: "wèi shén me wǒ fèi le nà me dà lì qì yě dǎ bù kāi, ér nǐ què qīng ér yì jǔ de jiù bǎ tā dǎ kāi le ne?" Yào shi shuō: "Zhèng yīn wǒ zuì liǎo jiě tā de xīn." Měi gè rén de xīn, dōu xiàng shàng le suǒ de dà mén, rèn nǐ zài cū de tiě bàng yě qiào bù kāi. Wéi yǒu guān huái, cái néng bǎ zì jǐ biàn chéng yì zhī xì nì de yào shi, jìn rù bié rén de xīn zhōng, liǎo jiě bié rén.

튼튼한 자물쇠가 대문에 걸려 있었다. 한 쇠막대가 온 힘을 다해도 자물쇠를 열 수 없었다. 그런데 성공하는 사람의 특징은 열쇠와 같다. 작은 몸집의 열쇠가 자물쇠 구멍 속으로 들어가 살짝 돌리자, "철컥" 하는 소리와 함께 자물쇠가 열렸다. 쇠막대가 의아해 물었다. "왜 나는 그렇게 큰 힘을 들였는데도 열지 못했는데, 너는 이렇게 쉽게 열 수 있었니?" 열쇠가 말했다. "내가 그 마음을 가장 잘 알기 때문이지." 사람의 마음은 모두 잠긴 문과 같다. 아무리 굵은 쇠막대라도 억지로는 열 수 없다. 오직 배려만이 자신을 섬세한 열쇠로 만들어 남의 마음속에 들어가고, 그를 이해할 수 있게 한다.

4 古时候，有个叫阿迪的富人，他一生气就跑回家去，然后绕着自己的房子和土地跑三圈儿。后来，他的房子和土地越来越大，而一生气时，他仍然要绕着自己的房子和土地跑三圈。

孙子问："爷爷！为什么你生气时就绕着房子和土地跑？"阿迪说："年轻和人吵架时，我就绕着自己的房子和土地跑三圈儿，我边跑边想，自己的房子和土地这么小，哪有时间和精力跟别人生气呢？一想到这里，我的气就消了，也就有更多的时间工作了。"孙子又问："爷爷！你已经成了有钱人，可是为什么还要绕着房子和土地跑三圈儿呢？"阿迪笑着说："一边跑我就一边想啊——我的房子这么大，又何必和别人计较呢？一想到这里，我的气就消了。"

Gǔ shí hòu, yǒu gè jiào ā dí de fù rén, tā yì shēng qì jiù pǎo huí jiā qù, rán hòu rào zhe zì jǐ de fáng zi hé tǔ dì pǎo sān quān er. Hòu lái, tā de fáng zi hé tǔ dì yuè lái yuè dà, ér yì shēng qì shí, tā réng rán yào rào zhe zì jǐ de fáng zi hé tǔ dì pǎo sān quān.

Sūn zi wèn: "Yé ye! wèi shén me nǐ shēng qì shí jiù rào zhe fáng zi hé tǔ dì pǎo?" ā dí shuō: "Nián qīng hé rén chǎo jià shí, wǒ jiù rào zhe zì jǐ de fáng zi hé tǔ dì pǎo sān quān er, wǒ biān pǎo biān xiǎng, zì jǐ de fáng zi hé tǔ dì zhè me xiǎo, nǎ yǒu shí jiān hé jīng lì gēn bié rén shēng qì ne? Yì xiǎng dào zhè lǐ, wǒ de qì jiù xiāo le, yě jiù yǒu gèng duō de shí jiān gōng zuò le." Sūn zi yòu wèn: "Yé ye! Nǐ yǐ jīng chéng le yǒu qián rén, kě shì wèi shén me hái yào rào zhe fáng zi hé tǔ dì pǎo sān quān er ne?" ā dí xiào zhe shuō: "yì biān pǎo wǒ jiù yì biān xiǎng a——wǒ de fáng zi zhè me dà, yòu hé bì hé bié rén jì jiào ne? yì xiǎng dào zhè lǐ, wǒ de qì jiù xiāo le."

옛날에 아디라는 이름의 한 부자가 있었다. 그는 화가 나면 집으로 달려가 자기 집과 땅을 세 바퀴씩 돌곤 했다. 세월이 흐르면서 그의 집과 땅은 점점 더 커졌지만, 화가 날 때마다 그는 여전히 집과 땅을 세 바퀴씩 돌았다.

손자가 물었다. "할아버지! 왜 화가 나면 집과 땅을 도는 거예요?" 아디가 대답했다. "젊었을 때 남과 다툴 때면, 나는 집과 땅을 세 바퀴 돌았단다. 뛰면서 생각했지. 내 집과 땅이 이렇게 작은데, 어디 시간이 있어 남과 화내고 다투겠느냐. 그렇게 생각하면 화가 가라앉고, 나는 더 많은 시간을 일에 쓸 수 있었단다." 손자가 또 물었다. "할아버지! 지금은 부자가 되었는데, 왜 여전히 집과 땅을 세 바퀴 도세요?" 아디가 웃으며 말했다. "뛰면서 생각하는 거지. 내 집이 이렇게 큰데, 또 무엇 때문에 남과 일일이 따질 필요가 있겠느냐. 그렇게 생각하면 화가 금세 사라진단다."

**5. 你知道"活到老，学到老"是什么意思吗?**

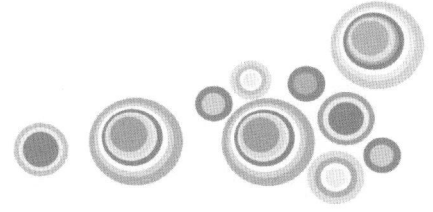

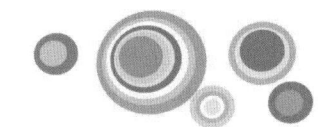

"活到老，学到老"就是学习没有年龄的限制，谁都可以学习，什么时候都可以学习。

首先，"活到老，学到老"是我爸爸教育我们的时候经常说的话。这句话告诉我们，人们需要一直保持学习的态度，因为知识是学不完的，只有一直学习，才能一直进步，进而在这个社会上生存下去。

其次，不仅要"活到老，学到老"，而且，如果要学一样东西，最好马上去学，因为什么时候开始学习都不晚。学习一件事情一个知识点的最佳时机就是现在。

最后，"活到老，学到老"非常实用。特别是现代社会，竞争这么激烈，我们不仅要和人类竞争，还要和人工智能竞争，所以为了跟上时代的潮流，我们一定要"活到老，学到老"。抓住时代的尾巴，不要被时代所淘汰，要知道，只有这样的人才能在社会上很好地活下去。

**5.Nǐ zhī dào "huó dào lǎo, xué dào lǎo" shì shén me yì si ma?**

"Huó dào lǎo, xué dào lǎo" jiù shì xué xí méi yǒu nián líng de xiàn zhì, shéi dōu kě yǐ xué xí, shén me shí hòu dōu kě yǐ xué xí.

Shǒu xiān, "huó dào lǎo, xué dào lǎo" shì wǒ bà ba jiào yù wǒ men de shí hòu jīng cháng shuō de huà. Zhè jù huà gào sù wǒ men, rén men xū yào yì zhí bǎo chí xué xí de tài dù, yīn wéi zhī shì shì xué bù wán de, zhǐ yǒu yì zhí xué xí, cái néng yì zhí jìn bù, jìn ér zài zhè ge shè huì shàng shēng cún xià qù.

Qí cì, bù jǐn yào "huó dào lǎo, xué dào lǎo", ér qiě, rú guǒ yào xué yí yàng dōng xi, zuì hǎo mǎ shàng qù xué, yīn wèi shén me shí hòu kāi shǐ xué xí dōu bù wǎn. Xué xí yí jiàn shì qíng yí gè zhī shí diǎn de zuì jiā shí jī jiù shì xiàn zài.

Zuì hòu, "huó dào lǎo, xué dào lǎo" fēi cháng shí yòng. Tè bié shì xiàn dài shè huì, jìng zhēng zhè me jī liè, wǒ men bù jǐn yào hé rén lèi jìng zhēng, hái yào hé rén gōng zhì néng jìng zhēng, suǒ yǐ wéi le gēn shàng shí dài de cháo liú, wǒ men yí dìng yào "huó dào lǎo, xué dào lǎo". Zhuā zhù shí dài de wěi bā, bú yào bèi shí dài suǒ táo tài, yào zhī dào, zhǐ yǒu zhè yàng de rén cái néng zài shè huì shàng hěn hǎo de huó xià qù.

**5. 해석: '늙을 때까지 공부하라'하는 말이 무슨 뜻인지 아는가?**

"살아 있는 한 배워라"라는 말은 배움에는 나이가 없으며, 누구든 언제든 배울 수 있다는 뜻이다.

먼저, "살아 있는 한 배워라"는 우리 아버지가 우리를 가르치실 때 자주 하신 말씀이다. 이 말은 우리가 항상 배우는 태도를 가져야 한다는 것을 알려 준다. 지식은 끝없이 많아서 다 배울 수 없으며, 꾸준히 배워야만 끊임없이 발전하고, 그래야 사회에서 살아남을 수 있다.

다음으로, "살아 있는 한 배워라"뿐 아니라, 무엇인가를 배우려면 가능한 빨리 시작하는 것이 좋다. 배움은 언제 시작해도 늦지 않다. 어떤 일을 배우거나 하나의 지식을 익히는 데 가장 좋은 시기는 바로 지금이다.

마지막으로, "살아 있는 한 배워라"는 매우 실용적이다. 특히 현대 사회는 경쟁이 치열하다. 우리는 사람과만 경쟁하는 것이 아니라 인공지능과도 경쟁해야 한다. 그러므로 시대의 흐름을 따라가기 위해 반드시 "살아 있는 한 배워야" 한다. 시대의 꼬리를 붙잡고, 시대에 도태되지 말아야 한다. 알아야 한다. 오직 이런 사람들만이 사회에서 잘 살아갈 수 있다는 것을.

**6.人们常说"机会只留给有准备的人"，你怎么看？**

我认为这句话说得对，机会的确是会留给有准备的人，这是很必需的一个因素。

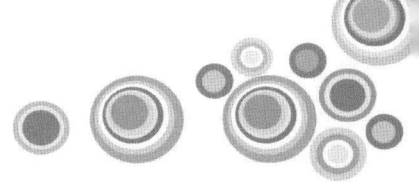

首先，如果自己不提前为自己的未来准备，没有达到相应的高度，遇到机会并没有抓住，让它错过了，那怎么可能在事业中有所发展呢？而且一个人要拥有较好的机会，除了能力，还需要有发现机会的眼睛，提前准备，发现机会，抓住机会，进步，这是一个流程。所以如果没有第一步，提前准备，那么就算第二步发现了机会，也没法抓住，就会错过，机会转瞬即逝，而且还不知道下次机会什么时候会有，那就很可惜了。

其次，机会是很宝贵的，不是说你想要就有，也不是说会规律的出现，而且机会这件事情的不确定性很大，越努力，准备的越多越充分，就越容易遇到更多的机会。

最后，在同样的机会面前，就如同高考，三年高中努力学习的学生，肯定能拿到理想的成绩，相反，如果高中三年浑浑噩噩读过的学生，注定不会有好结果，所以可以得出，机会只留给有准备的人。

**6.Rén men cháng shuō "jī huì zhǐ liú gěi yǒu zhǔn bèi de rén", nǐ zěn me kàn?**

Wǒ rèn wéi zhè jù huà shuō dé duì, jī huì dí què shì huì liú gěi yǒu zhǔn bèi de rén, zhè shì hěn bì xū de yí gè yīn sù.

Shǒu xiān, rú guǒ zì jǐ bù tí qián wéi zì jǐ de wèi lái zhǔn bèi, méi yǒu dá dào xiāng yìng de gāo dù, yù dào jī huì bìng méi yǒu zhuā zhù, ràng tā cuò guò le, nà zěn me kě néng zài shì yè zhōng yǒu suǒ fā zhǎn ne? Ér qiě yí gè rén yào yǒng yǒu jiào hǎo de jī huì, chú le néng lì, hái xū yào yǒu fā xiàn jī huì de yǎn jīng, tí qián zhǔn bèi, fā xiàn jī huì, zhuā zhù jī huì, jìn bù, zhè shì yí gè liú chéng. Suǒ yǐ rú guǒ méi yǒu dì yī bù, tí qián zhǔn bèi, nà me jiù suàn dì èr bù fā xiàn le jī huì, yě méi fǎ zhuā zhù, jiù huì cuò guò, jī huì zhuǎn shùn jí shì, ér qiě hái bù zhī dào xià cì jī huì shén me shí hòu huì yǒu, nà jiù hěn kě xí le.

Qí cì, jī huì shì hěn bǎo guì de, bú shì shuō nǐ xiǎng yào jiù yǒu, yě bú shì shuō huì guī lǜ de chū xiàn, ér qiě jī huì zhè jiàn shì qíng de bú què dìng xìng hěn dà, yuè nǔ lì, zhǔn bèi de yuè duō yuè chōng fèn, jiù yuè róng yì yù dào gèng duō de jī huì.

Zuì hòu, zài tóng yàng de jī huì miàn qián, jiù rú tóng gāo kǎo, sān nián gāo zhōng nǔ lì xué xí de xué shēng, kěn dìng néng ná dào lǐ xiǎng de chéng jī, xiāng fǎn, rú guǒ gāo zhòng sān nián hún hún è è dú guò de xué shēng, zhù dìng bú huì yǒu hǎo jié guǒ, suǒ yǐ kě yǐ dé chū, jī huì zhǐ liú gěi yǒu zhǔn bèi de rén.

**6. 해석: 사람들은 기회는 준비가 된 사람한테 주는 것이라고 하는데 어떻게 생각하는가?**

나는 "기회는 준비된 사람에게 찾아온다"라는 말이 옳다고 생각한다. 이것은 매우 필수적인 요소다.

먼저, 스스로 미래를 위해 미리 준비하지 않고, 그에 걸맞은 수준에 이르지 못한다면, 기회를 만나도 잡지 못하고 그냥 흘려보내게 된다. 그렇다면 어떻게 인생이나 사업에서 발전을 이룰 수 있겠는가? 게다가 좋은 기회를 잡으려면 능력뿐 아니라 기회를 발견할 수 있는 눈도 필요하다. 미리 준비하고, 기회를 발견하고, 그것을 붙잡아 발전하는 것, 이것이 하나의 과정이다. 따라서 첫걸음인 준비가 없으면, 두 번째 단계에서 기회를 발견해도 잡을 수 없고, 결국 놓치게 된다. 기회는 순식간에 사라지고, 다음 기회가 언제 올지 알 수 없으니 참으로 안타까운 일이다.

다음으로, 기회는 아주 소중한 것이다. 원한다고 해서 생기는 것도 아니고, 일정한 규칙대로 나타나는 것도 아니다. 게다가 기회라는 것은 불확실성이 매우 크다. 그러나 열심히 노력하고 준비를 많이 할수록, 더 많은 기회를 만나기가 쉬워진다.

마지막으로, 같은 기회 앞에서도 결과는 다르다. 예를 들어 高考처럼, 고등학교 3년 동안 열심히 공부한 학생은 분명 이상적인 성적을 거둘 수 있다. 반대로 3년을 허송세월로 보낸 학생은 좋은 결과를 얻을 수 없다. 이로써 우리는 기회란 준비된 사람에게만 남는다는 결론을 내릴 수 있다.

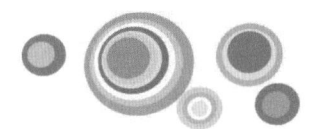

# <HSKK 고급 모의고사 17> 모범 답안

**1** 小明洗澡时不留意吞下一小块肥皂，他的母亲慌慌张张地打电话向家庭医生求助。医生说:"我此刻还有几个病人在，可能要半小时后才能赶过去。"小明母亲说:"在你来前，我该做什么?"医生说:"给小明喝一杯白开水，然后用力跳一跳，你就能够让小明用嘴巴吹泡泡消磨时刻了。"放简单些，生活何必太紧张? 事情既然已经发生了，何不坦然自在的应对。同样是一个人，放松的状态和紧张状态下解决问题的潜质大不相同。

Xiǎo míng xǐ zǎo shí bù liú yì tūn xià yì xiǎo kuài féi zào, tā de mǔ qīn huāng huāng zhāng zhāng de dǎ diàn huà xiàng jiā tíng yī shēng qiú zhù yī shēng shuō: "Wǒ cǐ kè hái yǒu jǐ gè bìng rén zài, kě néng yào bàn xiǎo shí hòu cái néng gǎn guò qù" xiǎo míng mǔ qīn shuō: "Zài nǐ lái qián, wǒ gāi zuò shén me?" Yī shēng shuō: "Gěi xiǎo míng hè yì bēi bái kāi shuǐ, rán hòu yòng lì tiào yí tiào, nǐ jiù néng gòu ràng xiǎo míng yòng zuǐ bā chuī pào pào xiāo mó shí kè le" fàng jiǎn dān xiē, shēng huó hé bì tài jǐn zhāng? Shì qíng jì rán yǐ jīng fā shēng le, hé bù tǎn rán zì zài de yìng duì. tóng yàng shì yí gè rén, fàng sōng de zhuàng tài hé jǐn zhāng zhuàng tài xià jiě jué wèn tí de qián zhì dà bù xiāng tóng.

샤오밍이 목욕하다가 부주의하게 작은 비누 조각을 삼켜 버렸다. 어머니는 당황하여 가정의에게 전화를 걸어 도움을 청했다. 의사가 말했다."지금 몇 명의 환자가 있어서, 아마도 30분 뒤에야 갈 수 있을 것 같습니다."샤오밍의 어머니가 물었다."그럼 오시기 전까지 제가 뭘 해야 하나요?"의사가 웃으며 말했다."샤오밍에게 따뜻한 물 한 컵을 마시게 한 뒤 힘차게 몇 번 뛰게 하세요. 그러면 입으로 거품을 불면서 시간을 보낼 수 있을 겁니다."삶은 원래 단순하게 살아도 된다. 지나치게 긴장할 필요가 있을까? 일이 이미 벌어졌다면, 차라리 태연하게 대처하는 것이 낫다. 같은 사람이라도, 긴장된 상태와 편안한 상태에서 문제를 해결하는 능력은 크게 다르다.

**2** 小男孩问父亲:"是不是做父亲的总比做儿子的知道得多?"父亲回答:"当然啦!"小男孩问:"电灯是谁发明的?"父亲:"是爱迪生。"小男孩又问:"那爱迪生的父亲怎么没有发明电灯?"喜爱倚老卖老的人，个性容易栽跟斗。权威往往只是一个经不起考验的空壳子，尤其在现今这个多元开放的时代。

Xiǎo nán hái wèn fù qīn: "Shì bú shì zuò fù qīn de zǒng bǐ zuò ér zi de zhī dào dé duō?" Fù qīn huí dá: "dāng rán la!" xiǎo nán hái wèn: "diàn dēng shì shéi fā míng de?" Fù qīn: "Shì ài dí shēng" xiǎo nán hái yòu wèn: "nà ài dí shēng de fù qīn zěn me méi yǒu fā míng diàn dēng" xǐ ài yǐ lǎo mài lǎo de rén, gè xìng róng yì zāi gēn dou. quán wēi wǎng wǎng zhǐ shì yí gè jīng bù qǐ kǎo yàn de kōng ké zi, yóu qí zài xiàn jīn zhè ge duō yuán kāi fàng de shí dài.

어느 날 어린 아들이 아버지에게 물었다."아버지는 아들이 아는 것보다 항상 더 많이 아나요?"아버지가 대답했다."물론이지!"아들이 또 물었다."그럼 전등은 누가 발명했나요?"아버지: "에디슨이란다."아들이 다시 물었다."그럼 에디슨의 아버지는 왜 전등을 발명하지 못했나요?"나이로 권위를 내세우는 사람은 쉽게 비틀거리게 된다. 권위란 종종 검증에 통과하지 못하는 빈 껍데기일 뿐이며, 특히 오늘날처럼 다원적이고 개방적인 시대에는 더욱 그렇다.

**3** 在故宫博物院中，有一个太太不耐烦地对她先生说:"我说你为什么走得这么慢,原来你老是停下

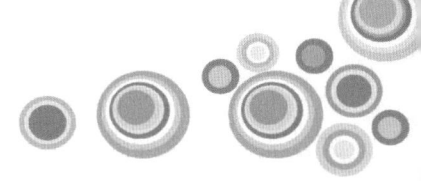

来看这些东西。"有人只知道在人生的道路上狂奔，结果失去了观看两旁美丽花朵的机会。

Zài gù gōng bó wù yuàn zhōng, yǒu yí gè tài tài bù nài fán de duì tā xiān shēng shuō:" wǒ shuō nǐ wèi shén me zǒu dé zhè me màn, yuán lái nǐ lǎo shì tíng xià lái kàn zhè xiē dōng xī." yǒu rén zhǐ zhī dào zài rén shēng de dào lù shàng kuáng bēn, jié guǒ shī qù le guān kàn liǎng páng měi lì huā duǒ de jī huì.

고궁박물관에서 한 부인이 짜증을 내며 왜 이렇게 느리게 걸어왔느냐고 남편한테 말했다. 알고 보니 당신은 늘 멈춰서 이 물건들을 보았기 때문이다. 누군가가 인생의 길에서 미친 듯이 뛰어다니다가 결국 양쪽의 아름다운 꽃을 볼 기회를 잃었다.

**4** 从前有个自大的蚊子，它向百兽之王狮子发出了挑战。狮子哈哈大笑起来，蚊子气得眼珠子都绿了。它嗡嗡地飞过去，朝狮子脸上没毛的地方，狠狠咬下去。狮子疼得嗷嗷直叫，挥起爪子朝蚊子拍去。蚊子左闪右躲，一边叮，一边在狮子脸上乱飞乱窜。狮子又痒又疼，向自己的脸抓下去。结果，把脸抓得鲜血直流。

"我打赢狮子咯，我才是百兽之王。"蚊子得意洋洋，大喊大叫地飞舞起来。谁知，竟撞进了蜘蛛网里。"我打败过狮子，没想到却死在这小小的蜘蛛手里。"蚊子叹道。这故事是说：人各有优缺点，要是只看到优点，变得自大，就会失败。

Cóng qián yǒu gè zì dà de wén zi, tā xiàng bǎi shòu zhī wáng shī zi fā chū le tiǎo zhàn. Shī zi hā hā dà xiào qǐ lái, wén zi qì dé yǎn zhū zi dōu lǜ le. Tā wēng wēng de fēi guò qù, cháo shī zi liǎn shàng méi máo de dì fāng, hěn hěn yǎo xià qù. Shī zi téng dé áo áo zhí jiào, huī qǐ zhuǎ zi cháo wén zi pāi qù. Wén zi zuǒ shǎn yòu duǒ, yī biān dīng, yī biān zài shī zi liǎn shàng luàn fēi luàn cuàn. Shī zi yòu yǎng yòu téng, xiàng zì jǐ de liǎn zhuā xià qù. Jié guǒ, bǎ liǎn zhuā de xiān xiě zhí liú.

"Wǒ dǎ yíng shī zi lo, wǒ cái shì bǎi shòu zhī wáng." Wén zi dé yì yáng yáng, dà hǎn dà jiào de fēi wǔ qǐ lái. Shéi zhī, jìng zhuàng jìn le zhī zhū wǎng lǐ."Wǒ dǎ bài guò shī zi, méi xiǎng dào què sǐ zài zhè xiǎo xiǎo de zhī zhū shǒu lǐ." Wén zi tàn dào. Zhè gù shì shì shuō: Rén gè yǒu yōu quē diǎn, yào shi zhǐ kàn dào yōu diǎn, biàn dé zì dà, jiù huì shī bài.

예전에 큰 모기가 있었는데 백수의 왕인 사자에게 도전장을 내밀었다. 사자가 하하 하고 웃는데 모기가 화가 나서 눈알이 푸르러졌다. 그는 윙윙 소리를 내며 날아갔고 사자의 얼굴에 털이 없는 곳을 향해서 독하게 물었다. 사자가 아파서 꽥꽥거리며 발톱을 휘둘러 모기에게 털었다. 모기가 이리저리 피한다. 한편으로는 물며 한편으로는 사자 얼굴을 마구 날아다닌다. 사자는 간지럽고 아파하며 자신의 얼굴을 향해 내리쳤다. 결국에는 얼굴이 온통 피로 범벅이 되었다.

"나는 사자를 이겼어. 내가 백수의 왕이야" 모기가 득의양양하여 고래고래 고함을 지르며 날 아올랐다. 근데 거미줄에 뛰어들었다." 나는 사자를 이긴 적이 있는데 이 작은 거미의 손에 죽을 줄 몰랐다"고 모기가 탄식했다. 이 이야기는 사람마다 장단점이 있는데 장점만 보고 잘난 척 하면 실패한다는 내용이다.

**5.请谈一下快餐的利于弊。**

快餐随着现代都市生活节奏的加快应运而生，并迅速成为现代人生活中不可缺少的重要部分。

首先，快餐可以满足快节奏下人们的用餐需求，味道可口，方便实惠。不仅用餐方便，节省时间，更方便打包带走随时随地享用。而且，快餐中所含的大量脂肪与碳水化合物可以保证用餐者有充足的饱腹感，投入工作很久不会感到饥饿。

其次，快餐的口味也被更多人接受，就不是赶时间，有些人也习惯于享受快餐。不过，一些饮食专家认为，快餐的高油脂、高盐、高糖这三高对于长期食用的人们来说，是很影响健康的。如果长期食用，一定会对健康造成很大的影响，甚至需要你花更多的时间来改善快餐带给你的负面影响。

最后，在新闻中我们也常常看到，超出常人体重的一些吃快餐成瘾的人们，还有一些小孩儿也因为太爱吃快餐导致营养不良，过度肥胖，还有缺钙的现象。所以我希望大家重视饮食，分给饮食更多的时间，毕竟，我们都是人，只有身体这个资本足够好，我们才能追求其他的东西。

**5. Qǐng tán yí xià kuài cān de lì yú bì.**

Kuài cān suí zhe xiàn dài dū shì shēng huó jié zòu de jiā kuài yìng yùn ér shēng, bìng xùn sù chéng wéi xiàn dài rén shēng huó zhōng bù kě quē shǎo de zhòng yào bù fèn.

Shǒu xiān, kuài cān kě yǐ mǎn zú kuài jié zòu xià rén men de yòng cān xū qiú, wèi dào kě kǒu, fāng biàn shí huì. Bù jǐn yòng cān fāng biàn, jié shěng shí jiān, gèng fāng biàn dǎ bāo dài zǒu suí shí suí dì xiǎng yòng. Ér qiě, kuài cān zhōng suǒ hán de dà liàng zhī fáng yǔ tàn shuǐ huà hé wù kě yǐ bǎo zhèng yòng cān zhě yǒu chōng zú de bǎo fù gǎn, tóu rù gōng zuò hěn jiǔ bú huì gǎn dào jī è.

Qí cì, kuài cān de kǒu wèi yě bèi gèng duō rén jiē shòu, jiù bú shì gǎn shí jiān, yǒu xiē rén yě xí guàn yú xiǎng shòu kuài cān. bú guò, yì xiē yǐn shí zhuān jiā rèn wéi, kuài cān de gāo yóu zhī, gāo yán, gāo táng zhè sān gāo duì yú cháng qī shí yòng de rén men lái shuō, shì hěn yǐng xiǎng jiàn kāng de. Rú guǒ cháng qī shí yòng, yí dìng huì duì jiàn kāng zào chéng hěn dà de yǐng xiǎng, shèn zhì xū yào nǐ huā gèng duō de shí jiān lái gǎi shàn kuài cān dài gěi nǐ de fù miàn yǐng xiǎng.

Zuì hòu, zài xīn wén zhōng wǒ men yě cháng cháng kàn dào, chāo chū cháng rén tǐ zhòng de yì xiē chī kuài cān chéng yǐn de rén men, hái yǒu yì xiē xiǎo hái ér yě yīn wèi tài ài chī kuài cān dǎo zhì yíng yǎng bù liáng, guò dù féi pàng, hái yǒu quē gài de xiàn xiàng. Suǒ yǐ wǒ xī wàng dà jiā zhòng shì yǐn shí, fēn gěi yǐn shí gèng duō de shí jiān, bì jìng, wǒ men dōu shì rén, zhǐ yǒu shēn tǐ zhè ge zī běn zú gòu hǎo, wǒ men cái néng zhuī qiú qí tā de dōng xi.

**5. 해석: 패스트푸드의 장단점을 얘기해 주세요.**

패스트푸드는 현대 도시 생활의 리듬이 빨라지면서 생겨나고 현대인의 생활에 없어서는 안될 중요한 부분으로 빠르게 자리 잡았다.

첫째, 패스트푸드는 빠른 속도를 원하는 사람의 식사 수요를 만족시킬 수 있고 맛이 입에 맞고 편리하며 실용적이다. 식사도 간편하고 시간도 아끼고 포장을 싸서 언제 어디서나 먹을 수 있다. 또한 패스트푸드에 함유된 대량의 지방과 탄수화물은 식사자의 충분한 포만감을 보장해 일에 투입되면 오랫동안 배고픔을 느끼지 않는다.

둘째, 패스트푸드의 맛도 더 많은 사람들한테 인기있기 때문에 시간이 촉박하지 않아도 어떤 사람들은 패스트푸드를 즐기는 습관이 있다. 그러나 일부 식생활 전문가들은 패스트푸드의 많은 기름, 고염, 고당류, 이 세 가지의 고함량은 장기간 먹는 사람들에게는 건강에 큰 영향을 미친다고 말한다. 장기간 섭취하면 반드시 건강에 큰 영향을 미칠 것이며 심지어는 패스트푸드가 당신한테 주는 부정적인 영향을 개선하는데 더 많은 시간이 필요할 것이다.

마지막으로 뉴스에서 흔히 볼 수 있는 것은 체중을 초과하는 일부 패스트푸드 중독자와 일부 어린이도 패스트푸드를 너무 좋아해서 영양불량과 과체중, 칼슘 부족 현상이 일어나는 것이다. 그러므로 여러분들은 식생활을 중시하여 음식에 더 많은 시간을 투자해 주셨으면 한다. 우리는 모두 사람이고 신체라는 자본이 충분히 좋아야 우리는 비로소 기타 물질적인 것들을 추구할 수 있다.

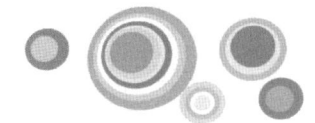

**6.有人说:"办法总比问题多",你怎么看待这句话?**

我认同这样的说法。首先,如果人们不抱着这样的信念,那么人们该如何进步呢,人类社会就不会向前发展了。我认为,在生活中,无论遇到什么问题,到最后都可以解决,很多时候我们陷入问题很复杂的困境中,没有积极思考解决策略,所以导致压力很大,会认为问题很难解决,或者不能解决。但是等情绪平静下来之后,再回头看看问题,或许会多很多解决的想法,这就是有时候我们需要控制好自己的情绪一样,在解决问题上,显得非常重要。

其次,我认为这个世界是阴阳平衡的,如果这是一个问题,那就一定有解决这个问题的办法。只是我们是否愿意去思考这个办法,或者说,我们是否愿意付出代价来解决问题。还有一句话叫做"天无绝人之路"我觉得是一个道理。

所以我认为办法总比问题多,只要我们积极的面对问题。

6.Yǒu rén shuō:"Bàn fǎ zǒng bǐ wèn tí duō", nǐ zěn me kàn dài zhè jù huà?

Wǒ rèn tóng zhè yàng de shuō fǎ. Shǒu xiān, rú guǒ rén men bù bào zhe zhè yàng de xìn niàn, nà me rén men gāi rú hé jìn bù ne, rén lèi shè huì jiù bú huì xiàng qián fā zhǎn le. Wǒ rèn wéi, zài shēng huó zhōng, wú lùn yù dào shén me wèn tí, dào zuì hòu dōu kě yǐ jiě jué, hěn duō shí hòu wǒ men xiàn rù wèn tí hěn fù zá de kùn jìng zhōng, méi yǒu jī jí sī kǎo jiě jué cè lüè, suǒ yǐ dǎo zhì yā lì hěn dà, huì rèn wéi wèn tí hěn nán jiě jué, huò zhě bù néng jiě jué. Dàn shì děng qíng xù píng jìng xià lái zhī hòu, zài huí tóu kàn kàn wèn tí, huò xǔ huì duō hěn duō jiě jué de xiǎng fǎ, zhè jiù shì yǒu shí hòu wǒ men xū yào kòng zhì hǎo zì jǐ de qíng xù yí yàng, zài jiě jué wèn tí shàng, xiǎn dé fēi cháng zhòng yào.

Qí cì, wǒ rèn wéi zhè ge shì jiè shì yīn yáng píng héng de, rú guǒ zhè shì yí gè wèn tí, nà jiù yí dìng yǒu jiě jué zhè ge wèn tí de bàn fǎ. Zhǐ shì wǒ men shì fǒu yuàn yì qù sī kǎo zhè ge bàn fǎ, huò zhě shuō, wǒ men shì fǒu yuàn yì fù chū dài jià lái jiě jué wèn tí. Hái yǒu yī jù huà jiào zuò 'tiān wú jué rén zhī lù' wǒ jué de shì yí gè dào lǐ.

Suǒ yǐ wǒ rèn wéi bàn fǎ zǒng bǐ wèn tí duō, zhǐ yào wǒ men jī jí de miàn duì wèn tí.

**6.해석: 어떤 사람은 방법이 문제 갯수보다 많다고 하는데 어떻게 생각하는가?**

나는 이 말에 동의한다. 먼저, 사람들이 이런 믿음을 가지지 않는다면 어떻게 발전할 수 있겠는가? 인류 사회도 앞으로 나아가지 못했을 것이다. 나는 생활 속에서 어떤 문제를 만나더라도 결국은 해결할 수 있다고 생각한다. 많은 경우 우리가 문제의 복잡함 속에 빠져서 적극적으로 해결 전략을 생각하지 않기 때문에 스트레스를 크게 느끼고, 문제를 해결하기 어렵거나 아예 불가능하다고 생각한다. 하지만 감정을 가라앉히고 나서 다시 문제를 바라보면, 훨씬 더 많은 해결 방법이 떠오를 수도 있다. 바로 이처럼 감정을 잘 조절하는 것이 문제 해결에서 매우 중요하다.

다음으로, 나는 세상이 음양의 균형을 이루고 있다고 본다. 문제가 있다면 반드시 그 문제를 해결할 방법도 존재한다. 다만 우리가 그 방법을 고민할 의지가 있는지, 혹은 대가를 치르고라도 해결하려는 마음이 있는지가 관건이다. "하늘은 결코 사람을 막다른 길로 몰지 않는다"라는 말도 같은 이치라고 생각한다.

그래서 나는 언제나 방법이 문제보다 많다고 본다. 우리가 문제를 적극적으로 대한다면 반드시 길은 있다.

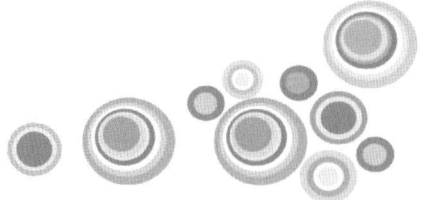

 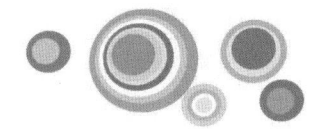

# <HSKK 고급 모의고사 18> 모범 답안

**1** 妻子正在厨房炒菜。丈夫在她旁边一向唠叨不停：慢些!留意! 火太大了。赶快把鱼翻过来。快铲起来，油放太多了！把豆腐整平一下。哎哟，锅子歪了！"请你住口！"妻子脱口而出，"我懂得怎样炒菜。""你当然懂，太太，"丈夫平静地答道："我只是要让你知道，我在开车时，你在旁边喋喋不休，我的感觉如何。" 学会体谅他人并不困难，只要你愿意认真地站在对方的角度和立场看问题。

Qī zi zhèng zài chú fáng chǎo cài. zhàng fū zài tā páng biān yí xiàng láo dāo bù tíng: màn xiē! Liú yì! huǒ tài dà le. gǎn kuài bǎ yú fān guò lái. kuài chǎn qǐ lái, yóu fàng tài duō le bǎ dòu fu zhěng píng yí xià. āi yō, guō zi wāi le. "qǐng nǐ zhù kǒu!" qī zi tuō kǒu ér chū,"wǒ dǒng dé zěn yàng chǎo cài." "nǐ dāng rán dǒng, tài tài," zhàng fū píng jìng de dá dào:"wǒ zhǐ shì yào ràng nǐ zhī dào, wǒ zài kāi chē shí, nǐ zài páng biān dié dié bù xiū, wǒ de gǎn jué rú hé." xué huì tǐ liàng tā rén bìng bù kùn nán, zhǐ yào nǐ yuàn yì rèn zhēn de zhàn zài duì fāng de jiǎo dù hé lì chǎng kàn wèn tí.

아내는 주방에서 야채 볶음을 하고 있다. 남편은 그녀의 곁에서 끊임없이 잔소리를 한다. 주의하세요! 불이 너무 심하게 타올랐다. 빨리 생선을 뒤집어라. 빨리 떠라, 기름을 너무 많이 넣어라! 두부를 좀 평평하게 해라. 아이고, 솥이 기울어졌구나! "입 닥치세요!"아내는 말한다. "나는 어떻게 요리를 하는지 압니다." "당신은 당연히 아시지요. 나는 그냥 내가 운전할 때 당신이 옆에서 거드는 느낌을 알려주고 싶은 것일 뿐이다."다른 사람을 이해하는 것은 결코 어렵지 않다. 상대방의 관점과 입장에서 열심히 생각하기만 된다.

**2** 一辆载满乘客的公共汽车沿着下坡路快速前进着，有一个人后面紧紧地追赶着这辆车子。一个乘客从车窗中伸出头来对追车子的人："老兄! 算啦，你追不上的!""我务必追上它,"这人气喘吁吁地说:"我是这辆车的司机"有些人务必十分认真发奋，正因不这样的话，后果就十分悲惨了！然而也正因务必全力以赴，潜在的本能和不为人知的特质终将充分展现出来。

Yí liàng zài mǎn chéng kè de gōng gòng qì chē yán zhe xià pō lù kuài sù qián jìn zhe, yǒu yí gè rén hòu miàn jǐn jǐn de zhuī gǎn zhe zhè liàng chē zi. yí gè chéng kè cóng chē chuāng zhōng shēn chū tóu lái duì zhuī chē zi de rén:"Lǎo xiōng! suàn la, nǐ zhuī bú shàng de " "wǒ wù bì zhuī shàng tā," zhè rén qì chuǎn xū xū de shuō:"wǒ shì zhè liàng chē de sī jī" "yǒu xiē rén wù bì shí fēn rèn zhēn fā fèn, zhèng yīn bú zhè yàng de huà, hòu guǒ jiù shí fēn bēi cǎn le! Rán ér yě zhèng yīn wù bì quán lì yǐ fù, qián zài de běn néng hé bù wéi rén zhī de tè zhì zhōng jiāng chōng fèn zhǎn xiàn chū lái.

승객을 가득 실은 버스 한 대가 내리막길을 따라 빠르게 전진하고 있는데 한 사람이 뒤에서 바짝 뒤따라가고 있었다. 한 승객이 차창 밖으로 머리를 내밀어 추월한 사람에게 "형님! 됐어요. 당신은 따라잡을 수 없어!"라고 했다. "나는 반드시 차를 따라잡아야 한다." 이 사람은 헐떡이며 말했다."나는 이 차의 기사이다."

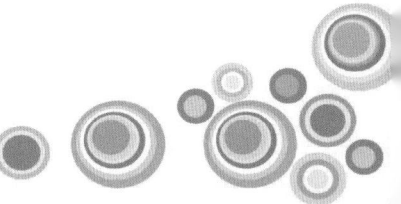

**3** 同样是小学三年级的学生，在作文中说他们将来的志愿是当小丑。中国的老师斥之为："胸无大志，孺子不可教也！"外国的老师则会说："愿你把欢笑带给全世界！"身为长辈的我们，不但容易要求多于鼓励，更狭窄的界定了成功的定义。

Tóng yàng shì xiǎo xué sān nián jí de xué shēng, zài zuò wén zhōng shuō tā men jiāng lái de zhì yuàn shì dāng xiǎo chǒu. zhōng guó de lǎo shī chì zhī wéi:"xiōng wú dà zhì, rú zǐ bù kě jiào yě!" wài guó de lǎo shī zé huì shuō:"yuàn nǐ bǎ huān xiào dài gěi quán shì jiè!" shēn wéi zhǎng bèi de wǒ men, bú dàn róng yì yāo qiú duō yú gǔ lì, gèng xiá zhǎi de jiè dìng le chéng gōng de dìng yì.

같은 초등학교 3학년 학생인데 글짓기에서 그들의 장래 희망은 어릿광대가 되고 싶다고 말했다. 중국 선생님은 "가슴에 큰 뜻이 없으니 유자녀는 가르쳐선 안 된다"고 꾸짖었다. 외국의 선생님들은 웃음을 전 세계에 가져다주길 바란다고 말한다. 어른인 우리는 격려보다 쉽게 요구할 수 있을 뿐만 아니라 좁은 범위로 성공의 정의를 정했다.

**4** 以前，有个住在村子里的人，一天他丢了一把斧头。他以为是隔壁人家的儿子偷的，于是他常常注意那人的行动，他觉得那人走路的样子，说话的声音都和平常人不一样。总之，那人的一举一动，都很像一个偷东西的人。

后来，他自己把那把丢了的斧子找了回来。原来是他自己上山砍柴时，自己把斧子掉在山里了。第二天，他又碰见隔壁人家的儿子，再看那人走路的样子，说话的样子就都不像一个偷东西的人了。

这个故事告诉我们：带着有色眼镜看人，往往产生错误。

Yǐ qián, yǒu gè zhù zài cūn zi lǐ de rén, yī tiān tā diū le yī bǎ fǔ tóu. Tā yǐ wéi shì gé bì rén jiā de ér zi tōu de, yú shì tā cháng cháng zhù yì nà rén de xíng dòng, tā jué de nà rén zǒu lù de yàng zi, shuō huà de shēng yīn dōu hé píng cháng rén bù yí yàng. Zǒng zhī, nà rén de yī jǔ yī dòng, dōu hěn xiàng yí gè tōu dōng xi de rén.

Hòu lái, tā zì jǐ bǎ nà bǎ diū le de fǔ zi zhǎo le huí lái. Yuán lái shì tā zì jǐ shàng shān kǎn chái shí, zì jǐ bǎ fǔ zi diào zài shān li le. Dì èr tiān, tā yòu pèng jiàn gé bì rén jiā de ér zi, zài kàn nà rén zǒu lù de yàng zi, shuō huà de yàng zi jiù dōu bù xiàng yí gè tōu dōng xi de rén le.

Zhè ge gù shì gào sù wǒ men: Dài zhe yǒu sè yǎn jìng kàn rén, wǎng wǎng chǎn shēng cuò wù.

옛날에 마을에 사는 사람이 있었는데 어느날 그는 도끼 한 자루를 잃었다. 그는 옆집의 아들이 훔쳤다고 여겼기 때문에 늘 그 사람의 행동을 주의했다. 그 사람은 걸을 때 모습도 말할 때 목소리도 다른 사람과 다르다고 생각했다. 요컨대 그 사람의 일거수일투족은 모두 물건을 훔치는 사람 같았다.

이후에 그는 자신이 잃어버린 도끼를 찾아 돌아왔다. 알고 보니 그는 자신이 산에 올라가 나무를 자를때 도끼를 산 속에 떨어뜨리고 만 것이다. 다음날 그는 또 옆집 아들과 마주쳤는데 다시 그 사람이 걷는 모습과 말하는 모습을 보니 물건을 훔치는 사람 같지가 않았다.

이 이야기는 색안경을 끼고 사람을 보는 것은 종종 실수를 낳는다는 것을 말한다.

**5.** 你常常看电视剧吗？说一下你对电视剧的看法。

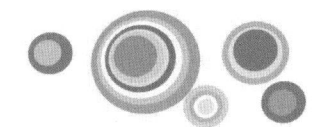

我经常看电视剧。

首先，因为晚上下班回家以后想要放松放松，所以看电视剧是一个很好的休息方式。平时我都会去运动，运动可以让我保持良好的身体状况，来迎接第二天的工作。我今年看了好几部有意思的电视剧，比如《鬼怪》《人鱼传说》等等。我喜欢电视剧里面讲的有意思的故事。

其次，我发现有一些电视剧是不适合小孩儿看的，比如凶杀案的电视剧，对小孩儿的成长和教育不好，所以这些电视剧不适合小孩儿看的电视剧，我希望可以在凌晨播出，这样可以避免让小朋友看到这些电视剧。

最后，电视剧作为人们茶余饭后的谈资，也是一件很休闲的事情，所以我认为，电视剧有它存在的必要性，就像零食一样。

**5. Nǐ cháng cháng kàn diàn shì jù ma? Shuō yí xià nǐ duì diàn shì jù de kàn fǎ.**

Wǒ jīng cháng kàn diàn shì jù.

Shǒu xiān, yīn wèi wǎn shàng xià bān huí jiā yǐ hòu xiǎng yào fàng sōng fàng sōng, suǒ yǐ kàn diàn shì jù shì yí gè hěn hǎo de xiū xí fāng shì. Píng shí wǒ dōu huì qù yùn dòng, yùn dòng kě yǐ ràng wǒ bǎo chí liáng hǎo de shēn tǐ zhuàng kuàng, lái yíng jiē dì èr tiān de gōng zuò. Wǒ jīn nián kàn le hǎo jǐ bù yǒu yì si de diàn shì jù, bǐ rú "guǐ guài""rén yú chuán shuō" děng děng. Wǒ xǐ huān diàn shì jù lǐ miàn jiǎng de yǒu yì si de gù shì.

Qí cì, wǒ fā xiàn yǒu yì xiē diàn shì jù shì bú shì hé xiǎo hái ér kàn de, bǐ rú xiōng shā àn de diàn shì jù, duì xiǎo hái ér de chéng zhǎng hé jiào yù bù hǎo, suǒ yǐ zhè xiē diàn shì jù bú shì hé xiǎo hái ér kàn de diàn shì jù, wǒ xī wàng kě yǐ zài líng chén bō chū, zhè yàng kě yǐ bì miǎn ràng xiǎo péng you kàn dào zhè xiē diàn shì jù.

Zuì hòu, diàn shì jù zuò wéi rén men chá yú fàn hòu de tán zī, yě shì yí jiàn hěn xiū xián de shì qíng, suǒ yǐ wǒ rèn wéi, diàn shì jù yǒu tā cún zài de bì yào xìng, jiù xiàng líng shí yí yàng.

**5. 해석: 드라마를 자주 보는가? 드라마에 대한 생각을 얘기해 보세요.**

나는 자주 드라마를 본다.

먼저 저녁에 퇴근하고 집에 돌아온 후 긴장을 풀고 싶기 때문에 드라마를 보는 것이 좋은 휴식법이다. 평소에 운동을 하는데 운동을 하면 몸 상태를 좋게 유지하고 다음 날 일을 맞이할 수 있다. 올해 나는 재미있는 드라마를 여러 편 보았다. 예를 들어서 <도깨비>, <인어전설> 등등 있다. 나는 드라마 속에서 재미있는 이야기를 좋아한다.

둘째, 어떤 드라마는 어린이가 보면 안된다는 것을 발견했다. 예를 들어서 살인을 하는 드라마이다. 이는 아이들의 성장과 교육에 안 좋은 드라마라서 아이들이 보면 적합하지 않은 드라마이다. 나는 새벽에 방송이 되면 좋겠다고 생각한다. 그러면 아이들이 이런 드라마를 피할 수 있을 것 같다.

마지막으로, 드라마는 사람들이 밥을 먹고 나서의 이야기로써 아주 여유로운 일이다. 나는 드라마가 간식처럼 존재할 필요성이 있다고 생각한다.

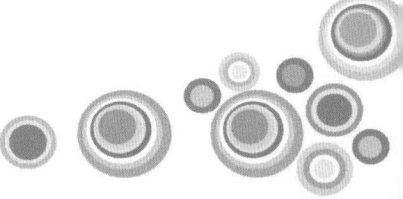

**6.有机食品为什么这么流行？请谈一下你对有机食品的看法。** 有机食品是目前国际上对无污染天然食品的统一提法。

首先，我认为有机食品代表了食品质量的最高层次，是公认的最安全的食品。是真正安全放心、健康营养、自然纯正的产品。所以对于大家疯狂采购有机食品也就不奇怪了吧，谁都想吃到纯天然的健康营养食物。

其次，有专家说，长期食用健康绿色食品，可以明显感觉免疫力增加，体质也会提升。我家一直在吃有机大米和蔬菜，吃起来虽说和普通的食品口感上没什么大的区别，但是心理上，会让我放心很多。

最后，我发现吃了一段时间的有机食品后，好像皮肤也变好了。

所以我希望大力推广有机食品的种植和加大有机食物的市场份额是一个好的对策。

6.Yǒu jī shí pǐn wèi shén me zhè me liú xíng? Qǐng tán yí xià nǐ duì yǒu jī shí pǐn de kàn fǎ.

Yǒu jī shí pǐn shì mù qián guó jì shang duì wú wū rǎn tiān rán shí pǐn de tǒng yī tí fǎ.

Shǒu xiān, wǒ rèn wéi yǒu jī shí pǐn dài biǎo le shí pǐn zhì liàng de zuì gāo céng cì, shì gōng rèn de zuì ān quán de shí pǐn. Shì zhēn zhèng ān quán fàng xīn, jiàn kāng yíng yǎng, zì rán chún zhèng de chǎn pǐn. Suǒ yǐ duì yú dà jiā fēng kuáng cǎi gòu yǒu jī shí pǐn yě jiù bù qí guài le ba, shéi dōu xiǎng chī dào chún tiān rán de jiàn kāng yíng yǎng shí wù.

Qí cì, yǒu zhuān jiā shuō, cháng qī shí yòng jiàn kāng lǜ sè shí pǐn, kě yǐ míng xiǎn gǎn jué miǎn yì lì zēng jiā, tǐ zhí yě huì tí shēng. Wǒ jiā yì zhí zài chī yǒu jī dà mǐ hé shū cài, chī qǐ lái suī shuō he pǔ tōng de shí pǐn kǒu gǎn shàng méi shén me dà de qū bié, dàn shì xīn lǐ shàng, huì ràng wǒ fàng xīn hěn duō.

Zuì hòu, wǒ fā xiàn chī le yí duàn shí jiān de yǒu jī shí pǐn hòu, hǎo xiàng pí fū yě biàn hǎo le.

Suǒ yǐ wǒ xī wàng dà lì tuī guǎng yǒu jī shí pǐn de zhòng zhí hé jiā dà yǒu jī shí wù de shì chǎng fèn é shì yí gè hǎo de duì cè.

**6. 해석: 유기농 식품이 왜 이렇게 유행하는가? 자신의 유기농 식품에 대한 생각을 얘기해 보세요.**

유기농 식품은 현재 국제적으로 오염되지 않은 천연 식품을 제조하는 규격화된 방법이다.

우선, 유기농 식품은 식품 품질의 최고 단계를 대표하며 공인된 가장 안전한 식품이라고 생각한다. 매우 안전하고 안심하며 먹을 수 있는 건강한 영양이 있는 자연 그대로의 제품이다. 그래서 모두가 유기식품을 열렬히 구매하는 것도 이상하지는 않다. 누구나 순수한 천연의 건강한 영양식을 먹고 싶어 한다.

둘째, 전문가들은 건강한 녹색식품을 오래 먹으면 면역력이 현저히 높아지고 체질도 좋아진다고 말한다. 우리 집은 계속 유기농 쌀과 야채를 먹고 있는데 먹기에는 일반적인 음식 맛과 크게 다르지 않지만 심리적으로는 나를 안심시킬 수 있다.

마지막으로 나는 한동안 유기농 식품을 먹은 후에 피부도 좋아지는 것 같다.

그래서 나는 유기농 식품의 재배와 유기농 식품의 시장 점유율을 높이는 것이 좋은 대책이라고 생각한다.

 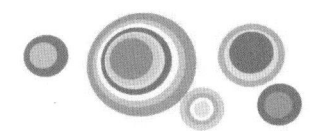

# <HSKK 고급 모의고사 19> 모범 답안

1 有一位女性在首饰店里看到两只一模一样的手环。一个标价五百五十元，另一个却只标价二百五十元。她大为心喜，立刻买下二百五十元的手环，得意洋洋的走出店门。临出去前，听到里面的店员悄悄对另一个店员说："看吧，这一招屡试不爽。"试探如饵，能够轻而易举的使许多人显露出贪婪的本性，然而那常常是吃亏受骗的开始。

Yǒu yí wèi nǚ xìng zài shǒu shì diàn lǐ kàn dào liǎng zhī yì mú yí yàng de shǒu huán. Yí gè biāo jià wǔ bǎi wǔ shí yuán, lìng yí gè què zhǐ biāo jià èr bǎi wǔ shí yuán. Tā dà wéi xīn xǐ, lì kè mǎi xià èr bǎi wǔ shí yuán de shǒu huán, dé yì yáng yáng de zǒu chū diàn mén. Lín chū qù qián, tīng dào lǐ miàn de diàn yuán qiāo qiāo duì lìng yí gè diàn yuán shuō:"Kàn ba, zhè yì zhāo lǚ shì bù shuǎng."shì tàn rú ěr, néng gòu qīng ér yì jǔ de shǐ xǔ duō rén xiǎn lù chū tān lán de běn xìng, rán ér nà cháng cháng shì chī kuī shòu piàn de kāi shǐ.

한 여성이 장신구 가게에서 똑같은 고리 두 개를 보았다. 한 개는 오백오십 위안이고 다른 한 개는 이백오십 위안이다. 그녀는 크게 기뻐하여 즉시 250 위안짜리 고리를 사서 득의양양하게 가게 문을 나섰다. 나가기 전에 안에 있던 점원이 다른 점원에게 조용히 말했다. 이거 봐. 이것은 여러번 해도 성공할 것이다. 탐색은 미끼처럼 쉽게 많은 사람들에게 탐욕 스러운 본성을 나타나게 할 수 있지만 그것은 종종 손해를 보는 사기의 시작이다.

2 有两个台湾观光团到日本伊豆半岛旅游，路况很坏，到处都是坑洞。其中一位导游连声抱歉，说路面简直像麻子一样。而另一个导游却诗意盎然地对游客说："诸位先生，我们此刻走的这条道路，正是赫赫有名的伊豆迷人酒窝大道。"虽是同样的状况，然而不一样的意念，就会产生不一样的态度。思想是何等奇妙的事，如何去想，决定权在你。

Yǒu liǎng gè tái wān guān guāng tuán dào rì běn yī dòu bàn dǎo lǚ yóu, lù kuàng hěn huài, dào chù dōu shì kēng dòng.Qí zhōng yí wèi dǎo yóu lián shēng bào qiàn, shuō lù miàn jiǎn zhí xiàng má zi yí yàng ér lìng yí gè dǎo yóu què shī yì àng rán de duì yóu kè shuō:"Zhūwèi xiān shēng, wǒ men cǐ kè zǒu de zhè tiáo dào lù, zhèng shì hè hè yǒu míng de yī dòu mí rén jiǔ wō dà dào."Suī shì tóng yàng de zhuàng kuàng, rán ér bù yí yàng de yì niàn,jiù huì chǎn shēng bù yí yàng de tài dù. Sī xiǎng shì hé děng qí miào de shì, rú hé qù xiǎng, jué dìng quán zài nǐ.

대만 관광단이 두 팀 있고 일본 이두반도로 가서 관광하는데 도로 상황이 매우 나빠서 곳곳에서 도로에 구덩이가 있다. 가이드가 죄송하다고 하고 도로는 곰봇자국과 같다고 했다. 다른 가이드는 시와 같은 방식으로 관광객한테 말했다. "여러분 우리가 지금 걷고 있는 이 길은 유명한 이 콩의 아름다운 보조개길입니다"라고 했다. 같은 상황이라도 생각이 다르면 다른 태도가 생길 수 있다. 사상이 얼마나 기묘한 일인가. 어떻게 생각하느냐의 권한은 당신에게 달렸다.

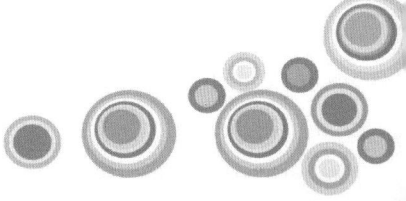

**3** 过去，有一个人提着一个非常精美的罐子赶路，走着走着，一不小心，"啪"的一声，罐子摔在路边一块大石头上，顿时成了碎片。路人见了，唏嘘不已，都为这么精美的罐子成了碎片而惋惜。可是那个摔破罐子的人，却像没这么回事一样，头也不扭一下，看都不看那罐子一眼，照旧赶他的路。这时过路的人都很吃惊，为什么此人如此洒脱，多么精美的罐子啊，摔碎了多么可惜呀！甚至有人还怀疑此人的神经是否正常。事后，有人问这个人为什么要这样？这人说："已经摔碎了的罐子，何必再去留恋呢？"洒脱是一种摆脱了失去和痛苦的超级享受。失去了就是失去了，何必还要空留恋呢？如果留恋有用，还要继续努力干什么？

Guò qù, yǒu yí gè rén tí zhe yí gè fēi cháng jīng měi de guàn zi gǎn lù, zǒu zhe zǒu zhe, yí bù xiǎo xīn, "pā" de yì shēng, guàn zi shuāi zài lù biān yí kuài dà shí tou shàng, dùn shí chéng le suì piàn. Lù rén jiàn le, xī xū bù yǐ, dōu wèi zhè me jīng měi de guàn zi chéng le suì piàn ér wàn xí. Kě shì nà gè shuāi pò guàn zi de rén, què xiàng méi zhè me huí shì yī yàng, tóu yě bù niǔ yí xià, kàn dōu bú kàn nà guàn zi yī yǎn, zhào jiù gǎn tā de lù. Zhè shí guò lù de rén dōu hěn chī jīng, wèi shén me cǐ rén rú cǐ sǎ tuō, duō me jīng měi de guàn zi a, shuāi suì le duō me kě xí ya! Shèn zhì yǒu rén hái huái yí cǐ rén de shén jīng shì fǒu zhèng cháng. Shì hòu, yǒu rén wèn zhè ge rén wéi shén me yào zhè yàng? Zhè rén shuō:"Yǐ jīng shuāi suì le de guàn zi, hé bì zài qù liú liàn ne?" Sǎ tuō shì yì zhǒng bǎi tuō le shī qù hé tòng kǔ de chāo jí xiǎng shòu shī qù le jiù shì shī qù le, hé bì hái yào kōng liú liàn ne rú guǒ liú liàn yǒu yòng, hái yào jì xù nǔ lì gàn shén me?

과거에 어떤 사람이 아주 예쁜 항아리를 들고 길을 재촉하다가 조심하지 않아 '탁' 하는 소리와 함께 항아리가 길가의 큰 돌 위에 떨어져 갑자기 산산조각이 났다. 행인들이 보고 탄식을 그치지 않고 이렇게 아름다운 항아리가 산산조각이 나다니 안타까워하였다. 그러나 그 깨진 항아리를 부수는 사람은 아무 일도 없었던 것처럼 고개를 한 번도 돌리지 않고 아무리 보아도 그 항아리를 한 번도 보지 않고 예전처럼 그의 길을 재촉하였다. 이 때 길을 지나가던 사람들은 모두 놀랐는데 왜 이 사람은 이렇게 소탈하고 그렇게 아름다운 깡통을 깨뜨려서 얼마나 아까운가! 어떤 사람들은 아직도 이 사람의 정신이 정상적인지 의심하고 있다. 일이 끝난 후 어떤 사람이 이 사람이 왜 이러는지 물었다. 그는 "이미 부서진 깡통인데 왜 다시 미련을 가지느냐?"고 말했다. 소탈함은 잃어버린 고통에서 벗어나는 초미의 향수이다. 잃은 것은 잃은 것인데 구태여 미련을 왜두느냐? 미련을 두면 쓸모가 없는데 또 계속 노력해서 뭐 하려고?

**4** 普朗克获得诺贝尔奖之后，每天奔波于各个场合，演讲他的理论。他讲了很多遍，所以连司机都记住了。

有一天，他的司机对他说："教授呀，你每次都讲一样的内容，我都听熟了，这样吧，下次就让我替你讲吧。

普朗克说："好啊，那就你来吧。"到了德国，司机代替他上台，对一群物理学家做了一场长时间的演讲。他讲得跟普朗克一样。讲完后，一位教授说："先生，我想请教一个问题。"然后他问了一个非常专业的问题。听完问题，司机笑了："你问的这个问题太简单了，这样吧，我让我的司机回答一下。"

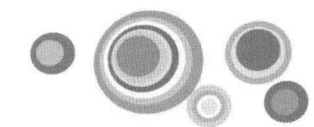

Pǔ lǎng kè huò dé nuò bèi ěr jiǎng zhī hòu, měi tiān bēn bō yú gè ge chǎng hé, yǎn jiǎng tā de lǐ lùn. Tā jiǎng le hěn duō biàn, suǒ yǐ lián sī jī dōu jì zhù le.

Yǒu yī tiān, tā de sī jī duì tā shuō:"Jiào shòu ya, nǐ měi cì dōu jiǎng yí yàng de nèi róng, wǒ dōu tīng shú le, zhè yàng ba, xià cì jiù ràng wǒ tì nǐ jiǎng ba."

Pǔ lǎng kè shuō:"Hǎo a, nà jiù nǐ lái ba." Dào le dé guó, sī jī dài tì tā shàng tái, duì yī qún wù lǐ xué jiā zuò le yī chǎng cháng shí jiān de yǎn jiǎng. Tā jiǎng dé gēn pǔ lǎng kè yí yàng. Jiǎng wán hòu, yí wèi jiào shòu shuō:"Xiān shēng, wǒ xiǎng qǐng jiào yí gè wèn tí." Rán hòu tā wèn le yí gè fēi cháng zhuān yè de wèn tí. Tīng wán wèn tí, sī jī xiào le:"Nǐ wèn de zhè ge wèn tí tài jiǎn dān le, zhè yàng ba, wǒ ràng wǒ de sī jī huí dá yí xià."

플랑크가 노벨상을 수상한 후 매일 각지를 돌아다니며 그의 이론을 강연하였다. 그가 여러 번 이야기했기 때문에 기사까지도 기억했다.

어느 날 운전기사가 "교수님, 당신이 매번 똑같은 이야기를 해서 나도 잘 기억했어요. 다음 에 내가 교수님대신에 강연할게요."하고 말했다.

플랑크가 "그래, 그럼 네가 와라"고 말했다. 독일에 이르러 기사는 그를 대신하여 무대에 올라가 많은 물리학자에게 장시간의 강연을 하였다. 그는 프랭키처럼 말했다. 강연이 끝난 후 한 교수가 "선생님, 저는 한 문제를 물어보고 싶어요."라고 말했다. 그는 매우 전문적인 문제를 하나 물었다. 문제를 듣고서 기사는 웃었다. "당신이 물어본 이 문제는 너무 간단해요. 이렇게 합시다. 우리 기사가 날 대신해서 대답을 좀 해요."

### 5.你喜欢用本国产品还是外国产品？

我认为，无论是国产的还是外国产的，只要方便使用的我都喜欢。

首先，我觉得就不拿这件物品原产地是哪里来说，只要这件物品很实用，那我相信，谁都愿意花钱购买，那么是国产的还是外国产的就不是最重要的事情的。

其次，根据我个人经验来说，我两种都用，我的手机是苹果的，是美国产的；我家里的小工具，比如铅笔，剪刀什么的都是中国产的；我的电脑是韩国产的；我吃的牛肉是澳大利亚产的；我吃的香蕉是菲律宾产的；我觉得国家之间贸易越来越频繁，FTA也越来越多，网络也越来越发达，所以我们在本国就能很容易地买到世界各地的产品。所以在这样的市场环境中，商家竞争越来越激烈，就会更加完善自己的产品，对消费者来说，难道不是一件好事情吗？

最后，为了支持自己的国家，在不影响个人利益的情况下，我还是会尽可能多地选择国产的产品，我希望通过自己的行为支持自己的祖国。

### 5.Nǐ xǐ huān yòng běn guó chǎn pǐn hái shì wài guó chǎn pǐn?

Wǒ rèn wéi, wú lùn shì guó chǎn de hái shì wài guó chǎn de, zhǐ yào fāng biàn shǐ yòng de wǒ dū xǐ huān.

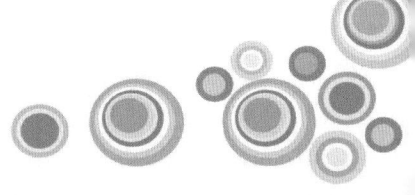

Shǒu xiān, wǒ jué de jiù bù ná zhè jiàn wù pǐn yuán chǎn dì shì nǎ lǐ lái shuō, zhǐ yào zhè jiàn wù pǐn hěn shí yòng, nà wǒ xiāng xìn, shéi dōu yuàn yì huā qián gòu mǎi, nà me shì guó chǎn de hái shì wài guó chǎn de jiù bú shì zuì zhòng yào de shì qíng de.

Qí cì, gēn jù wǒ gè rén jīng yàn lái shuō, wǒ liǎng zhǒng dōu yòng, wǒ de shǒu jī shì píng guǒ de, shì měi guó chǎn de; wǒ jiā lǐ de xiǎo gōng jù, bǐ rú qiān bǐ, jiǎn dāo shén me de dōu shì zhōng guó chǎn de; wǒ de diàn nǎo shì hán guó chǎn de; wǒ chī de niú ròu shì ào dà lì yǎ chǎn de; wǒ chī de xiāng jiāo shì fēi lǜ bīn chǎn de; wǒ jué de guó jiā zhī jiān mào yì yuè lái yuè pín fán, FTA yě yuè lái yuè duō, wǎng luò yě yuè lái yuè fā dá, suǒ yǐ wǒ men zài běn guó jiù néng hěn róng yì de mǎi dào shì jiè gè dì de chǎn pǐn. Suǒ yǐ zài zhè yàng de shì chǎng huán jìng zhōng, shāng jiā jìng zhēng yuè lái yuè jī liè, jiù huì gèng jiā wán shàn zì jǐ de chǎn pǐn, duì xiāo fèi zhě lái shuō, nán dào bú shì yī jiàn hǎo shì qíng ma?

Zuì hòu, wèi le zhī chí zì jǐ de guó jiā, zài bù yǐng xiǎng gè rén lì yì de qíng kuàng xià, wǒ hái shì huì jǐn kě néng duō de xuǎn zé guó chǎn de chǎn pǐn, wǒ xī wàng tōng guò zì jǐ de xíng wéi zhī chí zì jǐ de zǔ guó.

**5. 해석: 국산을 좋아하는가? 아니면 외국산을 좋아하는가?**

국산이든 외국산이든 편리하게만 사용할 수 있으면 모두 좋아한다.

우선, 이 물품의 원산지가 어디인지 말하지 않고 실용적인 물품이라면 누구나 돈을 써서 구입하기를 원한다. 그러면 국산이든 외국산이든 그것이 가장 중요한 일은 아니라고 생각한다.

둘째, 내 개인 경험에 따르면 나는 둘 다 쓴다. 나는 미국산 애플 전화를 사용할 수 있고 우리 집의 작은 공구는 연필이나 가위처럼 다 중국산이다. 내 컴퓨터는 한국산이고 먹는 소고기는 오스트레일리아산이고 바나나는 필리핀산이다. 국가간의 무역이 발달하고 FTA 도 많아지고 인터넷도 점점 발달해서 자기나라에서도 쉽게 세계각국의 물품을 살 수 있다. 그래서 이런 시장 환경에서 갈수록 경쟁이 치열해지고 자신의 제품을 더 잘 보완하는 것이 소비자들에게 좋은 일이 아닐까 싶다.

마지막으로 우리 나라를 지지하기 위해 개인의 이익에 영향을 미치지 않는 경우에는 한국산 제품을 최대한 많이 선택할 것이며 내 행동을 통해 조국을 지지하고 싶다.

**6. 你如何改掉坏习惯的？请举一个例子。**

我是通过知道我不得不改掉坏习惯不然就会影响自己健康的方式，而改掉了坏习惯的。

首先，我有一个不吃早饭的坏习惯，因为我家离公司很远，每天开车上班要花一个小时，所以我每天要很早起床。有的时候起床晚了，就没有时间吃饭了，所以渐渐养成了不吃早饭的坏习惯。后来有一天，我去医院体检的时候，医生告诉我，我有肠胃炎，必须按时吃饭。从那以后，我开始按时吃早饭。

其次，我还是会出现起床晚了的情况怎么避免呢？我就想了一个办法，我一般晚上回家后多做一些晚饭，多出来的就留下来，打包放进冰箱，如果第二天早上起来晚了，我就会带着前一天晚上打包的剩饭，带去公司吃，这样就不用担心没有时间准备早饭然后吃早饭了。所以我慢慢地改掉了这个不吃早

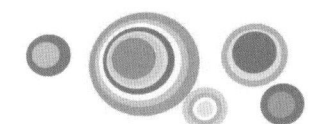

饭的坏习惯。

每个人都有自己的坏习惯，如果可以改变一点点，就会往好的方向发展，如果一直纵容，就会造成严重的后果。

**6.Nǐ rú hé gǎi diào huài xí guàn de? Qǐng jǔ yí gè lì zi.**

Wǒ shì tōng guò zhī dào wǒ bù dé bù gǎi diào huài xí guàn bù rán jiù huì yǐng xiǎng zì jǐ jiàn kāng de fāng shì ,ér gǎi diào le huài xí guàn de.

Shǒu xiān, wǒ yǒu yí gè bù chī zǎo fàn de huài xí guàn, yīn wèi wǒ jiā lí gōng sī hěn yuǎn, měi tiān kāi chē shàng bān yào huā yí gè xiǎo shí, suǒ yǐ wǒ měi tiān yào hěn zǎo qǐ chuáng. Yǒu de shí hòu qǐ chuáng wǎn le, jiù méi yǒu shí jiān chī fàn le, suǒ yǐ jiàn jiàn yǎng chéng liǎo bù chī zǎo fàn de huài xí guàn. Hòu lái yǒu yì tiān, wǒ qù yī yuàn tǐ jiǎn de shí hòu, yī shēng gào sù wǒ, wǒ yǒu cháng wèi yán, bì xū àn shí chī fàn. Cóng nà yǐ hòu, wǒ kāi shǐ àn shí chī zǎo fàn.

Qí cì, wǒ hái shì huì chū xiàn qǐ chuáng wǎn le de qíng kuàng zěn me bì miǎn ne, wǒ jiù xiǎng le yí gè bàn fǎ, wǒ yì bān wǎn shàng huí jiā hòu duō zuò yì xiē wǎn fàn, duō chū lái de jiù liú xià lái, dǎ bāo fàng jìn bīng xiāng, rú guǒ dì èr tiān zǎo shang qǐ lái wǎn le, wǒ jiù huì dài zhe qián yì tiān wǎn shàng dǎ bāo de shèng fàn, dài qù gōng sī chī, zhè yàng jiù bú yòng dān xīn méi yǒu shí jiān zhǔn bèi zǎo fàn rán hòu chī zǎo fàn le. Suǒ yǐ wǒ màn man de gǎi diào le zhè ge bù chī zǎo fàn de huài xí guàn.

Měi gè rén dōu yǒu zì jǐ de huài xí guàn, rú guǒ kě yǐ gǎi biàn yì diǎn diǎn, jiù huì wǎng hǎo de fāng xiàng fā zhǎn, rú guǒ yì zhí zòng róng, jiù huì zào chéng yán zhòng de hòu guǒ.

**6. 해석: 어떻게 나쁜 습관을 고치는가? 예를 들어서 얘기해 주세요.**

나는 내가 나쁜 습관을 고치지 않으면 건강을 해칠 수 있다는 것을 알고 나쁜 습관을 고쳤다.

먼저 나는 아침밥을 먹지 않는 나쁜 습관을 가지고 있다. 우리 집은 회사와 멀고 매일 차를 운전해서 출근하는데 한 시간이 걸리기 때문에 나는 매일 일찍 일어나야 한다. 어떤 때는 늦게 일어나면 밥을 먹을 시간이 없어져서 점점 아침을 먹지 않는 나쁜 습관을 길렀다. 그러던 어느 날 내가 신체검사를 받으러 갔을 때 의사가 나에게 위장염이 있어서 제때에 식사를 해야 한다고 알려주었다. 그 후로 나는 제시간에 아침밥을 먹기 시작했다.

둘째, 나는 아직도 늦게 일어나는 일이 있는데 이를 어떻게 피할 수 있지? 나는 방법을 하나 생각해냈다. 나는 보통 저녁에 집에 가서 저녁밥을 많이 하고 남으면 남기고 포장해서 냉장고에 둔다. 다음 날 아침 늦게 일어나면 전날 저녁때 싸둔 남은 밥을 가지고 회사에 가서 먹는다. 이러면 아침을 먹을 시간이 없어서 아침을 먹지 못하는 걱정이 없어질 것이다. 그래서 나는 점점 아침을 먹지 않는 이 나쁜 습관을 고쳤다.

모든 사람은 각자 나쁜 습관을 가지고 있어서 조금만 바꿀 수 있으면 좋은 방향으로 발전 할 수 있고 계속 방임하면 심각한 결과를 초래할 수 있다.

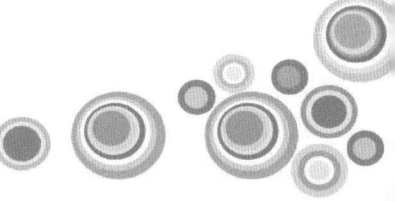

# <HSKK 고급 모의고사 20> 모범 답안

1  有一次和朋友去海洋馆。有个旅客问管理员说："这只鲨鱼会长多大？"管理员指着水族箱说："要看你的水族箱多大。"旅客又问："会跟水族箱一样大吗？" 管理员仔细地说："如果在水族箱，鲨鱼只能局限在几公尺的大小，如果在海洋，就会大到一口吞下一只狮子。"环境可以改变一个人的思想。环境能限制人的思想，人也可以限制自己的思想。不要给自己加框，无法改变环境时，就从改变自己开始。

Yǒu yí cì hé péng yǒu qù hǎi yáng guǎn. Yǒu gè lǚ kè wèn guǎn lǐ yuán shuō:"Zhè zhǐ shā yú huì zhǎng duō dà?" Guǎn lǐ yuán zhǐ zhe shuǐ zú xiāng shuō:"Yào kàn nǐ de shuǐ zú xiāng duō dà." Lǚ kè yòu wèn:"Huì gēn shuǐ zú xiāng yí yàng dà ma?"Guǎn lǐ yuán zǐ xì de shuō:"Rú guǒ zài shuǐ zú xiāng, shā yú zhǐ néng jú xiàn zài jǐ gōng chǐ de dà xiǎo, rú guǒ zài hǎi yáng, jiù huì dà dào yì kǒu tūn xià yì zhī shī zi."Huán jìng kě yǐ gǎi biàn yī gè rén de sī xiǎng. Huán jìng néng xiàn zhì rén de sī xiǎng, rén yě kě yǐ xiàn zhì zì jǐ de sī xiǎng. Bú yào jǐ zì jǐ jiā kuāng, wú fǎ gǎi biàn huán jìng shí, jiù cóng gǎi biàn zì jǐ kāi shǐ.

한 번은 친구들과 해양관에 갔다. 한 관광객은 관리인에게 "상어가 얼마나 컸느냐?"고 물었다. 관리인이 수조를 가리키며 말했다. "수족관이 얼마나 큰가에 따르는 것이다" 관광객들은 또 수조처럼 클까요? 라고 물었다. 관리인은 수조에서 상어는 몇 미터밖에 안 되는 크기로 바다에서 지내면 한입에 사자를 삼킨다고 자세히 말했다. 환경은 한 사람의 사상을 변화시킬 수 있다. 환경은 사람의 사상을 제한할 수 있고 사람도 자신의 사상을 제한할 수 있다. 자신을 속박하지 말고 환경을 변화시킬 수 없을 때 자신을 변화시키는 것부터 시작하라.

2  有一个大师，一直潜心苦练，几十年练就了一身"移山大法"。有人虔诚地请教："大师用何神力，才得以移山？我如何才能练出如此神功呢？"大师笑道："练此神功也很简单，只要掌握一点：山不过来，我就过去。"现实世界中有太多的事情就像"大山"一样，是你无法改变的，或者至少是暂时无法改变的。如果事情无法改变，你就改变自己。只有改变自己，才会最终改变别人；只有改变自己，才可以最终改变属于自己的世界。山，如果不过来，那你就自己过去吧！

Yǒu yí gè dà shī, yì zhí qián xīn kǔ liàn, jǐ shí nián liàn jiù le yì shēn "yí shān dà fǎ" .Yǒu rén qián chéng de qǐng jiào:"Dà shī yòng hé shén lì, cái dé yǐ yí shān wǒ rú hé cái néng liàn chū rú cǐ shén gōng ne?" Dà shī xiào dào:"Liàn cǐ shén gōng yě hěn jiǎn dān, zhǐ yào zhǎng wò yì diǎn: Shān bù guò lái, wǒ jiù guò qù." Xiàn shí shì jiè zhōng yǒu tài duō de shì qíng jiù xiàng "dà shān" yí yàng, shì nǐ wú fǎ gǎi biàn de, huò zhě zhì shǎo shì zhàn shí wú fǎ gǎi biàn. De wú fǎ gǎi biàn, nǐ jiù rú guǒ shì qíng gǎi biàn zì jǐ zhǐ yǒu gǎi biàn zì jǐ, cái huì zuì zhōng gǎi biàn bié rén; zhǐ yǒu gǎi biàn zì jǐ, cái kě yǐ zuì zhōng gǎi biàn shǔ yú zì jǐ de shì jiè shān, rú guǒ bú guò lái, nà nǐ jiù zì jǐ guò qù ba!

한 스님은 줄곧 심혈을 기울여 열심히 연습하여 수십 년 동안 몸에 대한 '이산대법'을 가르쳤다. 어떤 사람이 경건하게 가르침을 청했다. 제가 어떻게 하면 이렇게 신공을 쌓을 수 있을까요. 스님은 "이 신공을 훈련하는 것도 간단해. 산이 나한테 안오면 내가 간다"라고 했다. 현실 세계에서 많은 일들이 마치 '큰 산'과 같다면 당신은 바꿀 수 없거나 적어도 당분간 바꿀 수 없는 것이다. 만약 일이 변할 수 없다면 너는 스스로 변하게 될 것이다. 나를 바꿔야 결국 다른 사람을 변화시킬 수 있고 나를 바꿔야 자기만의 세상이 바뀐다고 말했다. 산이 만약 오지 않는다면 너 혼자 가거라!

**3** 美国前总统克林顿在竞选时曾遇到过这样一件事。一次，他正在发表竞选演说，突然，一个破坏分子高声叫道："垃圾！狗屎！"很显然，这个人的意思是说："胡说八道！"或是："少说空话！"但是，克林顿却报以容忍地笑，并不理会他的本意，只是安抚地说："这位先生，我马上就要谈到你提出的脏乱问题了！"聪明的人善于将不利化为有利。

Měi guó qián zǒng tǒng kè lín dùn zài jìng xuǎn shí céng yù dào guò zhè yàng yī jiàn shì yí cì, tā zhèng zài fā biǎo jìng xuǎn yǎn shuō, tú rán, yí gè pò huài fèn zi gāo shēng jiào dào:"Lā jī! gǒu shǐ!" Hěn xiǎn rán, zhè ge rén de yì si shì shuō:"Hú shuō bā dào!" Huò shì:"Shǎo shuō kōng huà!" Dàn shì, kè lín dùn què bào yǐ róng rěn de xiào, bìng bù lǐ huì tā de běn yì, zhǐ shì ān fǔ de shuō:"Zhè wèi xiān shēng, wǒ mǎ shàng jiù yào tán dào nǐ tí chū de zàng luàn wèn tí le!" Cōng míng de rén shàn yú jiāng bù lì huà wéi yǒu lì.

빌 클린턴 미국 전 대통령은 선거 때 이런 일을 겪었다. 한번에 경선 연설을 하던 중 갑자기 한 파괴 분자가 쓰레기, 강아지 똥!이라고 외쳤다. 이 사람의 말은 명백히 "막말이야!"라는 뜻이다. "말 좀 그만해!"라는 뜻일 수도 있다. 그러나 클린턴 전 대통령은 용인하는 웃음으로 그의 본의를 외면한 채 "이 분, 제가 곧 당신이 제기하신 더러운 문제를 말씀 드리겠습니다"라고 무마했다. 총명한 사람은 불리한 것을 유리하게 만드는데 능숙하다.

**4** 以前有个使者到中国来，送给皇帝三个一模一样的小金人，皇帝收到礼物，非常高兴。使者同时出了一个题："这3个金人哪个最有价值？"皇帝看来看去，想来想去，都觉得这三个小金人是一样的，找不出哪里不一样。

最后，有一位老大臣说他有办法。大臣拿着一根稻草，插入第1个金人的耳朵里，结果稻草从另一边耳朵出来了；大臣又把稻草插入第2个金人的耳朵里，结果稻草从嘴巴里直接掉出来了；而第3个金人，稻草进去后掉进了肚子，什么声音也没有。老臣说：第三个金人最有价值！——这个故事告诉我们，最有价值的人，不一定是最能说的人。

Yǐ qián yǒu gè shǐ zhě dào zhōng guó lái, sòng gěi huáng dì sān gè yì mú yí yàng de xiǎo jīn rén, huáng dì shōu dào lǐ wù, fēi cháng gāo xìng. Shǐ zhě tóng shí chū le yí gè tí:"Zhè 3 gè jīn rén nǎ ge zuì yǒu jià zhí?" Huáng dì kàn lái kàn qù, xiǎng lái xiǎng qù, dōu jué de zhè sān gè xiǎo jīn rén shì yí yàng de, zhǎo bù chū nǎ lǐ bù yí yàng.

Zuì hòu, yǒu yí wèi lǎo dà chén shuō tā yǒu bàn fǎ. Dà chén ná zhe yī gēn dào cǎo, chā rù dì 1 gè jīn rén de ěr duǒ lǐ, jié guǒ dào cǎo cóng lìng yī biān ěr duǒ chū lái le; dà chén yòu bǎ dào cǎo chā rù dì 2 gè jīn rén de ěr duǒ lǐ, jié guǒ dào cǎo cóng zuǐ bā lǐ zhí jiē diào chū lái le; ér dì 3 gè jīn rén, dào cǎo jìn qù hòu diào jìn le dù zi, shén me shēng yīn yě méi yǒu. Lǎo chén shuō: Dì sān gè jīn rén zuì yǒu jià zhí!——Zhè ge gù shì gào sù wǒ men, zuì yǒu jià zhí de rén, bù yū dìng shì zuì néng shuō de rén.

옛날에 어떤 사자가 중국에 와서 황제에게 모양이 똑같은 금사람 세 개를 보냈다. 황제가 선물을 받고 매우 기뻐하였다. 사자는 "이 금사람 세 개중 누가 가장 가치 있는 사람이냐"고 질문을 던졌다. 황제가 보고 생각하다가 이 세 꼬마 금사람은 같은 것 같아서 어디서부터 다른 것을 찾을 수 없었다고 말했다.

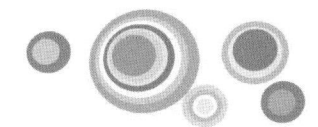

마지막으로 한 명의 늙은 신하가 방법이 있다고 말했다. 신하가 볏짚을 들고 첫 번째 금사람의 귀에 꽂아 다른 한 쪽 귀로 볏짚이 나왔다. 신하가 둘째 금사람의 귀에 볏짚을 꽂았더니 볏짚이 입에서 바로 떨어졌다. 세 번째 금사람은 볏짚이 배로 떨어졌고 아무 소리도 없었다. 늙은 신하가 세 번째의 금사람이 가장 가치가 있다고 한다! 이 이야기는 우리에게 가장 가치있는 사람은 결코 말을 가장 잘 하는 사람이 아니다는 것을 말했다.

**5.你喜欢用现金还是信用卡买东西？为什么？**

我现在基本都用信用卡买东西，很少用现金。

第一，带现金不方便，很容易丢失破损，我有好几次就忘记衣服兜里还有现金就将它们放进洗衣机洗了，之后现金也被搅碎了。而且用现金的话很难计算自己到底花了多少钱都花在哪里了，但是用信用卡就可以一段时间内查一次总结一下。

第二，有的纸币很脏，带有很多细菌。每个人都摸来摸去的，非常不卫生。

第三，有的纸币是假的，我不会判断。现在的假币做得越来越真了，稍不留神就会造成损失。如果用信用卡交易的话，就不存在这样的问题，也不用手里攥着一大把找的零钱。

第四，有的信用卡公司和商店们有合作，我购物的时候，可以积分或者打折。甚至为了促进消费，有些活动好几家公司连在一起做，我可以得到更大的优惠，但是使用现金就无法享受。

第五，信用卡可以分期付款买贵的东西，现金则不可以。有时候花钱超支了，但是我喜欢的东西恰好上了新款，那必须买下来不然错过就没有了，所以信用卡可以解决我的燃眉之急，所以，我喜欢用信用卡。

更方便的是，现在支付宝可以解决以上所有问题并且我连卡都不用带，带个手机就行，更方便。

5.Nǐ xǐ huān yòng xiàn jīn hái shì xìn yòng kǎ mǎi dōng xi? Wèi shén me?

Wǒ xiàn zài jī běn dōu yòng xìn yòng kǎ mǎi dōng xi, hěn shǎo yòng xiàn jīn.

Dì yī, dài xiàn jīn bù fāng biàn, hěn róng yì diū shī.pò sǔn, wǒ yǒu hǎo jǐ cì jiù wàng jì yī fú dōu lǐ hái yǒu xiàn jīn jiù jiāng tā men fàng jìn xǐ yī jī xǐ le, zhī hòu xiàn jīn yě bèi jiǎo suì le. Ér qiě yòng xiàn jīn de huà hěn nán jì suàn zì jǐ dào dǐ huā le duō shǎo qián dōu huā zài nǎ lǐ le, dàn shì yòng xìn yòng kǎ jiù kě yǐ yí duàn shí jiān nèi chá yí cì zǒng jié yí xià.

Dì èr, yǒu de zhǐ bì hěn zàng, dài yǒu hěn duō xì jùn. Měi gè rén dōu mō lái mō qù de, fēi cháng bú wèi shēng.

Dì sān, yǒu de zhǐ bì shì jiǎ de, wǒ bú huì pàn duàn. Xiàn zài de jiǎ bì zuò dé yuè lái yuè zhēn le, shāo bù liú shén jiù huì zào chéng sǔn shī. Rú guǒ yòng xìn yòng kǎ jiāo yì de huà, jiù bù cún zài zhè yàng de wèn tí, yě bú yòng shǒu lǐ zuàn zhe yī dà bǎ zhǎo de líng qián.

Dì sì, yǒu de xìn yòng kǎ gōng sī hé shāng diàn men yǒu hé zuò, wǒ gòu wù de shí hòu, kě yǐ jī fēn huò zhě dǎ zhé. Shèn zhì wèi le cù jìn xiāo fèi, yǒu xiē huó dòng hǎo jǐ jiā gōng sī lián zài yī qǐ zuò, wǒ kě yǐ dé dào gèng dà de yōu huì, dàn shì shǐ yòng xiàn jīn jiù wú fǎ xiǎng shòu.

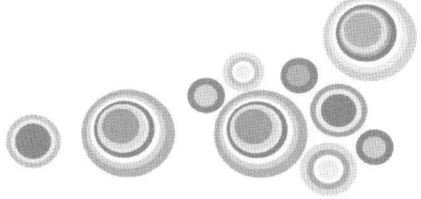

Dì wǔ, xìn yòng kǎ kě yǐ fēn qī fù kuǎn mǎi guì de dōng xi, xiàn jīn zé bù kě yǐ. Yǒu shí hòu huā qián chāo zhī le, dàn shì wǒ xǐ huān de dōng xi qià hǎo shàng le xīn kuǎn, nà bì xū mǎi xià lái bu rán cuò guò jiù méi yǒu le, suǒ yǐ xìn yòng kǎ kě yǐ jiě jué wǒ de rán méi zhī jí, suǒ yǐ, wǒ xǐ huān yòng xìn yòng kǎ.

Gèng fāng biàn de shì, xiàn zài zhī fù bǎo kě yǐ jiě jué yǐ shàng suǒ yǒu wèn tí bìng qiě wǒ lián kǎ dōu bú yòng dài, dài ge shǒu jī jiù xíng, gèng fāng biàn.

5. 해석: 현금으로 물건을 사는가? 아니면 카드로 물건을 사는가? 무슨 이유인가?

나는 지금 기본적으로 신용카드로 물건을 사고 있고 현금을 쓰는 일이 적다.

첫째, 현금을 가지고 다니는 것은 불편해서 쉽게 잃어버리거나 파손된다. 나는 옷 주머니 속에 현금이 있다는 것을 몇 번이나 잊어서 그것들을 세탁기에 넣고 씻었고 그 후에 현금도 찢어졌다. 또 현금으로 하면 얼마를 썼는지 계산하기 어렵지만 신용카드를 사용하면 일정 기간 동안 체크해보면 된다.

둘째, 어떤 지폐는 매우 더러워서 세균을 많이 가지고 있다. 많은 사람들이 만지는데 매우 비위생적이다.

셋째, 어떤 지폐는 가짜이고 나는 그것을 판단하지 못한다. 요즘의 위조지폐는 갈수록 진짜처럼 만들어져서 조금이라도 방심하면 손해를 입게 될 것이다. 신용카드로 거래하면 그런 문제가 없고 거스름돈도 손에 쥘 일이 없다.

넷째, 어떤 카드사와 상점들은 협력 관계가 있어서 내가 물건을 살 때 포인트를 주거나 할인해 준다. 심지어 소비촉진을 위해 여러 회사들이 함께 제휴할 수 있어 더 큰 혜택을 받을 수 있지만 현금을 사용해서는 혜택을 받을 수 없다.

다섯째, 신용카드는 비싼 물건을 할부로 살 수 있고 현금은 그럴 수 없다. 가끔 돈을 너무 많이 썼지만 마음에 드는 게 마침 새로 나왔으니 사야죠.

더욱 편리한 것은 현재 알리페이로 지불하면 위의 모든 문제를 해결할 수 있고 카드를 안 가지고 다녀도 핸드폰을 가지고 있으면 된다는 것이다.

6. 你如何看待名牌和一般产品？

我认为名牌和一般产品没有本质上的区别，而名牌区别于一般产品更多的是品牌价值。

首先，就如同，一个事业有成的中年男性会选择买100万的奔驰作为座驾还是会选择100万的特斯拉作为座驾呢？我相信很多会选择奔驰，不是因为奔驰烧油，只会因为，奔驰在大家眼里就是成功与地位的象征。所以这就是品牌价值。

其次，现如今的社会到处充斥着名牌产品，名牌手机、名牌服装、手提袋、背包等等。名牌比一般产品更加知名，一般说来制作成本更高一些。产品不仅仅是产品，还有灵巧的设计以及内在的文化内涵。一般产品也能满足人们的基本的日常所需，区别在于名牌或许更高档一些。但我认为，买名牌不是买这个牌子来炫富，而是明白这牌子背后包含的一切文化。真正的富的人可以一身的名牌，但不是暴露着一身logo，而是知道什么牌子的什么东西真的好，所以才去买那个牌子，而不是被牌子绑架。

最后，根据自己的经济能力来决定购买的产品是很重要的事情，不要为了面子就购买那些不属于自己的东西，只会让自己活在别人眼里，那样更累。

**6.Nǐ rú hé kàn dài míng pái hé yì bān chǎn pǐn?**

Wǒ rèn wéi míng pái hé yì bān chǎn pǐn méi yǒu běn zhí shàng de qū bié, ér míng pái qū bié yú yì bān chǎn pǐn gèng duō de shì pǐn pái jià zhí.

Shǒu xiān, jiù rú tóng, yí gè shì yè yǒu chéng de zhōng nián nán xìng huì xuǎn zé mǎi 100 wàn de bēn chí zuò wéi zuò jià hái shì huì xuǎn zé 100 wàn de tè sī lā zuò wéi zuò jià ne? Wǒ xiāng xìn hěn duō huì xuǎn zé bēn chí, bú shì yīn wèi bēn chí shāo yóu, zhǐ huì yīn wèi, bēn chí zài dà jiā yǎn lǐ jiù shì chéng gōng yǔ dì wèi de xiàng zhēng. Suǒ yǐ zhè jiù shì pǐn pái jià zhí.

Qí cì, xiàn rú jīn de shè huì dào chù chōng chì zhe míng pái chǎn pǐn, míng pái shǒu jī, míng pái fú zhuāng, shǒu tí dài, bèi bāo děng děng. Míng pái bǐ yì bān chǎn pǐn gèng jiā zhī míng, yì bān shuō lái zhì zuò chéng běn gèng gāo yì xiē. Chǎn pǐn bù jǐn jǐn shì chǎn pǐn, hái yǒu líng qiǎo de shè jì yǐ jí nèi zài de wén huà nèi hán. yì bān chǎn pǐn yě néng mǎn zú rén men de jī běn de rì cháng suǒ xū, qū bié zài yú míng pái huò xǔ gèng gāo dàng yì xiē. Dàn wǒ rèn wéi, mǎi míng pái bú shì mǎi zhè ge pái zi lái xuàn fù, ér shì míng bái zhè pái zi bèi hòu bāo hán de yí qiè wén huà. Zhēn zhèng de fù de rén kě yǐ yì shēn de míng pái, dàn bú shì bào lù zhe yì shēn biāo zhì, ér shì zhī dào shén me pái zi de shén me dōng xi zhēn de hǎo, suǒ yǐ cái qù mǎi nà gè pái zi, ér bú shì bèi pái zi bǎng jià.

Zuì hòu, gēn jù zì jǐ de jīng jì néng lì lái jué dìng gòu mǎi de chǎn pǐn shì hěn zhòng yào de shì qíng, bú yào wèi le miàn zi jiù gòu mǎi nà xiē bù shǔ yú zì jǐ de dōng xi, zhǐ huì ràng zì jǐ huó zài bié rén yǎn lǐ, nà yàng gèng lèi.

**6. 해석: 명품과 일반 상품을 어떻게 생각하는가?**

나는 명품과 일반 생산품은 본질적으로 차이가 없고 명품은 일반 제품과 많이 구별되는 것이 브랜드 가치라고 생각한다.

먼저 잘 나가는 중년 남성이 100 만 원짜리 벤츠를 이용할 것인가 100 만 원짜리 테슬라를 선 택할 것인가. 나는 벤츠를 선택할 거라고 생각한다. 벤츠가 기름이 더 많이 들어가는 것 뿐만이 아니라 모두의 눈에 벤츠가 성공과 지위의 상징이기 때문이다. 그래서 이것이 브랜드 가치이다.

둘째, 현재 사회 곳곳에 명품이 있고 휴대전화, 명품의류, 핸드백, 배낭 등등이 넘쳐나고 있다. 유명 브랜드가 일반 제품보다 더 유명해서 일반적으로 제조 원가가 약간 높다. 제품에는 제품뿐만 아니라 재치 있는 디자인과 내재적인 문화적 함의가 있다. 일반 제품도 사람들의 기본적인 일상적 요구를 만족시킬 수 있는데 차이가 있는 것은 명품이 좀 더 고급스러워질 수 있다는 것이다. 그러나 나는 명품을 사는 것은 이 브랜드를 사서 부유함을 과시하는 것이 아니라 이 브랜드 뒤에 있는 모든 문화를 이해하는 것이라고 생각한다. 진짜 부자는 어떤 명품도 상관이 없다. 그런데 로고를 노출하는 것이 중요한 것이 아니라 어떤 브랜드의 물건이 좋은지 알아서 그 브랜드를 사는 것이다. 브랜드에 납치 당하는게 아니다.

마지막으로 자신의 경제력에 따라 구매를 결정하는 것은 중요한 일이다. 체면을 위해 자신에게 과분한 물건을 사지 말아야 한다. 그러면 다른 사람이 보기에만 잘 사는 것처럼 보이고 더 힘들어질 것이다.

# <드림중국어 시리즈 교재>

| 책 제목 | 책 제목 |
| --- | --- |
| 드림중국어 왕초보 탈출 1 (HSK 1급) | 드림중국어 YCT 1-4급 실전 모의고사 (세트) |
| 드림중국어 왕초보 탈출 2 (HSK 2급) | 드림중국어 YCT 회화 (초급) 실전 모의고사 |
| 드림중국어 중급 듣기 1 (HSK 3급) | 드림중국어 YCT 회화 (중급) 실전 모의고사 |
| 드림중국어 초급 회화 600 (HSK 3급) | 드림중국어 HSK 1-6급 실전 모의고사 (세트) |
| 드림중국어 중급 회화 600 (HSK 4-5급) | 드림중국어 HSKK 초급 실전 모의고사 |
| 드림중국어 고급 회화 800 (HSK 5-6급) | 드림중국어 HSKK 중급 실전 모의고사 |
| 드림중국어 신 HSK 초.중급 필수 단어 | 드림중국어 HSKK 고급 실전 모의고사 |
| 드림중국어 신 HSK 고급 필수 단어 | 드림중국어 수능 기출 문제집 (세트) |
| 드림중국어 신 HSK 초급 문법 | 드림중국어 수능 대비 문제집 (세트) |
| 드림중국어 신 HSK 중급 문법 | 드림중국어 실용 회화 시리즈 (세트) |
| 드림중국어 신 HSK 고급 문법 | 드림중국어 수능 단어 총정리 (세트) |
| 드림중국어 한자쓰기 초.중급 | 드림중국어 중국 어린이 동요 100 (세트) |
| 드림중국어 한자쓰기 중급/고급 (세트) | 드림중국어 중국 어린이 시 100 |
| 드림중국어 중급 읽기 1-4 (중국 문화 이야기) | 드림중국어 중국 시 100 |
| 드림중국어 고급 읽기 1-2 (중국 문화 이야기) | 드림중국어 중국 명인 명언 100 (세트) |
| 드림중국어 SAT2 대비 문제집 (세트) | 드림중국어 MCT (의학 중국어 시험) 단어 |
| 드림중국어 고급 회화 1 (TSC, HSKK 고급) | 중국 아이들이 좋아하는 동화 이야기 (세트) |
| 드림중국어 고급 단어 5000 (HSK 1-6급) | 드림중국어 중국 인기 노래 100 (세트) |

<드림중국어> 출판사 전화: 010-9853-6588